Die Mittelstufe

FOURTH EDITION

Harold von Hofe
University of Southern California

HOLT, RINEHART AND WINSTON

New York • Chicago • San Francisco • Philadelphia
Montreal • Toronto • London • Sydney • Tokyo
Mexico City • Rio de Janeiro • Madrid

Illustration Credits:
All photos courtesy of the German Information Center.

Permissions for texts appear on page 251

Library of Congress Cataloging in Publication Data

Von Hofe, Harold H   1912-   ed.
  Die Mittelstufe.

  1.   German language—Readers.   I.   Title.
PF3117.V545   1981   438.6′421   80-25235
ISBN 0-03-057864-7

CBS COLLEGE PUBLISHING
Holt, Rinehart and Winston
The Dryden Press
Saunders College Publishing

  3 4 5   090   9 8 7 6 5 4

Inhaltsverzeichnis

Preface to the First Edition

Students can easily read the first three chapters of *Die Mittelstufe* as soon as they have completed a first-year German course.

A characteristic feature of the text is the glossing of vocabulary by means of German synonyms. While a German-English end vocabulary enables the student to look up words in a manner that has become conventional in language study, he can usually understand this text with the help of the German-German glosses. Since, for example, beginning students learn that *schnell* means *quick, fast, rapid, swift,* or *speedy,* German words such as *rasch, flink, geschwind, hurtig, flugs* can be made intelligible by the marginal rendering *schnell.* The teacher can, of course, help develop the understanding of nuances of meaning.

Frequently one word provides a key to understanding. Opportunity for explaining one word with another is possible when we use a common word for a less common one (*falsch* for *unecht*), when an identifiable Germanic cognate can be used (*nachdenken* for *überlegen*), or when a cognate can be used (*der Moment* for *der Augenblick*). A word may also be explained by means of a common idiom (*auf einmal* for *plötzlich*), or vice versa (*wieder* for *noch einmal*). There are other ways of glossing uncommon words: *tagsüber* is probably unfamiliar to the student but *während des Tages* is not; it is unlikely that *tappen* is in a beginner's vocabulary, but *den Weg suchen* makes the sentence understandable for him. Definitions are given in a few instances where no easily recognizable synonym or cognate is available.

The most important result of staying within the German language while reading is the rapid expansion of vocabulary and therefore increased fluency in German. The student's progress is measurable after he/she has read several stories. Reading without checking the German-English vocabulary and thinking in German very quickly become habits.

Directions for the exercises are in German. After the first lesson they will become self-evident. The exercises serve to review basic grammar and to provide opportunity for vocabulary practice. In some vocabulary exercises there are several ways of expressing similar ideas: *Es ist schon "sehr" kalt* may, for example, be rewritten to read *Es ist schon ganz schön kalt, Es ist schon recht kalt,* or *Es ist schon ziemlich kalt.* Doing this type of exercise serves the same end as the marginal glosses: the exercises check for vocabulary mastery and skill; the glosses promote comprehension mastery.

Preface to the Fourth Edition

While we have attempted to preserve the fundamental principles of *Die Mittelstufe,* the fourth edition differs in some measure from the previous editions. The narratives by Siegfried Lenz, Helga Novak and Gabriele Wohmann are all new. The section on Germans and Germany has been compiled, and we have added the observations by Enzensberger about being German in the twentieth century. Our goal is to provide a more accurate and up-to-date picture of Germany and its people. The essay by Albert Einstein is pertinent to the field of literature and provides still another viewpoint.

The essays have been updated and many have been rewritten so as to bring out the relationship between authors and trends more clearly. All exercises now appear after each corresponding chapter rather than at the end of the book. This change will help instructors work with the individual texts and will allow the students to immediately check for mastery. Exercises have been amended and/or rewritten where necessary.

It is our hope that past users as well as new users will find the fourth edition of *Die Mittelstufe* improved.

H.v.H.

Die
Mittelstufe

Die guten Leutchen haben keine *Ahnung*, wie-   die Idee
viel Zeit und *Mühe* es kostet, lesen zu lernen   die schwierige Arbeit
und mit Verstand zu lesen; ich habe achtzig
Jahre dazu gebraucht.

—Johann Wolfgang von Goethe (1749–1832)

1 | Bilder von Deutschland und den Deutschen

Ich meine dies, du das, und ein dritter meinte was
anderes, und wenn du alles nun nimmst, Meinungen
sind es doch nur.

—Johann Wolfgang von Goethe (1749–1832)

WAS IST DEUTSCH?

Eine kleine Anzahl von Deutschen hat das Bild von Deutschland und den Deutschen von Epoche zu Epoche bestimmt. Zur Blütezeit der deutschen Kultur, gegen Ende des achtzehnten und am Anfang des neunzehnten Jahrhunderts, waren es Dichter, Denker und Komponisten. Später waren es Wissenschaftler: Chemiker, Physiker und Technologen. In der Zeit des aggressiven Nationalismus war es das Militär, und schließlich sah die Welt den deutschen Wald vor Nazibäumen nicht.

Die Sätze über die Deutschen von Wordsworth bis zu den Aussagen in der heutigen Zeit bieten ein buntes Kaleidoskop. Man überlege sich, ob irgendein Bild zu irgendeiner Zeit die Wirklichkeit wiedergeben kann.

BILDER VON DEUTSCHLAND UND DEN DEUTSCHEN

O deutsches Volk, große Taten werdet ihr
vollbringen!   tun
    William Wordsworth (1770–1850)

Ich habe oft einen bitteren Schmerz *empfunden*   fühlen
bei dem Gedanken an das deutsche Volk, das
so *achtbar* im einzelnen und so miserabel im   ehrlich
ganzen ist.
    Johann Wolfgang von Goethe (1749–
    1832)

Die Deutschen sind die *Bergleute* des   Grubenarbeiter
Gedankens; sie sammeln in aller Stille die
Reichtümer des menschlichen Intellekts.
    Germaine de Staël (1766–1817)

2

Die Deutschen sind ein *seltsames* Volk; ich
verstehe es nicht.
     Charles Talleyrand (1754–1838)

        kurios

Wie ein Tempel *ragt* Deutschland aus dem
Grauen von zwanzig hundert Jahren; aus
ihrem Dunkel *erfahren* wir noch ihren *Glanz.*
     Victor Hugo (1802–1885)

        hervorstehen

        sehen / der Lichtschein

Die Deutschen sind das Volk der Dichter und
Denker.
     Edward Bulwer-Lytton (1803–1873)

Die deutsche Nation ehre und bewundere ich
mehr, als ich es *auszudrücken vermag.* Ich weiß,
daß die Deutschen bei ihren großen geistigen
Gaben das *erwählte* Volk der Erde sind.
     Charles Dickens (1812–1870)

        sagen / können

        zu großen Taten bestimmt

Deutschland ist die Quelle aller europäischen
Revolutionen, die Mutter jener
Entdeckungen, welche die Gestalt der Welt
verändert haben.
     Ludwig Börne (1768–1837)

Von der Zeit an, als die Germanen ihren
Freiheitskampf gegen das Römische Reich
begannen, bis zum heutigen Tag ist
Deutschland die Hauptquelle der
europäischen und amerikanischen Kultur.
     John Lothrop Motley (1814–1877)

Wir Deutschen fürchten Gott, aber sonst
nichts in der Welt.
    Otto von Bismarck (1815–1898)

Ich habe den Deutschen die tiefsten Bücher
gegeben, die sie überhaupt besitzen—Grund
genug, daß die Deutschen kein Wort davon
verstehen.
Der deutsche Geist ist eine Indigestion, er
wird mit nichts fertig.
    Friedrich Nietzsche (1844–1900)

Gott schuf den Menschen nach seinem Bilde,
zu hohem *Zweck* im Reiche des Geistes; die   der Sinn eines Tuns
deutsche Zivilisation würde ihn als
Dieselmotor neu schaffen—genau, akkurat,
voller Kraft, aber ohne Raum für die
Seelentätigkeit zu lassen.   das Innenleben
    Lloyd George (1863–1945)

Es gibt in Europa zwanzig Millionen
Deutsche zu viel.
    Georges Clemenceau (1841–1929)[1]

Die Deutschen waren von Natur aus schon
immer gegen die Freiheit.
    Thomas Woodrow Wilson (1856–1924)

---

[1] Er *soll* es gesagt haben

Deutschland hat eine Art Kultur aber keine
Zivilisation.
     Emile Verhaeren (1855–1916)

Wie groß muß das deutsche *Rätsel* sein, daß es   das Problem
so viele und so verschiedene Antworten
möglich macht.
     Karl Barth (1886–1968)

Die Deutschen, sagt man, lachen nicht,
wahrscheinlich, weil sie alles so ernst nehmen
wie sich selber.
     Herman Kesten (1900–

Deutschland *gleicht* einem grünen Meer, aus   sein wie
dem das Netz ein *Durcheinander* von *Scheusalen*   das Chaos / das Monstrum,
und Reichtümern *birgt*.   der Dämon / in sich
     Charles de Gaulle (1890–1970)   haben

Ich liebe Deutschland. Ich liebe es so sehr,
daß ich zufrieden bin, daß es jetzt zwei
Deutschland gibt.
     François Mauriac (1885–1970)

Ich habe über dem *bequemen* Wort „Deutsches   einfach
Volk" nie vergessen, daß es achtzig Millionen
gab; ich will nicht, daß man mich *zugunsten*   für
irgendeines Abstraktums übersieht—und tue
es anderen nicht an.
     Ludwig Marcuse (1894–1971)

5

Die Deutschen haben ein *eigenartiges* Talent, *bisweilen* die falschen Tage zu feiern—die falschen *Siege*.
      Helmut Schmidt (1918–

bizarr
manchmal
der gewonnene Kampf

Es sind die schlechtesten Deutschen nicht, die *unruhig* werden, wenn sie des nachts an Deutschland denken.
      Willy Brandt (1913–

nervös, schlaflos

Auch wenn die Deutschen nach 1945 zur Demokratie gekommen sind wie die Jungfrau zum Kinde: nachdem es einmal *passiert* war, hat die Jungfrau Mutterinstinkte *entwickelt*, und heute *gedeiht* das Kind bei der *unfreiwilligen* Mutter besser als erwartet.
      Sebastian Haffner (1916–

geschehen
hervorbringen
wachsen, blühen
ohne ja oder nein sagen zu können

ÜBUNGEN

I. *Wer ist das? (Was wissen Sie? Wen kennen Sie? Brauchen Sie ein Lexikon?)*

1. Wordsworth ist . . .	A. ein deutscher Bundeskanzler
2. Goethe ist . . .	
3. Frau von Staël ist . . .	C. ein früherer deutscher Kanzler
4. Talleyrand ist . . .	
5. Victor Hugo ist . . .	D. ein Schweizer Theologe
6. Bulwer-Lytton ist . . .	E. ein belgischer Lyriker
7. Charles Dickens ist . . .	F. der Verfasser vom „Weihnachtslied"
8. Börne ist . . .	
9. Motley ist . . .	G. der Verfasser der „Elenden"
10. Bismarck ist . . .	H. ein deutscher Philosoph
11. Nietzsche ist . . .	I. ein deutscher Schriftsteller
12. Lloyd George ist . . .	J. ein Nobelpreisträger (1952)

13. Woodrow Wilson ist . . .
14. Emile Verhaeren ist . . .
15. Karl Barth ist . . .
16. Hermann Kesten ist . . .
17. Charles de Gaulle ist . . .
18. François Mauriac ist . . .
19. Ludwig Marcuse ist . . .
20. Helmut Schmidt ist . . .
21. Willy Brandt ist . . .
22. Sebastian Haffner ist . . .

K. der Verfasser von „Faust"
L. ein deutscher Schriftsteller
M. ein deutscher Kritiker
N. ein deutscher Staatsmann
O. ein englischer Staatsmann
P. ein französischer Staatsmann
Q. ein englischer Romantiker
R. eine französische Schriftstellerin
S. ein amerikanischer Historiker
T. ein deutscher Journalist
U. der 28. amerikanische Präsident
V. jemand, den ich nicht kenne
W. der Verfasser der „Letzten Tage von Pompeji"

II. *Diskussionsfragen*

1. Bei welchen Betrachtungen über Deutschland und die Deutschen haben Sie das Gefühl, daß sie wirklich nur Meinungen im Goetheschen Sinne sind?   2. Welche Sätze könnte man historisch erklären?   3. Welche Betrachtungen könnte man vielleicht psychologisch erklären?   4. Nehmen Sie irgendwelche Aussagen, Meinungen ernst? Aus welchem Grund?   5. Was hat die Nationalität der Autoren mit den Aussagen zu tun? Geben Sie Beispiele!   6. Was hat die Zeit, in der die Sätze geschrieben wurden, mit den Aussagen zu tun? Geben Sie Beispiele!   7. Bei welchen Sätzen haben Sie gelacht?

III. *Kompositionsthemen*

1. Was für ein Bild hatten Sie von den Deutschen, bevor Sie anfingen, Deutsch zu lernen?   2. Hat sich das Bild geändert?   3. Machen Sie sich Bilder von anderen Nationen und Menschengruppen? Erklären Sie!

2 Über die Schwierigkeit, ein Inländer zu sein

Hans Magnus Enzensberger

Es ist schwieriger, eine *vorgefaßte* Meinung zu *zertrümmern* als ein Atom.

vorher ausgedacht

zersplittern

—Albert Einstein (1879–1955)

Ich habe nie *recht* verstanden, *wozu* Nationen da
sind. Jene Leute, die am liebsten von ihnen sprechen,
haben mir's am allerwenigsten erklären können, ja, sie
haben es nicht versucht. Ich meine die *enragierten* Natio-
5 nalisten und ihre *Widersacher*, die enragierten Anti-Nationalisten.

Seit ungefähr dreißig Jahren höre ich die einen wie
die anderen sagen, daß ich ein Deutscher bin. Ich
verstehe ihre Emphase nicht recht, denn was sie mir
10 *versichern, bezweifle* ich gar nicht. . . . *Dennoch* werden es
die Leute nicht müde, jene *bescheidene Tatsache* immer
wieder vorzubringen. Ich *sehe es ihren Gesichtern an,* daß sie
das Gefühl haben, als hätten sie damit etwas *bewiesen,* als
hätten sie mich *aufgeklärt* über meine eigene Natur und
15 als wäre es nun an mir, *mich entsprechend,* nämlich als
Deutscher, zu *verhalten.*

Aber wie? Soll ich *stolz* sein? Soll ich *mich genieren?*
Soll ich *Verantwortung* übernehmen, und wenn ja, wofür?
Soll ich *mich verteidigen,* und wenn ja, wogegen? . . .
20 Ein Deutscher zu sein, scheint mir kein schwieri-
geres oder leichteres *Los* zu sein als irgendein anderes. Es
ist keine Kondition apart, sondern eine *Herkunft* unter
vielen. Ich sehe keinen *Anlaß,* sie zu *beklagen* oder zu
verleugnen, und keinen, etwas *Hervorragendes* in ihr zu
25 sehen. Es liegt im *Begriff* jeder Herkunft, daß man sich
nie ganz von ihr *trennt;* aber *ebenso* liegt es in ihrem
Begriff, daß man *sich* jeden Tag von ihr *entfernt.* Meine
Mitmenschen, die den *Umstand,* daß ich ein Deutscher bin,
wichtiger nehmen, als ich es tue, will ich nicht *unnütz vor*
30 *den Kopf stoßen.* Daß ich ein Deutscher bin, diesen Umstand werde ich akzeptieren, wo es möglich und ignorieren, wo es nötig ist.

---

wirklich / warum

wild, trunken
der Gegenspieler

garantieren / nicht glauben / doch
einfach / die Realität
weiß es, wenn ich ihre Gesichter sehe
demonstrieren
erklären
also
sein und handeln

selbstsicher / sich schämen
die Responsibilität
für sich kämpfen

das Schicksal
die Abstammung
der Grund / unzufrieden sein
zurücknehmen / erstklassig
die Idee
brechen, separieren / auch
weggehen
alle anderen / der Faktor
unnötig
insultieren

Hans Magnus Enzensberger

Hans Magnus Enzensberger ist in dem historischen Städtchen Kaufbeuren im südwestlichen Teil Deutschlands geboren, verbrachte die Kindheit aber in Nürnberg. Nach dem Zweiten Weltkrieg studierte er vor allem Germanistik an den Universitäten Erlangen, Hamburg, Freiburg und auch an der Sorbonne in Paris. Während der Studienzeit und später machte er lange und kurze Europareisen, die ihn nach Norden und Süden, Osten und Westen führten. Nachdem er 1955 den Dr. phil. mit einer Dissertation über den Dichter der deutschen Romantik, Clemens Brentano, erworben hatte, führte ihn eine Reise auch nach Amerika.

Charakteristisch ist der Titel eines seiner bekanntesten Essays, „Poesie und Politik", denn schon am Anfang seiner literarischen Karriere meinte er, die Sprache der Poesie sei *auch* politisch. Als Lyriker, dessen Sprache musikalisch ist, betonte er aber, daß Gedichte auch *schön* sein müssen. Es soll ein Vergnügen sein, sie zu lesen—ein „schwieriges" Vergnügen zwar, da man beim Lesen denken soll, aber doch ein Vergnügen.

Enzensberger schreibt bitter-ironische Verse über das politische Geschehen der Zeit. Im sozialpolitischen Sinne des Wortes sollen die Gedichte „brauchbar" sein. Wenn er etwas geschrieben hat, stellt er sich, wie Kästner und Brecht, die Frage: ist es brauchbar oder unbrauchbar? Von Brecht hat er viel gelernt, geht aber seine eigenen Wege.

Als die ersten Gedichte von Enzensberger in den fünfziger Jahren herauskamen, nannte man ihn den zornigen jungen Mann. Bis heute ist er ein skeptischer Kritiker der Kultur. Als Lyriker und als Prosa-Schriftsteller ist er ein nichtkonformistischer Außenseiter. Enzensberger schockiert und skandalisiert; er will es so. Er sucht Kontroversen, aber trotz der Vehemenz seiner Sprache hat er eine leichte Hand.

Kontroversen! In den sechziger Jahren war Enzensberger ein scharfer Kritiker des Krieges in Vietnam und für die Studentenrevolten in Europa und Amerika. Im Jahr 1967–68 war er Fellow am Center for Advanced Studies der Wesleyan University in Connecticut. Als die Universität ihm 1968 eine neue Fellowship anbot, „legte er die Fellowship in die Hände des Universitätspräsidenten zurück" und schrieb: „Ich möchte im Herbst dieses Jahres nach Kuba gehen, um dort für längere Zeit zu arbeiten. . . . Ich habe einfach den Eindruck, daß ich den Kubanern von größerem Nutzen sein kann als den Studenten der Wesleyan University, und daß ich mehr von ihnen zu lernen habe."

Politik! Eins seiner Bücher, das „Politik und Verbrechen" heißt, ist zu interpretieren, indem man ein Wort im Titel ändert: Politik ist Verbrechen. Charakteristisch seien die historischen Geschehen, die wir unter dem Namen Auschwitz und Hiroschima kennen. Und jetzt? Das heutige Verbrechen ist im Osten und im Westen das Vorbereiten eines Atomkrieges.

Über die Deutschen schreibt Enzensberger nicht weniger kritisch als über andere Menschen und andere Nationen. „Deutschland, Deutschland unter anderem" heißt ein Werk von ihm. Was er nicht will, ist, daß alles, was ein Mensch sagt, zum „Appendix seiner Nationalität" wird. Man beurteile die Menschen von Fall zu Fall.

ÜBUNGEN

SINNVERWANDTE WÖRTER UND AUSDRÜCKE

der Anlaß	der Grund
auch	ebenso
einfach	bescheiden
enragiert	wild
hervorragend	erstklassig
die Idee	der Begriff
das Los	das Schicksal
sich schämen	sich genieren
versichern	garantieren
der Widersacher	der Gegenspieler
wirklich	recht
wozu	warum

I. *Drücken Sie das, was die schräggedruckten Wörter, Ausdrücke und Sätze besagen, etwas anders aus!*

Beispiel: Es ist *hervorragend.*
            Es ist *erstklassig.*

1. Ich habe es nie *wirklich* verstanden.   2. Die Nationalsozialisten waren *enragierte* Nationalisten.   3. Wer sind *die Widersacher* der Nationalisten?   4. Was können Sie mir *versichern*?   5. Es ist eine *einfache* Tatsache, daß er Deutscher ist.   6. Warum soll ich *mich schämen*?   7. Können Sie mir erklären, *wozu* Nationen da sind?   8. Denken Sie, es ist *ein* schweres *Los,* ein Deutscher zu sein?   9. Ist es *ein Anlaß, sich* zu *schämen*?   10. *Der Begriff* der Nation ist *kein alter Begriff.*   11. Findet er es *hervorragend*?   12. *Ebenso* könnte man sagen, daß alles nicht *erstklassig* ist.

II. *Beantworten Sie die folgenden Fragen!*
1. Was hat der Autor nie recht verstanden?   2. Wer spricht am liebsten davon?   3. Ist der Autor stolz, geniert er sich, übernimmt er

die Verantwortung dafür, daß er Deutscher ist? 4. Scheint es ihm ein schwieriges Los, Deutscher zu sein? 5. Was liegt im Begriff jeder Herkunft? 6. Akzeptiert er den Umstand, daß er ein Deutscher ist?

III. *Diskussionsfragen*

1. Was sind Ihrer Meinung nach „enragierte Nationalisten" und „enragierte Anti-Nationalisten"? 2. Haben Sie das Gefühl, daß es eine „Kondition apart" ist, Deutscher zu sein? Erklären Sie! 3. Glauben Sie, daß *keine* Herkunft eine „Kondition apart" ist? 4. Was bedeutet es Ihnen, Amerikaner zu sein? Wie würden Sie es einem Ausländer erklären? Würden Sie es einem Deutschen aus der Bundesrepublik im Westen und einem Deutschen aus der DDR im Osten anders erklären?

IV. IMPERFEKT. *Ändern Sie die Sätze!*

Beispiel: Er erklärt es mir nicht.
          Er erklärte es mir nicht.

1. Er erklärt es mir nicht. 2. Sie versuchen es gar nicht. 3. Meinen Sie die enragierten Nationalisten? 4. Ich höre es immer wieder. 5. Was versichern Sie ihm? 6. Was bezweifelt er gar nicht? 7. Klären Sie ihn auf? 8. Geniert er sich, verteidigt er sich? 9. Die Leute glauben es ihm nicht. 10. Er beklagt sich nicht. 11. Er verleugnet nicht, daß er ein Deutscher ist. 12. Er akzeptiert den Umstand, wo es möglich ist.

V. IMPERFEKT. *Ändern Sie die Sätze!*

Beispiel: Ich verstehe es nicht recht.
          Ich verstand es nicht recht.

1. Ich verstehe es nicht recht. 2. Sie sprechen gerne davon. 3. Wir sehen es ihren Gesichtern an. 4. Beweisen sie etwas damit? 5. Wer versteht wen? 6. Übernehmen die Deutschen die Verantwortung? 7. Es scheint mir schwierig zu sein. 8. Es liegt im Begriff der Sache. 9. Die Menschen nehmen es wichtig. 10. Wir nehmen es nicht zurück.

VI. WENN ..., ...

Beispiel: Wenn man etwas verstehen kann, ist es verständlich.

1. Wenn man etwas verstehen kann,	A. ist es eine Herkunft unter vielen.
2. Wenn etwas möglich ist,	B. bringt man die Wahrheit ans Licht.
3. Wenn man stolz ist,	
4. Wenn man etwas beweisen kann,	C. will man es nicht wissen.
	D. hat man es nicht leicht.
5. Wenn man etwas nicht bezweifelt,	E. schämt man sich nicht.
	F. ist es unverständlich.
6. Wenn man etwas erklären kann,	G. ist es beweisbar.
	H. weiß man es genau.
7. Wenn man etwas nicht verstehen kann,	I. ist es erklärbar.
	J. ist es denkbar.
8. Wenn man etwas ignoriert,	K. nimmt man es ernst.
9. Wenn man ein schweres Los hat,	L. ist es in der Natur der Sache.
10. Wenn man etwas nicht beweisen kann,	M. ist es verständlich.
	N. ist es unbeweisbar.
11. Wenn etwas im Begriff liegt,	O. ist man verantwortlich.
12. Wenn man Verantwortung übernimmt,	
13. Wenn man etwas wichtig nimmt,	
14. Wenn man jemand über etwas aufklärt,	
15. Wenn Deutsch zu sein keine Kondition apart ist,	

VII. *Kompositionsthemen*

1. Erklären Sie die Form Ihres Nationalismus oder Anti-Nationalismus! 2. Beschreiben Sie Menschen, die in der einen oder anderen Kategorie sind!

3 | Das Brot

Wolfgang Borchert

Die meisten Menschen brauchen mehr Liebe, als sie
verdienen.

—Marie von Ebner-Eschenbach (1830–1916)

Plötzlich wachte sie auf. Es war halb drei. Sie — auf einmal
überlegte, warum sie aufgewacht war. Ach so! In der — nachdenken
Küche hatte jemand gegen einen Stuhl gestoßen. Sie
horchte nach der Küche. Es war still, es war zu still, und — suchen zu hören
5 als sie mit der Hand über das Bett neben sich fuhr, *war es* — niemand war da
leer. Das war es, was es so besonders still gemacht hatte:
sein Atem fehlte. Sie stand auf und *tappte* durch die — den Weg suchen
dunkle Wohnung zur Küche. In der Küche trafen sie
sich. Die Uhr war halb drei. Sie sah etwas Weißes am
10 Küchenschrank stehen. Sie machte Licht. Sie standen
sich im *Hemd* gegenüber. Nachts. Um halb drei. In der — das Nachthemd
Küche.

Auf dem Küchentisch stand der Brotteller. Sie sah,
daß er sich Brot abgeschnitten hatte. Das Messer lag
15 noch neben dem Teller. Und auf der Decke lagen Brot-
krümel. Wenn sie abends zu Bett gingen, machte sie — die Krume
immer das Tischtuch sauber. Jeden Abend. Aber nun
lagen Krümel auf dem Tuch. Und das Messer lag da. Sie
fühlte, wie die Kälte der *Fliesen* langsam an ihr *hoch kroch.* — die Steinplatten des Fußbodens / steigen
20 Und sie sah von dem Teller weg.

,,Ich dachte, hier wäre *was*``, sagte er und *sah* in der — etwas / nach allen Seiten sehen
Küche *umher.*

,,Ich habe auch was gehört``, antwortete sie und
dabei fand sie, daß er nachts im Hemd doch schon *recht* — auch noch / sehr
25 alt aussah. So alt wie er war. Dreiundsechzig. *Tagsüber* — während des Tages
sah er manchmal jünger aus. Sie sieht doch schon alt
aus, dachte er. Im Hemd sieht sie doch *ziemlich* alt aus. — recht
Aber das *liegt* vielleicht *an* den Haaren. Bei den Frauen — kommen von
liegt das nachts immer an den Haaren. Die machen dann
30 *auf einmal* so alt. — plötzlich

,,Du hättest Schuhe anziehen sollen. So barfuß auf
den kalten Fliesen. Du erkältest dich noch.``

Sie sah ihn nicht an, weil sie nicht *ertragen* konnte, — hinnehmen
daß er log. Daß er *log*, nachdem sie neununddreißig — schwindeln
35 Jahre *verheiratet waren.* — Mann und Frau sein

,,Ich dachte, hier wäre was``, sagte er *noch einmal* und — wieder

sah wieder so *sinnlos* von einer Ecke in die andere, „ich   absurd
hörte hier was. Da dachte ich, hier wäre was."

„Ich habe auch was gehört. Aber es war *wohl*   vielleicht
nichts." Sie stellte den Teller vom Tisch und *schnippte* die   die Finger sehr schnell
5 Krümel von der *Decke*.   bewegen
   das Tischtuch

„Nein, es war wohl nichts", echote er *unsicher*.   wie in einem Dilemma

Sie kam ihm zu Hilfe: „Ja, es muß wohl draußen
gewesen sein. Ich dachte, es wäre hier."

Sie *hob* die Hand zum Lichtschalter. Ich muß das   in die Höhe bringen
10 Licht jetzt ausmachen, sonst muß ich nach dem Teller
sehen, dachte sie. Ich darf doch nicht nach dem Teller
sehen. „Komm *man*", sagte sie und machte das Licht   schon
aus, „das war wohl draußen. Die *Dachrinne* schlägt   der Regenabfang am Dach
immer bei Wind gegen die Wand. Es war *sicher* die   ohne Frage
15 Dachrinne. Bei Wind klappert sie immer."

Sie tappten sich beide über den dunklen Korridor
zum Schlafzimmer. Ihre nackten Füße platschten auf
den Fußboden.

„Wind ist ja", meinte er. „Wind war schon die
20 ganze Nacht."

Als sie im Bett lagen, sagte sie: „Ja, Wind war
schon die ganze Nacht. Es war wohl die Dachrinne."

„Ja, ich dachte, es wäre in der Küche. Es war wohl
die Dachrinne." Er sagte das, als ob er schon im Schlaf
25 wäre.

Aber sie *merkte*, wie *unecht* seine *Stimme* klang, wenn   hören / falsch / die Worte
er log.

„Es ist kalt", sagt sie und gähnte leise, „ich krieche
unter die *Decke*. Gute Nacht."   die Bettdecke

30 „Nacht", antwortete er und noch: „ja, kalt ist es
schon *ganz schön*."   sehr

Dann war es still. Nach vielen Minuten hörte sie,
daß er leise und *vorsichtig kaute*. Sie atmete *absichtlich* tief   langsam und wachsam mit
und *gleichmäßig*, damit er nicht merken sollte, daß sie   den Zähnen zerkleinern /
demonstrativ
35 noch wach war. Aber sein Kauen war so *regelmäßig*, daß   rhythmisch
sie davon langsam einschlief.   rhythmisch

Als er am nächsten Abend nach Hause kam, schob
sie ihm vier *Scheiben* Brot hin. Sonst hatte er immer nur   das (geschnittene) Stück
drei essen können.

    „Du *kannst ruhig* vier essen", sagte sie und ging von   es ist schon gut, wenn
5 der Lampe weg. „Ich kann dieses Brot nicht so recht
vertragen. Iß du *man* eine mehr. Ich *vertrag es nicht so gut.*"   nur / nicht gut sein für
          (jemand)

    Sie sah, wie er sich tief über den Teller beugte. Er
sah nicht auf. In diesem *Augenblick* tat er ihr leid.   der Moment

    „Du kannst doch nicht zur zwei Scheiben essen",
10 sagte er auf seinen Teller.

    „*Doch*. Abends vertrag ich das Brot nicht gut. Iß   aber ja
man. Iß man."

    Erst nach einer Weile setzte sie sich unter die
Lampe an den Tisch.

Wolfgang Borchert

Die Werke, durch die Borchert in Deutschland berühmt wurde, entstanden in etwa anderthalb Jahren nach Ende des Zweiten Weltkriegs.

Wolfgang Borchert wurde 1921 in Hamburg geboren. Er liebte die alte Hafenstadt. „In Hamburg ist die Nacht nicht wie in andern Städten . . . in Hamburg ist sie grau . . . sie weiß, daß uns das Lied der Schiffssirenen . . . selig macht." „Hamburg, Heimat am Strom" heißt eine Anthologie von ihm.

Vor dem Krieg war er Schauspieler. Daneben schrieb er Gedichte. Rainer Maria Rilke war sein Ideal. Die Rilke-Worte, „ich bin zu Hause zwischen Tag und Traum", könnten auch Borchert-Worte sein.

Der Krieg war für Borchert ein schwerer Traum. Zweimal saß er wegen Äußerungen gegen „Staat und Partei" in einem Militärgefängnis.

Durch die Werke von 1946–1947 wurde er in den Jahren des Hungerns und des Nichts der Hauptsprecher der „Jugend ohne Jugend". Der Vierundzwanzigjährige sprach aus, was junge Menschen empfanden: „Wir wollen nach Hause. Wir wissen nicht, wo das ist: zu Hause. Aber wir wollen hin."

Das Stück mit dem charakteristischen Titel „Draußen vor der Tür" ist sein bekanntestes Werk. Es handelt von einem Menschen, Beckmann, der nach Deutschland zurückkommt und kein Zuhause findet; er gehört zu denen, deren Zuhause draußen vor der Tür ist. „Ihr Deutschland ist draußen, nachts im Regen, auf der Straße." Beckmanns letzte Frage, der letzte Satz des Stückes, lautet: „Gibt denn keiner, keiner Antwort?" Der Untertitel des Stückes ist: „Ein Stück, das kein Theater spielen und kein Publikum sehen will." Die Premiere fand einen Tag nach seinem Tod im November 1947 statt.

Draußen, vor der Tür, befinden sich die Menschen in Borcherts Kurzgeschichten. Dort erleben sie die Konfrontation mit dem eigenen Ich. Vor dieser Konfrontation ist die Liebe manchmal ein Weg aus der Not. In der Kurzerzählung „Vorbei Vorbei" heißt es: „Manchmal, dann hielt ihn eine für eine Nacht. Und dann vergaß er zwischen den Küssen den andern, der er selbst war, wenn sie ganz für ihn war." Es war nur ein temporärer Weg aus der Not.

Manche nannten Borchert einen Nihilisten. Er sagte zwar „nein" zum Haß, aber sein „ja" zu einem Leben ohne Haß und Krieg konnte man nicht mißverstehen: „Vielleicht sind wir eine Generation voller Ankunft auf einem neuen Stern, in einem neuen Leben . . . zu einem neuen Lieben, zu einem neuen Lachen, zu einem neuen Gott."

Manche heutige Schriftsteller, wie Lenz zum Beispiel, haben von ihm gelernt. Für den Verfasser der „Postkarte", Heinrich Böll, ist „Das Brot" „ein Musterbeispiel für die Gattung Kurzgeschichte". In der Erzählung sei „kein Wort zu wenig, kein Wort zu viel", meinte ein Meister der modernen Kurzgeschichte.

ÜBUNGEN

SINNVERWANDTE WÖRTER UND AUSDRÜCKE

absurd	sinnlos
auf einmal	plötzlich
die Bettdecke	die Decke
kommen von	liegen an

nachdenken	überlegen
plötzlich	auf einmal
recht	sehr, ziemlich
schwindeln	lügen
sicher	ohne Frage
das Tischtuch	die Decke
unecht	falsch
verheiratet sein	Mann und Frau sein
was	etwas
den Weg suchen	tappen
ziemlich	sehr, recht

I. *Drücken Sie das, was die schräggedruckten Wörter, Ausdrücke und Sätze besagen, etwas anders aus!*

Beispiel: Er *schwindelte.*

            Er *log.*

1. *Auf einmal* wachte sie auf.   2. Sie *dachte nach,* warum sie aufgewacht war.   3. Sie *suchte den Weg* durch die dunkle Wohnung zur Küche.   4. Ich dachte, hier wäre *was.*   5. Er sah *recht* alt aus.   6. Sie sah auch *ziemlich* alt aus.   7. Das *kommt von* den Haaren.   8. Die machen *plötzlich* so alt.   9. Er *schwindelte.*   10. Sie waren neununddreißig Jahre *verheiratet.*   11. Es war *absurd.*   12. Sie schnippte die Krümel *vom Tischtuch.*   13. Es war *sicher* die Dachrinne.   14. Seine Stimme klang *unecht.*   15. Ich krieche unter die *Bettdecke.*

II.   *Bilden Sie Fragen mit wann, wo, wie, was, wer, wessen oder wen und wiederholen Sie dann den Satz!*

Beispiel: Seine Werke entstanden unmittelbar nach Ende des Krieges.

            Wann entstanden seine Werke?

            Seine Werke entstanden unmittelbar nach Ende des Krieges.

1. Seine Werke entstanden unmittelbar nach Ende des Krieges.   2. Borchert wurde in Hamburg geboren.   3. Eine Anthologie von ihm heißt „Hamburg, Heimat am Strom".   4. Der Einfluß Rilkes ist in seinen Werken zu erkennen.   5. Sein bekanntestes Werk ist „Drau-

ßen vor der Tür". 6. Die Premiere fand einen Tag nach seinem Tod statt. 7. Die Liebe ist ein temporärer Weg aus der Not. 8. Für Heinrich Böll ist „Das Brot" „ein Musterbeispiel für die Gattung Kurzgeschichte". 9. Böll schrieb „Die Postkarte". 10. Borchert wurde nur sechsundzwanzig Jahre alt.

III. *Diskussionsfragen*

1. Was für eine Rolle spielt das Brot in der Erzählung? 2. Was ist die Bedeutung der Lüge? 3. Die Frau schauspielert. Erklären Sie die Bedeutung ihres Schauspielerns! 4. Was ist die Bedeutung der Imperative „Iß man! Iß man!" gegen Ende der Erzählung? 5. Warum „schenkt" die Frau ihrem Mann eine Scheibe Brot? 6. Beschreiben Sie die Gefühle der Frau—und des Mannes! 7. Charakterisieren Sie Borcherts Stil! Denken Sie an die Länge—vielleicht sollte man „Kürze" sagen—und an die Form der Sätze! Denken Sie an die Wendungen und Worte, die zwei- oder dreimal hintereinander stehen!

IV. PRÄSENS. *Ändern Sie die Sätze!*

Beispiele: Sie wachte auf.
Sie wacht auf.

Es war still.
Es ist still.

1. Es war halb drei. 2. Sie überlegte. 3. Sie horchte. 4. Das war es. 5. Sie stand auf. 6. Sie tappte durch die dunkle Wohnung. 7. Sie sah etwas Weißes. 8. Sie standen sich gegenüber. 9. Das Messer lag neben dem Teller. 10. Sie gingen zu Bett. 11. Ich dachte. 12. Sie fand, daß er alt aussah. 13. Sie sah ihn nicht an. 14. Er log. 15. Es war wohl nichts. 16. Sie kam ihm zu Hilfe. 17. Sie hob die Hand. 18. Sie machte das Licht aus. 19. Sie merkte, wie unecht seine Stimme klang, wenn er log. 20. „Es ist kalt", sagte sie und gähnte leise. 21. Sie schob ihm vier Scheiben Brot hin. 22. Sie ging von der Lampe weg. 23. Er sah nicht auf. 24. In diesem Augenblick tat er ihr leid. 25. Erst nach einer Weile setzte sie sich.

V. PRONOMEN. *Ändern Sie die Sätze!*

Beispiele: Das Brot liegt auf dem Tisch.
               Es liegt auf dem Tisch.

               Der Teller steht auf dem Tisch.
               Er steht auf dem Tisch.

1. Das Bett war leer. 2. Der Tisch war in der Küche. 3. Die Küche war dunkel. 4. Das Messer lag neben dem Teller. 5. Die Krümel lagen auf dem Tuch. 6. Der Mann sah alt aus. 7. Die Frau sah alt aus. 8. Die Decke war nicht ganz sauber. 9. Das Licht war an. 10. Die Dachrinne klapperte. 11. Der Korridor war dunkel. 12. Die Füße platschten. 13. Seine Stimme klang unecht. 14. Das Zimmer war kalt. 15. Die vier Scheiben Brot waren für ihn.

VI. *Was macht man?*

Beispiel: *Mit dem Messer schneidet man.*

1. Mit dem Messer	A. kocht man.
2. Das Brot	B. legt man auf den Tisch.
3. Im Bett	C. macht man Licht.
4. In der Küche	D. schneidet man.
5. Am Lichtschalter	E. schläft man.
6. Auf einem Stuhl	F. macht man an oder aus.
7. Ein Hemd	G. ißt man.
8. Die Haare	H. zieht man an.
9. Die Lampe	I. kämmt man.
10. Die Decke	J. sitzt man.

VII. *Kompositionsthemen*

1. Lügen Sie manchmal aus den besten Gründen—so wie die Frau in der Geschichte? Geben Sie Beispiele! 2. Lügen Sie manchmal—so wie der Mann? Geben Sie Beispiele! 3. In der Bibel (Psalm 116, 11) steht: „Alle Menschen sind Lügner." Wie verstehen Sie das?

25

4 Kräftig Essen

Helga M. Novak

Der Mensch wird, was er ist.

—Ernst Toller (1893–1939)

Ich bin selten in dieser Stadt. Ich bin *zufällig* hier.   akzidentell

Ich habe eine Bekannte in dieser Stadt. Sie steht mir
sehr nahe. Wir *führen einen ausgedehnten, einen intimen Brief-*   sich viele kordiale Briefe
wechsel miteinander.   schreiben

5   Ich bin zufällig hier. Ich möchte meine Bekannte
nicht treffen. Ich *halte mich* nur einen Tag lang *auf.* Ich   bleiben
habe keine Zeit. Wenn ich sie treffe, muß ich *mich* ihr
widmen. Sie *beschlagnahmt* mich ganz. Sie sagt, was machst   zusammen sein mit / in den
DU denn hier, oder, was MACHST du denn hier, oder,   Dienst pressen
10 was machst du denn HIER. Ich sage, gar nichts. Sie
sieht mich. Sie *reißt* mich *mit.* Sie sagt, und du *rufst* mich   gewinnen für sich /
nicht *an.* Ich sage, ich wollte es gerade. Sie sagt, dann ist   telephonieren
es ja *herrlich,* daß wir uns treffen. Ich sage, ja. Ich frage,   wunderbar
bist du nicht auf dem Weg ins Geschäft. Sie sagt, *ach wo,*   nein nein
15 ich habe heute meinen Haushaltstag. Ich sage, dann *hast*
du also *große Wäsche.* Sie sagt, ich denke nicht daran, zu   viel waschen müssen
waschen, wo du schon einmal hier bist. Ich sage, ist hier
in der *Nähe* ein Kino. Sie sagt, Kino. Zuerst ins Café.   die Nachbarschaft

Sie *hakt* mich *ein.* Sie sagt, wann bist du angekom-   den Arm nehmen
20 men. Ich sage, gestern abend. Sie sagt, das ist doch nicht
möglich. Und wo hast du geschlafen? Ich sage, in einem
Hotel. Sie sagt, aber, aber. Wir holen sofort dein *Gepäck*   die Bagage
und bringen es zu mir. Ich sage, das lohnt sich nicht, ich
fahre am Nachmittag weiter. Sie sagt, du fährst am
25 Nachmittag weiter, das kannst du mir nicht antun. Ich
sage, sei mir nicht böse, ich habe kaum Zeit. Sie sagt,
was *hast* du denn *vor.* Ich sage, nichts Besonderes. Sie   planen
sagt, was ist übrigens aus der *Geschichte* geworden. Ich   die Affäre
sage, aus welcher Geschichte. Die Geschichte in deinem
30 *vorletzten* Brief. Ich sage, in meinem vorletzten Brief. Sie   zweitletzt
sagt, er hieß Roland oder Ronald. Du weißt schon, was
ich meine. Ich sage, ach der. Sie sagt, *wieso* der. Du hast   warum
seitenlang von ihm geschrieben und daß du *nicht ein noch*   viele Seiten / nicht wissen,
aus wüßtest. Ich sage, er ist weg. Sie sagt, einfach weg.   was zu tun
35 Das ist fantastisch. Ich sage, ja. Ist hier kein Kino?

Wir gehen die Kaiser*allee* hinauf. Wir setzen uns in   der Boulevard eine Kaffeestube und rauchen. Sie sagt, was du nur mit deinem Kino hast. Wir haben noch gar nicht richtig miteinander gesprochen. Ich sage, nein. Sie sagt, hast du schon *gefrühstückt*? Ich sage, ich habe keinen Hunger. Sie sagt, du mußt aber kräftig essen, möchtest du *belegte Brote* oder Kuchen. Ich sage, nichts.

      Sie geht zum Buffet. Sie nimmt zwei *Tabletts*. Sie spricht mit der *Bedienung*. Ich *verlasse* die Kaffeestube durch den Ausgang Königstraße.

Frühstück essen

Brot mit Fleisch, Wurst oder Käse

das Servierbrett

die Beihilfe / weggehen

Helga M. Novak

Der Name Helga M. Novak ist ein Pseudonym, von dem die Schriftstellerin Maria Karlsdottir seit dem Erscheinen ihres ersten Gedichtbandes, „Ballade von der reisenden Anna" (1965) Gebrauch macht.

Als kleines Kind hat sie die nationalsozialistische Zeit in Deutschland erlebt; sie ist 1935 in Berlin geboren. In den fünfziger Jahren studierte sie an der Universität Leipzig, arbeitete einige Jahre in der Deutschen Demokratischen Republik und ging dann 1961 mit ihrem Mann nach Island, der Insel-Republik im nördlichen Atlantischen Ozean. Im Jahr 1967 kehrte sie nach Deutschland zurück und lebt seit 1970 in Frankfurt—Frankfurt am Main, nicht an der Oder— in der Bundesrepublik Deutschland.

Seit den sechziger Jahren schreibt sie Poesie und Prosa, Gedichte, Erzählungen, Berichte und Kinderbücher. Nur scheinbar gibt es heute noch die individualistische Form, die wir in der Literatur Stil nennen, meint Helga M. Novak. Individuen im alten Sinne gebe es nicht mehr.

Was könnte man aber doch über ihren Stil aussagen! In der charakteristischen kleinen Erzählung „Kräftig essen" ist die Struktur nur scheinbar unkompliziert. Beim ersten Lesen sind die Sätze banal, die Wörter nichtssagend. Die Autorin beschreibt nicht, erklärt nicht und erzählt im Präsens. Was steckt hinter den Klischees, was ist die Wirklichkeit?

ÜBUNGEN

SINNVERWANDTE WÖRTER UND AUSDRÜCKE

die Affäre	die Geschichte
anrufen	telephonieren
sich aufhalten	bleiben
die Bagage	das Gepäck
der Boulevard	die Allee
der Briefwechsel	die Korrespondenz
frühstücken	Frühstück essen
gut und viel essen	kräftig essen
herrlich	wunderbar
die Nähe	die Nachbarschaft
nein nein	ach wo
planen	vorhaben
seitenlang	viele Seiten
warum	wieso
zweitletzt	vorletzt

I. *Drücken Sie das, was die schräggedruckten Wörter, Ausdrücke und Sätze besagen, etwas anders aus!*

Beispiel: Das ist ja *herrlich.*
Das ist ja *wunderbar.*

1. Wie lange *halten* Sie *sich* dort *auf?* 2. Haben Sie viel *Bagage?* 3. Warum *rufst* Du nicht *an?* 4. *Warum* rufst Du mich nicht an? 5. Hast Du viel zu tun? *Nein nein.* 6. Ist hier ein Kino in *der Nähe?* 7. Was *planst* Du? 8. Wie steht es mit *der Affäre,* über die Du schriebst? 9. In dem *zweitletzten* Brief hast Du darüber geschrieben. 10. *Seitenlang* hast Du darüber geschrieben. 11. Sie führen eine große

Korrespondenz. 12. Das ist ja *wunderbar.* 13. Sie gehen *den Boulevard* hinauf. 14. Die Dame soll *gut und viel essen.* 15. Sie sollen in der Kaffeestube *frühstücken.*

II. *Beantworten Sie folgende Fragen!*

1.Seit wann macht die Autorin von einem Pseudonym (einem Deck-namen) Gebrauch? 2. Wie alt war sie, als die Hitler-Zeit endete? 3. Wo ist sie geboren? 4. Studierte sie in der BDR oder in der DDR? 5. Wo lebte sie von 1961 bis 1967? 6. Wo lebt sie seit 1970? 7. Wo liegt Frankfurt am Main, und wo liegt Frankfurt an der Oder? 8. Was für Bücher schreibt Helga M. Novak? 9. Schreibt sie nur für Erwachsene? 10. Ist heute das Zeitalter des Individualis-mus und der individualistischen Form?

III. *Diskussionsfragen*

1. Was bedeutet „nur scheinbar unkompliziert"? 2. Wie nahe steht die Bekannte der Erzählerin wirklich? 3. Ist die Erzählerin am Tag des Erzählens wirklich mit ihr zusammen? Erklären Sie! 4. Aus welchem Grund sagt die Erzählerin nicht die Wahrheit? 5. Warum spricht sie von einem Kino in der Nähe? 6. Wie sieht die Bekannte aus, wie alt ist sie, was macht sie in dem Geschäft, in dem sie arbeitet, was interessiert sie und was interessiert sie nicht? 7. Was versteht Helga M. Novak wohl unter individualistischer Form?

IV. PERFEKT. *Ändern Sie die Sätze!*

A. Beispiel: Wir führen einen Briefwechsel.
       Wir haben einen Briefwechsel geführt.

1. Wir führen einen Briefwechsel. 2. Sie hat keine Zeit. 3. Ich widme mich ihr. 4. Was machst du dort? 5. Ich sage, ja. 6. Sie fragt immer wieder. 7. Wir holen das Gepäck. 8. Sie sagt, aber, aber. 9. Das lohnt sich nicht. 10. Was hat sie vor? 11. Sie setzen sich in eine Kaffeestube. 12. Sie rauchen. 13. Sie frühstücken nicht. 14. Was meint sie?

B. Beispiel: Sie trifft die Bekannte nicht.
   Sie hat die Bekannte nicht getroffen.

1. Sie trifft die Bekannte nicht.   2. Sie sieht mich.   3. Warum rufst du mich nicht an?   4. Ich denke nicht daran.   5. Sie wäscht heute nicht.   6. Wo schläft sie?   7. Sie bringen das Gepäck nicht zu ihr. 8. Weiß sie es schon?   9. Sie schreibt seitenlang von ihm.   10. Wir sprechen miteinander.   11. Sie ißt nicht kräftig.   12. Sie nimmt zwei Tabletts.   13. Sie spricht mit der Bedienung.   14. Die Erzählerin verläßt die Kaffeestube.

C. Beispiel: Sie ist zufällig hier.
   Sie ist zufällig hier gewesen.

1. Sie ist zufällig hier.   2. Bist du auf dem Weg?   3. Wir sind hier zusammen.   4. Wann kommt sie an?   5. Ich fahre am Nachmittag weiter.   6. Fährst du wirklich am Nachmittag weiter?   7. Wie wird das mit Roland oder Ronald?   8. Wir gehen die Allee hinauf.   9. Die Bekannte geht zum Buffet.   10. Die andere Dame geht nicht zum Buffet.

V.   DER GENITIV

Maskulinum	*Femininum*	*Neutrum*
des langen Briefes	der jungen Frau	des kleinen Hotels
dieses langen Briefes	dieser jungen Frau	dieses kleinen Hotels
eines langen Briefes	einer jungen Frau	eines kleinen Hotels

Plural
der langen Briefe
dieser langen Briefe
keiner langen Briefe

A.   *Setzen Sie die richtigen Endungen ein!*
1. Sie ist eine Bekannte d— jung— Dame.   2. Sie wohnt nicht im Zentrum d— groß— Stadt.   3. Sie wissen etwas über die Länge d— viel— Briefe.   4. Sie wissen wenig über das Intime dies— ausge-

dehnt— Briefwechsels.   5. Wir wissen auch wenig über die Substanz d— lang— Briefe.   6. Was wissen Sie über das Leben d— Bekannten?   7. Es ist eine Frage d— Zeit, denn sie hat kaum Zeit.   8. Die reisende Dame wohnt in einem kleinen Zimmer d— klein— Hotel—. 9. Sie will im Laufe d— Nachmittag— weiterfahren.   10. Erzählt sie die Geschichte d— unbekannt— Mann—?   11. Was steht auf dem Tisch d— Buffet—?   12. Sie verläßt die Räume d— gemütlich— Kaffeestube.

B. *Präpositionen mit dem Genitiv*

1. Trotz d— ausgedehnt— Briefwechsels wollte die Dame nur kurz mit der Bekannten zusammen sein.   2. Trotz d— viel— lang— Briefe kennt die Bekannte die Dame nicht sehr gut.   3. Wegen d— Haushalttag— geht sie nicht ins Geschäft.   4. Sie braucht aber wegen d— groß— Wäsche nicht zu Hause zu bleiben.   5. Während d— kurz— Nachmittag— muß sie weiterfahren.   6. Während d— wenig— Stunden erzählen sie sich wenig.   7. Statt ein— lang— Besuch— wird es ein kurzer.   8. Trotz d— zwei Tabletts verläßt sie die Kaffeestube, ohne zu essen.

VI. *Wie heißt das Gegenteil?*

Beispiel: Das Gegenteil von „*selten*" heißt „oft".

1. selten		A.	schrecklich
2. zufällig		B.	alles
3. der Bekannte		C.	der Fremde
4. nichts		D.	satt
5. sagen		E.	abfahren
6. ganz		F.	dort
7. herrlich		G.	hinab
8. fragen		H.	nehmen
9. hier		I.	oft
10. in der Nähe		J.	übernächst
11. ankommen		K.	antworten
12. zuerst		L.	absichtlich
13. möglich		M.	natürlich
14. vorletzt		N.	weit weg

15. schreiben
16. fantastisch
17. der Ausgang
18. hinauf
19. hungrig
20. geben

O. schweigen
P. zuletzt
Q. der Eingang
R. geteilt
S. undenkbar
T. lesen

VII. *Kompositionsthemen*
1. Beschreiben Sie einen Menschen, der lieber mit Ihnen zusammen ist als Sie mit ihm! 2. Glauben Sie, daß irgendein Mensch so von Ihnen denkt wie die Erzählerin von ihrer Bekannten? Erklären Sie!

5 | Das Studieren. Kultur und Kulturlosigkeit

Albert Einstein

Wer nichts als Chemie versteht, versteht auch die nicht recht.

—Georg Christoph Lichtenberg (1742–1799)

Es ist nicht genug, den Menschen ein Spezial*fach* zu lehren. Dadurch wird er zwar zu einer Art *benutzbarer* Maschine, aber nicht zu einer *vollwertigen* Persönlichkeit. *Es kommt darauf an,* daß er ein lebendiges Gefühl dafür bekommt, was zu *erstreben* wert ist. Er muß einen lebendigen Sinn dafür bekommen, was schön und was moralisch gut ist. Sonst *gleicht* er mit seiner spezialisierten Fachkenntnis mehr einem wohl*abgerichteten* Hund als einem harmonisch *entwickelten Geschöpf.* Er muß die Motive der Menschen, deren Illusionen, deren Leiden verstehen lernen, um eine richtige *Einstellung* zu den einzelnen Menschen und zur *Gemeinschaft* zu *erwerben.*

Diese wertvollen Dinge werden der jungen Generation durch den persönlichen Kontakt mit den Lehrenden, nicht—oder wenigstens nicht *in der Hauptsache*—durch Textbücher *vermittelt.* Dies ist es, was Kultur in erster Linie *ausmacht* und erhält. Diese habe ich im Auge, wenn ich die „Humanities" als wichtig *empfehle,* nicht einfach trockenes Fachwissen auf geschichtlichem und philosophischem Gebiet.

Überbetonung des kompetitiven Systems und frühzeitiges Spezialisieren unter dem *Gesichtspunkt* der *unmittelbaren Nützlichkeit* töten den Geist, *von* dem alles kulturelle Leben und damit schließlich auch die Blüte der Spezialwissenschaften *abhängig* ist.

Zum Wesen einer wertvollen Erziehung gehört es ferner, daß das *selbständige* kritische Denken im jungen Menschen *entwickelt* wird, eine Entwicklung, die weitgehend durch *Überbürdung* mit *Stoff gefährdet* wird (Punktsystem). Überbürdung führt notwendig zur *Oberflächlichkeit* und Kulturlosigkeit. Das Lehren soll so sein, daß das *Dargebotene* als wertvolles Geschenk und nicht als saure *Pflicht* empfunden wird.

Randglossen:

- das Studienfach
- brauchbar
- wahr und gut
- wichtig ist
- wünschen, kämpfen für
- so sein wie
- trainiert
- reif / der Mensch
- die Denkart
- das Volk, die Gesellschaftsgruppe / gewinnen
- vor allem
- zuführen, überbringen
- sein (alles in allem)
- für etwas sein
- zu viel Gewicht legen auf
- der Standpunkt / direkt
- die Brauchbarkeit
- bestimmt durch
- autonom, frei
- hervorbringen
- das Zuviel / das Material / in Gefahr
- ohne Ernst und Tiefe
- die Präsentation
- was man tun soll und muß

Albert Einstein

Albert Einstein wurde 1879 in Ulm geboren, ist aber in München aufgewachsen und ging mit fünfzehn Jahren in die Schweiz. Er war ein schlechter Schüler, wurde schließlich aber im Polytechnikum, Zürich aufgenommen und studierte Physik und Mathematik.

Schon 1905 erschien in den „Annalen der Physik" der berühmte Artikel, der die Hauptidee seiner Relativitätstheorie enthält. Die epochemachende Arbeit Einsteins eröffnete ein neues Kapitel im Denken der Menschheit.

Im Jahr 1909 wurde er Professor an der Universität Zürich, ging 1911 nach Prag, wo er übrigens Franz Kafka kennenlernte, ging 1912 wieder nach Zürich und wurde 1914 Direktor des Kaiser-Wilhelm-Instituts für Physik in Berlin.

Er arbeitete in Berlin weiter an der Relativitätstheorie, nach der die Zeit kein absoluter, sondern ein relativer Begriff ist; Zeit und Raum bilden zusammen ein vierdimensionales Kontinuum. Auch gibt es keinen festen oder absoluten Raum. Das Universum ist immer in Bewegung, und diese Bewegung kann nur relativ beschrieben werden, zum Beispiel im Verhältnis eines Sterns zu einem anderen. Der Weltraum hat keine „Richtungen" und keine „Grenzen".

In den zwanziger Jahren hatte Einstein mit politischen Schwierigkeiten zu kämpfen. Menschen im Ausland waren gegen die Theorien Einsteins, weil sie aus Deutschland kamen. In Deutschland waren Nationalisten und Antisemiten gegen ihn, weil seine Ideen „undeutsch" waren. Zur Zeit des Nationalsozialismus emigrierte er nach Amerika. Am Anfang der dreißiger Jahre war er Gastprofessor am California Institute of Technology; später war er am Institute for Advanced Studies in Princeton tätig.

Genau sechzig Jahre nachdem Einstein und Otto Hahn 1879 geboren wurden, erfuhr die Welt von der Spaltung des Atoms durch Otto Hahn. Aus Furcht vor einem aggressiven Deutschland schrieb Einstein 1939 an Franklin Delano Roosevelt den Brief, in dem stand, daß man die Atombombe entwickeln müsse. Sich dazu zu entschließen, war für den Pazifisten Einstein nicht leicht. Es überschattete die letzten Jahre seines Lebens.

Von 1945 bis zu seinem Tod 1955 schrieb er über politische und philosophische Fragen. Der bekannteste Physiker in der Geschichte der Menschheit interessierte sich für viele Gebiete menschlichen Schaffens und Wissens, die nicht seine Spezialfächer waren. Besonders liebte er Kunst, Musik, Literatur und Philosophie. Charakteristisch ist der Satz, den der humanitäre Physiker-Philosoph gegen Ende seines Lebens schrieb: „Das Problem ist heute nicht die Atomenergie, sondern das Herz des Menschen."

ÜBUNGEN

SINNVERWANDTE WÖRTER UND AUSDRÜCKE

benutzbar	brauchbar
direkt	unmittelbar
die Einstellung	die Denkart
empfehlen	für etwas sein
gefährdet	in Gefahr
die Gemeinschaft	die Gesellschaftsgruppe
das Geschöpf	der Mensch
der Gesichtspunkt	der Standpunkt
gleichen	so sein wie
die Nützlickeit	die Brauchbarkeit
der Stoff	das Material
vor allem	in der Hauptsache

I. *Drücken Sie das, was die schräggedruckten Wörter, Ausdrücke und Sätze besagen, etwas anders aus!*

Beispiel: Ich finde das *die* richtige *Einstellung*.
Ich finde das die richtige Denkart.

1. Manche Menschen werden zu einer Art *benutzbarer* Maschine.   2. Sie *gleichen* einem wohlabgerichteten Hund.   3. Sie sind *kein* harmonisch entwickeltes *Geschöpf*.   4. Ich finde Einsteins *Einstellung* richtig. 5. Wie erwirbt man die richtige Einstellung zur *Gemeinschaft?*   6. Man lernt *vor allem* durch den persönlichen Kontakt mit den Lehrenden. 7. Er *empfiehlt* das Studium der „Humanities".   8. Es ist der *direkte* Weg zu Kultur und kulturellem Leben.   9. *Die* unmittelbare *Nützlichkeit* tötet den Geist.   10. Das kulturelle Leben is *gefährdet*.   11. Zu viel *Stoff* führt zur Oberflächlichkeit.   12. Sind Sie für Einsteins *Gesichtspunkt?*

II.   *Diskussionsfragen*
1. Beschreiben Sie einen Menschen, der eine benutzbare Maschine ist! Kennen Sie Menschen dieser Art?   2. Was versteht Einstein wohl unter einem harmonisch entwickelten Menschen?   3. Was macht nach Einstein die Kultur aus und erhält sie—jedenfalls im Idealfall? Erklären Sie!   4. Glauben Sie, daß Einstein recht hat, wenn er vom Töten des Geistes durch das Spezialisieren spricht?

III.   *Beantworten Sie folgende Fragen!*
1. Wo wurde Einstein geboren und wo ist er aufgewachsen?   2. An welchen Universitäten und Instituten war er Professor im Lauf seines Lebens?   3. Wann und wo erschien sein berühmtester Artikel?   4. Was hat nach Einstein die Zeit mit dem Raum zu tun?   5. Was für politische Schwierigkeiten hatte er in den zwanziger Jahren?   6. Warum emigrierte er nach Amerika?   7. Aus welchem Grund schrieb er 1939 an den amerikanischen Präsidenten?   8. Warum war es so schwer für ihn, den Brief zu schreiben?   9. Worüber schrieb er im letzten Jahrzehnt seines Lebens?   10. Welche Gebiete liebte er besonders?

IV. DER NOMINATIV

Maskulinum	*Femininum*	*Neutrum*
der schlechte Schüler	die neue Theorie	das alte Buch
dieser schlechte Schüler	diese neue Theorie	dieses alte Buch
ein schlechter Schüler	eine neue Theorie	ein altes Buch

Plural
die wertvollen Dinge
diese wertvollen Dinge
keine wertvollen Dinge

Setzen Sie die richtigen Endungen ein!
1. Er war ein schlecht— Schüler.   2. Er war kein gut— Schüler.   3.
Schon 1905 erschien der berühmt— Artikel über die Relativitätstheorie.   4. Es erschien ein berühmt— Artikel.   5. Die epochemachend— Arbeit eröffnete ein neues Kapitel in der Geschichte.   6. Die
neu— Theorie war epochemachend.   7. Die Zeit ist kein absolut—,
sondern ein relativ— Begriff.   8. Einstein ist nicht nur ein bekannt—
Physiker, er ist der bekanntest— in der Geschichte der Menschheit.
9. Ein trocken— Fachwissen ist nicht genug.   10. Das trocken—
Fachwissen ist nicht genug.   11. Das frühzeitig— Spezialisieren ist
falsch.   12. Ein frühzeitig— Spezialisieren ist falsch.   13. Wichtig
ist, daß das selbständig— kritisch— Denken entwickelt wird.   14.
Ein selbständig— kritisch— Denken ist wichtig.   15. Diese
wertvoll— Dinge werden durch den persönlichen Kontakt mit den
Lehrenden vermittelt.   16. Die jung— Menschen lernen sie durch
Kontakt mit den Lehrenden.   17. Die letzt— Jahre seines Lebens
waren überschattet von den Ansichten, die er in dem Brief an
Roosevelt geäußert hatte.

V. *Welche Satzteile gehören zusammen?*

Beispiel: *Es ist nicht genug, wenn man sich nur spezialisiert.*

1. Es ist nicht genug,	A. ist wie ein wohlabgerichte-ter Hund.
2. Ein Mensch, der nur Spe-zialist ist,	B. gehört zu einer wertvollen

3. Wenn Einstein die „Humanities" empfiehlt,
4. Ein Mensch, der mehr ist als Spezialist,
5. Das Denken an nur unmittelbare Nützlichkeit
6. Zu viel lernen und lesen,
7. Ein Punktsystem bringt mit sich
8. Kontakt mit den Lehrenden
9. Selbständiges Denken
10. Ein Spezialist ohne allseitige Erkenntnisse

    Erziehung.
C. führt zur Oberflächlichkeit.
D. Überbürdung mit Stoff.
E. denkt er an Kontakt mit den Lehrern.
F. ist eine Art benutzbare Maschine.
G. ist eine vollwertige Persönlichkeit.
H. bedeutet das Töten des Geistes.
I. ist wichtiger als lesen.
J. wenn man sich nur spezialisiert.

VI. *Kompositionsthemen*
1. Haben Sie im Laufe Ihres Lebens oft persönlichen Kontakt mit Ihren Lehrern gehabt? Beschreiben Sie die Lehrer, mit denen Sie persönlichen Kontakt hatten!   2. Geben Sie ein Beispiel von einem Lehrer oder einer Lehrerin, von dem/der Sie wirklich „wertvolle Dinge" gelernt haben!

6 Die Unwürdige Greisin

Bertolt Brecht

Es bleiben tot die Toten,
Und nur der Lebendige lebt.

Heinrich Heine (1797–1856)

Meine Großmutter war zweiundsiebzig Jahre alt, als mein Großvater starb. Er hatte eine kleine Lithographen*anstalt* in einem *badischen* Städtchen und arbeitete darin mit zwei, drei *Gehilfen* bis zu seinem Tod. Meine
5 Großmutter *besorgte* ohne Magd den *Haushalt*, *betreute* das alte, *wacklige* Haus und kochte für die Mannsleute und Kinder.

das Werk / deutsches Land
der Helfer
kochen und sauber machen / alles im Haus machen
alt und verfallen

Sie war eine kleine *magere* Frau mit lebhaften Eidechsenaugen, aber langsamer Sprechweise. Mit recht
10 *kärglichen Mitteln* hatte sie fünf Kinder großgezogen—von den sieben, die sie geboren hatte. Davon war sie mit den Jahren kleiner geworden.

dünn

nicht genug / was man zum Leben braucht

Von den Kindern gingen die zwei Mädchen nach Amerika, und zwei der Söhne zogen *ebenfalls* weg. Nur
15 der Jüngste, der eine schwache Gesundheit hatte, blieb im Städtchen. Er wurde Buchdrucker und *legte sich* eine viel zu große Familie *zu*.

auch

haben

So war sie allein im Haus, als mein Großvater gestorben war.

20 Die Kinder schrieben sich Briefe über das Problem, was mit ihr zu geschehen hätte. Einer konnte ihr bei sich ein Heim *anbieten*, und der Buchdrucker wollte mit *den Seinen* zu ihr ins Haus ziehen. Aber die *Greisin verhielt sich abweisend* zu den *Vorschlägen* und wollte nur von jedem
25 ihrer Kinder, das dazu *imstande war*, eine kleine geldliche *Unterstützung* annehmen. Die Lithographenanstalt, *längst veraltet*, brachte fast nichts beim Verkauf ein, und es waren auch *Schulden* da.

offerieren
seine Familie / die sehr alte Frau / sein
unfreundlich / die Proposition
können
die Beihilfe / schon lange
antiquiert

Geld, das man zahlen muß

Die Kinder schrieben ihr, sie könne doch nicht ganz
30 allein leben, aber als sie *darauf überhaupt nicht einging*, *gaben* sie *nach* und schickten ihr *monatlich* ein bißchen Geld. *Schließlich*, dachten sie, war ja der Buchdrucker im Städtchen geblieben.

gar nicht / „ja" sagen
etwas akzeptieren / jeden Monat
wenn man so an alles denkt

Der Buchdrucker übernahm es auch, seinen *Ge-*
35 *schwistern mitunter* über die Mutter zu *berichten*. Seine Briefe an meinen Vater, und was dieser bei einem Besuch und nach dem *Begräbnis* meiner Großmutter zwei

die Brüder und Schwestern
manchmal / etwas erzählen

das Legen ins Grab

Jahre später erfuhr, geben mir ein Bild von dem, was in diesen zwei Jahren geschah.

Es scheint, daß der Buchdrucker von *Anfang* an *enttäuscht* was, daß meine Großmutter *sich weigerte*, ihn in das *ziemlich* große und nun leerstehende Haus aufzunehmen. Er wohnte mit vier Kindern in drei Zimmern. Aber die Greisin hielt überhaupt nur eine sehr lose Verbindung mit ihm aufrecht. Sie lud die Kinder jeden Sonntagnachmittag zum Kaffee ein, das war eigentlich alles.

Sie besuchte ihren Sohn ein- oder zweimal in einem Vierteljahr und half der *Schwiegertochter* beim Beereneinkochen. Die junge Frau entnahm einigen ihrer *Äußerungen*, daß es ihr in der kleinen Wohnung des Buchdruckers zu *eng* war. Dieser konnte *sich* nicht *enthalten*, in seinem Bericht darüber ein *Ausrufezeichen* anzubringen.

Auf eine *schriftliche* Anfrage meines Vaters, was die alte Frau denn jetzt so mache, antwortete er ziemlich kurz, sie besuche das Kino.

Man muß verstehen, daß das nichts *Gewöhnliches* war, *jedenfalls* nicht in den Augen ihrer Kinder. Das Kino war vor Jahren noch nicht, was es heute ist. *Es handelte sich um elende schlechtgelüftete Lokale*, oft in alten Kegelbahnen *eingerichtet*, mit schreienden Plakaten vor dem Eingang, auf denen Morde und Tragödien der *Leidenschaft* angezeigt waren. Eigentlich gingen nur *Halbwüchsige* hin oder, des Dunkels wegen, Liebespaare. Eine einzelne alte Frau mußte dort sicher *auffallen*.

Und so war noch eine andere Seite dieses Kinobesuchs zu bedenken. Der *Eintritt war* gewiß *billig*, da aber das *Vergnügen ungefähr* unter den *Schleckereien rangierte*, bedeutete es „hinausgeworfenes Geld". Und Geld hinauszuwerfen, war nicht respektabel.

Dazu kam, daß meine Großmutter nicht nur mit ihrem Sohn am Ort keinen *regelmäßigen Verkehr pflegte*, sondern auch sonst niemanden von ihren Bekannten besuchte oder einlud. Sie ging *niemals* zu den Kaffeegesellschaften des Städtchens. Dafür besuchte sie *häufig* die

---

der Beginn

unzufrieden / ablehnen

recht

die Frau des Sohnes

etwas, was man sagt

klein / sich zurückhalten

das Ausrufezeichen = !

in einem Brief

alltäglich, normal

ein für allemal

es war eine Frage von

miserabel / mit schlechter Luft / der Raum

installiert

die Passion

der ganz junge Mensch

in die Augen fallen

die Eintrittskarte / nicht viel kosten

das Amüsement / halbwegs / die Süßigkeiten / in einem Rang stehen

oft mit Menschen zusammen sein

nie

oft

47

Werkstatt eines *Flickschusters* in einem armen und sogar etwas *verrufenen Gäßchen*, in der, besonders nachmittags, allerlei nicht besonders respektable *Existenzen* herumsaßen, *stellungslose* Kellnerinnen und Handwerksburschen. Der Flickschuster war ein Mann in mittleren Jahren, der in der ganzen Welt herumgekommen war, ohne es zu etwas gebracht zu haben. *Es hieß* auch, daß er trank. Er war jedenfalls kein *Verkehr* für meine Großmutter.

Der Buchdrucker *deutete* in einem Brief *an*, daß er seine Mutter *darauf hingewiesen*, aber einen recht kühlen *Bescheid bekommen* habe. „Er hat etwas gesehen‟, war ihre Antwort, und das Gespräch war damit zu Ende. Es war nicht leicht, mit meiner Großmutter über Dinge zu *reden*, die sie nicht *bereden* wollte.

Etwa ein halbes Jahr nach dem Tod des Großvaters schrieb der Buchdrucker meinem Vater, daß die Mutter jetzt jeden zweiten Tag im *Gasthof* esse.

Was für eine *Nachricht!*

Großmutter, die *zeit ihres Lebens* für ein Dutzend Menschen gekocht und immer nur die Reste aufgegessen hatte, aß jetzt im Gasthof! Was war in sie gefahren?

Bald darauf führte meinen Vater eine Geschäftsreise in die Nähe, und er besuchte seine Mutter.

Er traf sie *im Begriffe*, auszugehen. Sie nahm den Hut wieder ab und setzte ihm ein Glas Rotwein mit Zwieback vor. Sie schien ganz *ausgeglichener Stimmung* zu sein, weder besonders *aufgekratzt* noch besonders schweigsam. Sie *erkundigte sich* nach uns, allerdings nicht sehr *eingehend*, und wollte hauptsächlich wissen, ob es für die Kinder auch Kirschen gäbe. Da war sie ganz wie immer. Die *Stube* war natürlich *peinlich* sauber, und sie sah gesund aus.

Das einzige, was auf ihr neues Leben *hindeutete*, war, daß sie nicht mit meinem Vater auf den *Gottesacker* gehen wollte, das Grab ihres Mannes zu besuchen. „Du kannst

---

Marginal glosses:

der Schuhmacher, der Schuhe repariert / keinen guten Namen haben / die kleine Straße
der (fragwürdige) Mensch
keine Arbeit haben

man sagte
der (gute) Umgang

schreiben, durchblicken lassen
sprechen über
eine Antwort bekommen

sprechen

sprechen über

ungefähr, circa

das Hotel und Restaurant (auf dem Lande)
die Neuigkeit

ihr ganzes Leben lang

dabei sein, etwas zu tun

ruhig, gesetzt / die Gefühlslage
gesprächig
nachfragen
auf Details (eingehend)

das Zimmer / übergenau, korrekt

zeigen

der Kirchhof

allein hingehen", sagte sie *beiläufig*, „es ist das dritte von links in der elften Reihe. Ich muß noch wohin." nebenbei, leichtfertig

Der Buchdrucker erklärte *nachher*, daß sie *wahrscheinlich* zu ihrem Flickschuster mußte. Er *klagte* sehr. später / wohl
jammern

5 „Ich sitze hier in diesen *Löchern* mit den *Meinen* und habe nur noch fünf Stunden Arbeit und schlecht bezahlte. Dazu *macht* mir mein Asthma wieder *zu schaffen*, und das Haus in der Hauptstraße steht leer." die schlechte Wohnung /
meine Familie

plagen

Mein Vater hatte im Gasthof ein Zimmer genom-
10 men, aber erwartet, daß er zum Wohnen doch von seiner Mutter eingeladen werden würde, wenigstens pro forma, aber sie sprach nicht davon. Und sogar als das Haus voll gewesen war, hatte sie immer etwas dagegen gehabt, daß er nicht bei ihnen wohnte und dazu das Geld für das
15 Hotel ausgab!

Aber sie schien mit ihrem Familienleben *abgeschlossen* zu haben und neue Wege zu gehen, jetzt, wo ihr Leben *sich neigte*. Mein Vater, der eine gute Portion Humor *besaß*, fand sie „ganz *munter*" und sagte meinem
20 Onkel, er solle die alte Frau machen lassen, was sie wolle. ein Ende machen

zu Ende gehen

haben / frisch

Aber was wollte sie?

Das nächste, was berichtet wurde, war, daß sie eine *Bregg* bestellt hatte und nach einem *Ausflugsort* gefahren
25 war, an einem gewöhnlichen Donnerstag. Eine Bregg war ein großes, *hochrädriges* Pferde*gefährt* mit Plätzen für ganze Familien. Einige wenige Male, wenn wir Enkelkinder zu Besuch gekommen waren, hatte Großvater die Bregg *gemietet*. Großmutter war immer zu Hause geblie-
30 ben. Sie hatte es mit einer *wegwerfenden* Handbewegung abgelehnt, mitzukommen. der Wagen—von Pferden
gezogen / der Ferienort

mit hohen Rädern / der
Wagen

heuern, chartern
die kalte Schulter zeigend

Und nach der Bregg kam die Reise nach K., einer größeren Stadt, etwa zwei Eisenbahnstunden entfernt. Dort war ein Pferderennen, und zu dem Pferderennen
35 fuhr meine Großmutter.

Der Buchdrucker war jetzt durch und durch alar-

miert. Er wollte einen *Arzt hinzugezogen* haben. Mein   einen Doktor konsultieren
Vater schüttelte den Kopf, als er den Brief las, lehnte
aber die Hinzuziehung eines Arztes ab.

Nach K. war meine Großmutter nicht allein gefah-
5 ren. Sie hatte ein junges Mädchen mitgenommen, eine
halb *Schwachsinnige*, wie der Buchdrucker schrieb, das   nicht ganz richtig im Kopf
Küchenmädchen des Gasthofs, in dem die Greisin jeden
zweiten Tag *speiste*.   essen

Dieser „Krüppel" spielte von jetzt an eine Rolle.

10 Meine Großmutter schien einen *Narren an ihr gefres-*   lieben
sen zu haben. Sie nahm sie mit ins Kino und zum
Flickschuster, der *sich* übrigens als Sozialdemokrat *her-*   sich zeigen, manifestieren
ausgestellt hatte, und es ging das *Gerücht*, daß die beiden   was man von Mund zu
Frauen bei einem Glas Rotwein in der Küche Karten   Mund weitergibt
15 spielten.

„Sie hat dem Krüppel jetzt einen Hut gekauft mit
Rosen darauf", schrieb der Buchdrucker *verzweifelt*.   desperat
„Und unsere Anna hat kein Kommunionskleid!"

Die Briefe meines Onkels wurden ganz hysterisch,
20 handelten nur von der „unwürdigen *Aufführung* unserer   die Lebensart, die Manieren
lieben Mutter" und *gaben* sonst nichts mehr *her*. Das   erzählen
Weitere habe ich von meinem Vater.

Der Gastwirt hatte ihm mit Augenzwinkern *zuge-*   murmeln, wispern
raunt: „Frau B. amüsiert sich ja jetzt, wie man hört."

25 In Wirklichkeit lebte meine Großmutter auch diese
letzten Jahre keinesfalls *üppig*. Wenn sie nicht im Gast-   luxuriös
hofe aß, nahm sie meist nur ein wenig Eierspeise zu sich,
etwas Kaffee und vor allem ihren geliebten Zwieback.
Dafür *leistete sie sich* einen billigen Rotwein, von dem sie   sich einen Genuß erlauben
30 zu allen Mahlzeiten ein kleines Glas trank. Das Haus
hielt sie sehr *rein*, und nicht nur die Schlafstube und die   sauber
Küche, die sie benutzte. *Jedoch nahm* sie darauf ohne   aber
Wissen ihrer Kinder *eine Hypothek auf*. Es kam niemals   sich Geld borgen (auf ein
heraus, was sie mit dem Geld machte. Sie scheint es dem   Haus)
35 Flickschuster gegeben zu haben. Er zog nach ihrem
Tode in eine andere Stadt und soll dort ein größeres
Geschäft für Maßschuhe eröffnet haben.

Genau betrachtet lebte sie *hintereinander* zwei Leben. [eins nach dem andern]
Das eine, erste, als Tochter, Frau und als Mutter, und
das zweite einfach als Frau B., eine alleinstehende Person
ohne *Verpflichtungen* und mit *bescheidenen*, aber *ausreichenden* [die Obligation / wenig, einfach / genügend]
5 Mitteln. Das erste Leben dauerte etwa sechs Jahrzehnte,
das zweite nicht mehr als zwei Jahre.

Mein Vater *brachte in Erfahrung*, daß sie im letzten [herausfinden]
halben Jahr *sich* gewisse Freiheiten *gestattete*, die normale [sich erlauben, nehmen]
Leute nicht kennen. So konnte sie im Sommer früh um
10 drei Uhr aufstehen und durch die leeren Straßen des
Städtchens spazieren, das sie so für sich ganz allein
hatte. Und den *Pfarrer*, der sie besuchen kam, um der [der Pastor]
alten Frau in ihrer *Vereinsamung Gesellschaft zu leisten*, lud [das Alleinsein / mit jemand zusammen sein / aussagen]
sie, wie allgemein *behauptet* wurde, ins Kino ein!

15 Sie war keineswegs vereinsamt. Bei dem Flickschu-
ster *verkehrten* anscheinend *lauter* lustige Leute, und es [ein- und ausgehen / nur, nichts als]
wurde viel erzählt. Sie hatte dort immer eine Flasche
ihres eigenen Rotweins stehen, und daraus trank sie ihr
Gläschen, während die anderen erzählten und *über* die
20 würdigen Autoritäten der Stadt *loszogen*. Dieser Rotwein [kritisieren]
blieb für sie reserviert, jedoch brachte sie mitunter der
Gesellschaft stärkere Getränke mit.

Sie starb ganz *unvermittelt*, an einem Herbstnachmit- [plötzlich, auf einmal]
tag in ihrem Schlafzimmer, aber nicht im Bett, sondern
25 auf dem Holzstuhl am Fenster. Sie hatte den „Krüppel"
für den Abend ins Kino eingeladen, und so war das
Mädchen bei ihr, als sie starb. Sie war vierundsiebzig
Jahre alt.

Ich habe eine Photographie von ihr gesehen, die sie
30 auf dem Totenbett zeigt und die für die Kinder *angefertigt* [aufnehmen, machen]
worden war.

Man sieht ein *winziges* Gesichtchen mit vielen Falten [sehr klein]
und einem *schmallippigen*, aber breiten Mund. Viel [mit schmalen Lippen]
Kleines, aber nichts *Kleinliches*. Sie hatte die langen Jahre [engherzig, selbstsüchtig]
35 der *Knechtschaft* und die kurzen Jahre der Freiheit *ausge-* [die Unfreiheit / genießen]
kostet und das Brot des Lebens *aufgezehrt* bis auf den [essen, konsumieren]
letzten *Brosamen*. [die Brotkrume]

Bertolt Brecht

Bertolt Brecht, eigentlich Eugen Berthold Friedrich Brecht, wurde 1898 in Augsburg geboren. Die bürgerlich protestantische Familie seiner Mutter lebte seit Generationen in Augsburg, die bürgerlich katholische Familie des Vaters stammte aus dem Schwarzwald. „Als ich erwachsen war und um mich sah, / Gefielen mir Leute meiner Klasse nicht", schrieb Brecht später.

Das Studium der Medizin, das er in München begonnen hatte, mußte er 1917 unterbrechen und Sanitäter werden. Die Satire „Legende vom toten Soldaten" geht auf seine Erlebnisse als Sanitäter zurück. Nach dem Krieg studierte er auf nur kurze Zeit weiter; das Theater interessierte ihn mehr als die Medizin.

Die Charaktere seiner Stücke sind Außenseiter und Vagabunden. Charakteristisch sind drei Themen. 1. Die Isolation einsamer Menschen, die mit anderen überhaupt keinen Kontakt haben. 2. Der Verlust der Individualität. In einem seiner Werke fragt der Chor vier Flieger, wer sie sind, wer auf sie wartet, und wer stirbt, wenn sie sterben. Die Antwort ist auf jede Frage: „niemand". Darauf spricht der Chor:

Jetzt wißt ihr:
Niemand
Stirbt, wenn ihr sterbt.
Jetzt haben sie
Die kleinste Größe erreicht.

3. Der Mensch kann in der heutigen Gesellschaft nicht „gut" sein,— „Gut sein! Wer wär's nicht gerne!" Der Mensch hat eine gespaltene Existenz.

Nach der Premiere des Stückes „Trommeln in der Nacht" in München schrieb 1922 ein Kritiker: „Der vierundzwanzigjährige Bert Brecht hat über Nacht das dichterische Antlitz Deutschlands verändert."

1924 übersiedelte Brecht nach Berlin. In der deutschen Hauptstadt besuchte er Abendkurse der Arbeiterschule und schrieb Stücke, die man in der ganzen Welt spielen sollte. Die „Dreigroschenoper" mit der Musik von Kurt Weill war in Berlin ein sensationeller Erfolg. In englischer Übersetzung, „The Threepenny Opera", ist sie auch in Amerika bekannt geworden. Die „Dreigroschenoper" enthält die charakteristischen Brechtschen „Stückchen im Stück", die Songs— Brecht machte von dem englischen Wort Gebrauch—die eine Mischung von Volkslied und Jazzelementen sind. Die Sänger erfüllen eine didaktische Funktion; in den Songs betrachten sie den Text und machen Aussagen über ihn.

Zweihundert Jahre zuvor war für John Gay, in seiner „Beggar's Opera" (1728), die sogenannte bessere Gesellschaft die Welt der Verbrecher; für Brecht war die bürgerliche Welt die Welt der Verbrecher. Das gleiche Bild findet sich in seinem „Aufstieg und Fall der Stadt Mahagonny", in der für Geld alles zu haben ist. Das größte Verbrechen ist dort, *kein* Geld zu haben.

In den Berliner Jahren Brechts enstand seine Konzeption des „epischen Theaters". Im konventionellen Drama handeln die Schauspieler, im epischen Theater *erzählen* sie. Brecht will die Zuschauer zwingen, nachzudenken. Er bringt Argumente und will keine Gefühle erwecken, sondern Gedanken. Wie die Songs im Grunde Kommentare des Textes sind, so finden sich in Brechts epischem Theater Kommentare in Form von Bildern, Filmprojektionen, Titeln und Mottos, die auf der Bühne angebracht sind. Brecht will keine Identifikation des

Schauspielers mit der Figur, die er spielt, und keine Identifikation der Zuschauer mit den Figuren des Stückes. Die groteske Situation ist: der Schauspieler *erzählt* von der Figur, die er spielt. Der Autor nannte diese Seite des epischen Theaters „Verfremdung".

1933 ging Bertolt Brecht ins Exil, lebte einige Jahre in Dänemark und fuhr dann über Schweden, Finnland, Rußland und Sibirien nach Amerika. Unter seinen Freunden in Kalifornien waren deutsche Schriftsteller im Exil wie, vor allem, Lion Feuchtwanger, auch Franz Werfel, Heinrich Mann—und Thomas Mann, obwohl sich die beiden eigentlich nicht mochten. Oft war er mit drei Schauspielern zusammen. Peter Lorre hatte in den Stücken Brechts in Deutschland gespielt; Charlie Chaplins Schauspielkunst hatte schon lange einen Einfluß auf Brecht in dem Schreiben seiner Stücke ausgeübt; Charles Laughton bewunderte ihn sehr, und Brecht schrieb sein „Leben des Galilei", das er in Dänemark geschrieben hatte, für ihn um.

Galilei (1564–1642) ist eine der großen Figuren in der Geschichte der Wissenschaft. Brecht gestaltete in seinem Stück ein zeitloses Problem: Soll der Mann der Wissenschaft sein Wissen in den Dienst der Mächtigen dieser Erde stellen? Galilei hatte vor der Inquisition zurückgenommen, was er früher behauptet hatte, nämlich daß sich die Erde und die anderen Planeten um die Sonne bewegen. Der Legende nach wollte er sich für die Wissenschaft erhalten und weiter arbeiten. Hat er aber nur für die Mächtigen gearbeitet und ihnen Wissen überliefert—„es zu gebrauchen, es nicht zu gebrauchen, es zu mißbrauchen,,? Bei Brecht müssen der Zuschauer und der Leser über die Motive Galileis nachdenken.

In Beverly Hills, Kalifornien, fand die Aufführung mit Laughton in der Hauptrolle statt. Ende 1947 kehrte Brecht nach Europa zurück. In Ostberlin gründete er das „Berliner Ensemble", das als eins der besten Theater der Welt galt. Er verbrachte die Jahre bis zu seinem Tod 1956 in der DDR.

Für die Erzählungen Brechts gilt dasselbe Motto wie für die Stücke: jeder Mensch soll tun, wozu er Lust hat. Die Prosa seiner Kurzgeschichten ist subjektiv, obwohl man das subjektive Philosophieren beim Lesen nicht spürt. Der Leser dürfte das Motiv in der Geschichte „Die unwürdige Greisin"—sie war seine Großmutter— aber erkennen. Der Autor stellt die Fragen: Was will der Mensch?

Was braucht der Mensch? Wie kann man dem Menschen helfen? Auch in seinen Erzählungen will Brecht, daß der Leser nachdenkt.

ÜBUNGEN

SINNVERWANDTE WÖRTER UND AUSDRÜCKE

auch	ebenfalls
begreifen	verstehen
das Bild	die Photographie
(sich) Briefe schreiben	korrespondieren
die Brüder und Schwestern	die Geschwister
dünn	mager
zu Ende gehen	sich neigen
essen	speisen
die Frau des Sohnes	die Schwiegertochter
ganz klein	winzig
der Helfer	der Gehilfe
kein Mensch	niemand
klein	eng
die Konversation	das Gespräch
manchmal	mitunter
miserabel	elend
jeden Monat	monatlich
nichts als	lauter
nie	niemals
oft	häufig

I. *Drücken Sie das, was die schräggedruckten Wörter, Ausdrücke und Sätze besagen, etwas anders aus!*
1. Der Großvater hatte mit zwei, drei *Helfern* bis zu seinem Tode gearbeitet. 2. Die Großmutter war eine kleine *dünne* Frau. 3. Die Mädchen gingen nach Amerika, und die Söhne zogen *auch* weg. 4. Die Kinder *schrieben sich Briefe*. 5. Sie schickten ihr *jeden Monat* etwas Geld. 6. Der Buchdrucker berichtete seinen *Brüdern und Schwestern* über die Mutter. 7. Die Großmutter half *der Frau des Sohnes* mitunter. 8. Sie war früher *nie* ins Kino gegangen. 9. Die Wohnung war

ihr zu *klein*.   10. Die Kinos waren *miserable* Lokale.   11. *Oft* besuchte sie das Kino.   12. Man konnte das alles nicht *begreifen*.   13. *Die Konversation* war plötzlich zu Ende.   14. Früher besuchte sie *keinen Menschen*.   15. Sie aß *jeden zweiten* Tag im Gasthof.   16. Da waren *nichts als* lustige Leute.   17. *Manchmal* blieb sie zu Hause.   18. Ihr Leben *ging zu Ende*.   19. Ich habe *ein Bild* von ihr gesehen.   20. Es ist ein *ganz kleines* Gesicht.

II.   *Beantworten Sie folgende Fragen!*
1. Wer erzählt die Geschichte? Ist der Erzähler für oder gegen die Greisin? Was ist der allgemeine Standpunkt des Erzählers?   2. Was finden die bürgerlichen Kinder der Greisin unkonventionell, also unwürdig? Geben Sie vier oder fünf Beispiele!   3. Was bedeuten die Wörter „Krüppel", „Sozialdemokrat" und „Karten spielen" in der Erzählung?   4. In dem Gesichtchen der toten Greisin war „viel Kleines, aber nichts Kleinliches". Erklären Sie den Satz!   5. Ein Marxist schrieb, der „Rotwein" symbolisiere den Kommunismus und „der Krüppel" das Elend des Proletariats. Was meinen Sie?

III.   *Richtig oder falsch?*
1. Bertolt Brecht stammte aus einer bürgerlichen Familie.   2. Brecht stammte aus dem Proletariat.   3. Die „Legende vom toten Soldaten" schrieb er zum Lobe der Helden des Krieges.   4. Isolation und Verlust der Individualität sind charakteristische Themen für Brecht.   5. Schon als Vierundzwanzigjähriger wurde er als Schriftsteller berühmt.   6. Die „Dreigroschenoper" was erst kein Erfolg.   7. Die Songs sind „Stückchen im Stück".   8. Für John Gay und für Brecht war die sogenannte bessere Gesellschaft die Welt der Verbrecher.   9. In dem Stück über die Stadt Mahagonny ist das größte Verbrechen, kein Geld zu haben.   10. Im „epischen Theater" will der Verfasser die Zuschauer zwingen, nachzudenken.   11. Er will Gefühle erwecken.   12. Brecht will keine Identifikation des Zuschauers mit den Figuren des Stückes.   13. Während der Zeit des Nationalsozialismus lebte er im Exil.   14. Brecht war ungerne mit Schauspielern zusammen.   15. Das „Leben des Galilei" ist ein rein historisches Drama.   16. Brecht verbrachte die letzten Jahre seines Lebens in Ostberlin.   17. „Jeder Mensch soll tun, wozu er Lust hat", ist ein Motto

Brechts. 18. Brecht will nichts—in seinen Erzählungen und in seinen Dramen.

IV. WORTFOLGE. *Ändern Sie die Sätze!*

Beispiel: Der Buchdrucker war ja *schließlich* da geblieben.
Schließlich war der Buchdrucker ja da geblieben.

1. Der Buchdrucker war ja *schließlich* da geblieben.   2. Sie besuchte *häufig* die Werkstatt eines Flickschusters.   3. Er war *jedenfalls* kein Verkehr für meine Großmutter.   4. Der Buchdrucker schrieb meinem Vater *etwa ein halbes Jahr nach dem Tod des Großvaters.*   5. Eine Geschäftsreise führte meinen Vater *bald darauf* in die Nähe.   6. Großvater hatte *einige wenige Male* die Bregg gemietet.   7. Ein Pferderennen war *dort.*   8. Meine Großmutter war nicht allein *nach K.* gefahren.   9. Ich habe *das Weitere* von meinem Vater.   10. Meine Großmutter lebte *in Wirklichkeit* auch diese letzten Jahre keinesfalls üppig.   11. Sie leistete sich einen billigen Rotwein *dafür.*   12. Lauter lustige Leute verkehrten *bei dem Flickschuster.*

V. IMPERFEKT. *Ändern Sie die Sätze!*

Beispiele: Sie besorgt den Haushalt.
Sie besorgte den Haushalt.
Der Jüngste bleibt im Städtchen.
Der Jüngste blieb im Städtchen.

A. 1. Sie besorgt den Haushalt.   2. Die Kinder schicken ein bißchen Geld.   3. Die Großmutter weigert sich.   4. Er wohnt mit vier Kindern in drei Zimmern.   5. Mitunter besucht sie ihren Sohn.   6. Was macht sie jetzt?   7. Er antwortet ziemlich kurz.   8. Geld fürs Kino bedeutet „hinausgeworfenes Geld".   9. Sie redet nicht viel.   10. Sie kocht nur selten.   11. Sie erkundigt sich nach uns.   12. Die Kinder wohnen nicht bei ihr.   13. Ich wohne nicht dort.   14. Ich sage es meinem Onkel.   15. Die Söhne und Töchter berichten alles.

B. 1. Der Jüngste bleibt im Städtchen.   2. Die Kinder schreiben sich Briefe.   3. Es scheint ihr gut zu gehen.   4. Die zwei Söhne ziehen weg.   5. Der Jüngste zieht nicht weg.   6. Es hieß, daß der

Flickschuster trinkt.   7. Vielleicht trinken die anderen Leute auch.
8. Die Großmutter trinkt mitunter ein Glas Rotwein.   9. Der
Buchdrucker übernimmt es, seinen Geschwistern mitunter etwas über
die Mutter zu berichten.   10. Sie nimmt den Buchdrucker in das
große leere Haus nicht auf.   11. Er nimmt den Hut ab.   12. Die
Mutter ißt im Gasthof.   13. Die Mutter und das Mädchen essen im
Gasthof.   14. Die Leute sitzen herum.   15. Sie sitzt auch da.

VI.   *Was gehört hier zusammen?*

Beispiel: *Sterben* und *der Tod* gehören zusammen.

R 1. sterben   A. der Film
 0 2. die Großmutter   B. die Tante
 F 3. bescheidene Mittel   C. das Glas
 G 4. Kinder   D. der Großvater
 L 5. eine große Familie   E. der Zug
 M 6. ein bißchen Geld   F. einfach leben
 K 7. hinausgeworfenes Geld   G. Söhne und Töchter
 J 8. essen   H. das Haus führen
 Q 9. ein sauberes Zimmer   I. spielen
 O 10. der Schuster   J. der Gasthof
 N 11. Asthma   K. die Schleckerei
 B 12. der Onkel   L. viele Kinder
 E 13. die Eisenbahn   M. eine kleine Unterstützung
 A 14. das Kino   N. schlecht atmen
 H 15. die Hausfrau   O. der Schuhmacher
 C 16. der Wein   P. die Kirche
 I 17. die Karten (pl.)   Q. den Haushalt gut besorgen
 P 18. der Pfarrer   R. der Tod

VII.   *Kompositionsthemen*
1. Beschreiben Sie Menschen, die Sie kennen und die machen, was sie
wollen, ohne anderen zu schaden!   2. Haben Sie Menschen gekannt,
die herzlos machen, was sie wollen?   3. In welche Kategorie gehören
Sie?

58

7 | Hans im Glück

Die Brüder Grimm

Willst du immer weiter *schweifen?*   gehen
Sieh, das Gute liegt so nah.
Lerne nur das Glück *ergreifen,*   nehmen
Denn das Glück ist immer da.

—Johann Wolfgang von Goethe (1749–1832)

Hans hatte sieben Jahre bei seinem Herrn gedient, da sprach er zu ihm: „Herr, meine Zeit ist *herum*, nun wollte ich gerne wieder *heim* zu meiner Mutter, gebt mir meinen *Lohn*."

vorüber

nach Hause

das Geld für die Arbeit

5 Der Herr antwortete: „Du hast mir treu und ehrlich gedient; wie der Dienst war, so soll der Lohn sein"—und gab ihm ein Stück Gold, das so groß als Hansens Kopf war. Hans zog sein *Tüchlein* aus der Tasche, *wickelte den Klumpen hinein*, setzte ihn auf die Schulter und *machte sich* 10 *auf den Weg* nach Haus.

das Taschentuch / ein-packen

das große Stück

losgehen

Wie er so dahinging und immer ein Bein vor das andere setzte, kam ihm ein Reiter in die Augen, der frisch und *fröhlich* auf einem *muntern* Pferd *vorbeitrabte*. „Ach", sprach Hans ganz laut, „was ist das Reiten ein 15 schönes Ding! Da sitzt einer wie auf einem Stuhl, *stößt sich* an keinen Stein, *spart* die Schuh und *kommt fort,* er weiß nicht wie."

glücklich / lebhaft / laufen

sich wehtun

nicht verbrauchen / vor-wärtskommen

Der Reiter, der das gehört hatte, hielt an und rief: „*Ei* Hans, warum läufst du auch zu Fuß?" „Ich muß ja 20 wohl", antwortete er, „da hab ich einen Klumpen heim-zutragen: es ist zwar Gold, aber ich kann den Kopf dabei nicht gerad halten, auch *drückt* mir's auf die Schulter." „Weißt du was", sagte der Reiter, „wir wollen *tauschen:* ich gebe dir mein Pferd und du gibst mir deinen Klum-25 pen." „Von Herzen gern", sprach Hans, „aber ich sage Euch, Ihr müßt *Euch* damit *schleppen*." Der Reiter stieg ab, nahm das Gold und half dem Hans hinauf, gab ihm die Zügel fest in die Hände und sprach: „Wenn's nun recht *geschwind* gehen soll, so mußt du mit der Zunge 30 *schnalzen* und ‚hopp, hopp' rufen."

oh

pressen

wechseln

schwer tragen

schnell

glucksen

Hans war *seelenfroh,* als er auf dem Pferde saß und so frank und frei dahinritt. Über ein Weilchen *fiel's* ihm *ein*, es sollte noch schneller gehen, und er *fing an*, mit der Zunge zu schnalzen und „hopp, hopp" zu rufen. Das 35 Pferd setzte sich in starken *Trab*, und ehe *sich's* Hans *versah*, war er abgeworfen und lag in einem *Graben*, der die *Äcker* von der Landstraße *trennte*. Das Pferd wäre auch

sehr glücklich

daran denken

beginnen

die laufende Gangart / wis-sen—was los ist

die Höhlung, die Vertiefung

das Feld / separieren

60

durchgegangen, wenn es nicht ein Bauer aufgehalten hätte,   weglaufen
der des Weges kam und eine Kuh vor sich hertrieb.

     Hans suchte seine *Glieder* zusammen und *machte sich*   der Körperteil
wieder *auf die Beine.* Er war aber *verdrießlich* und sprach   weitergehen / unglücklich
5 zu dem Bauer: „Es ist ein schlechter *Spaß*, das Reiten,   die Freude
zumal wenn man auf so eine *Mähre gerät* wie diese, die   besonders / das Pferd / kommen
stößt und einen herabwirft, daß man den Hals brechen
kann; ich setze mich nun und *nimmermehr* wieder auf. Da   nie
lob ich *mir* Eure Kuh, da kann einer *mit Gemächlichkeit*   gutheißen / langsam und gemütlich
10 hinterhergehen und hat *obendrein* seine Milch, Butter und   außerdem
Käse jeden Tag gewiß. Was gäb ich darum, wenn ich so
eine Kuh hätte!" „Nun", sprach der Bauer, „*geschieht*   geholfen werden
Euch so ein großer *Gefallen*, so will ich Euch wohl die Kuh
für das Pferd *vertauschen.*" Hans *willigte* mit tausend   tauschen / „ja" sagen
15 Freuden *ein:* Der Bauer schwang sich aufs Pferd und ritt
eilig davon.   schnell / weg

     Hans trieb seine Kuh ruhig vor sich her und *bedachte*   nachdenken über
den glücklichen *Handel.* „Hab ich nur ein Stück Brot,   das Geschäft
und daran wird mir's doch nicht fehlen, so kann ich, so
20 oft mir's *beliebt*, Butter und Käse dazu essen; hab ich   gefallen
Durst, so melk ich meine Kuh und trinke Milch. Herz,
was *verlangst* du mehr?"   wollen

     Als er zu einem Wirtshaus kam, machte er Halt, aß
in der großen Freude alles, was er bei sich hatte, sein
25 Mittags- und Abendbrot, *rein* auf und ließ sich für seine   ganz
letzten paar Pfennige ein halbes Glas Bier *einschenken.*   einfüllen
Dann trieb er seine Kuh weiter, immer nach dem Dorfe
seiner Mutter zu. Die Hitze war *drückender*, je näher der   groß, schlimm
Mittag kam, und Hans *befand sich* in einer *Heide*, die wohl   sein / Landschaft mit Gras und Kräutern
30 noch eine Stunde dauerte.

     Da *ward* es ihm heiß, so daß ihm vor Durst die   wurde
Zunge am Gaumen *klebte.* „Dem Ding ist zu helfen",   steckenbleiben
dachte Hans, „jetzt will ich meine Kuh melken und mich
an der Milch *laben.*" Er band sie an einen *dürren* Baum,   erfrischen / ausgetrocknet, ohne Blätter
35 und da er keinen *Eimer* hatte, so stellte er seine Leder-   der Behälter
mütze unter, aber wie *er sich* auch *bemühte*, es *kam* kein   die Kappe / arbeiten, das Beste tun
Tropfen Milch *zum Vorschein.* Und weil *er sich ungeschickt*   herauskommen / dumm, talentlos

dabei *anstellte,* so gab ihm das *ungeduldige* Tier endlich mit   vorgehen / unruhig
einem der Hinterfüße einen solchen Schlag vor den Kopf,
daß er zu Boden *taumelte* und eine Zeitlang *sich* gar nicht   fallen, plumpsen
besinnen konnte, wo er war.   zurückdenken

5   Glücklicherweise kam gerade ein *Metzger* des Weges,   der Fleischer
der auf einem *Schubkarren* ein junges Schwein liegen   der Handwagen
hatte. „Was sind das für *Streiche!*" rief er und half dem   der Scherz
guten Hans auf. Hans erzählte, was *vorgefallen* war. Der   geschehen
Metzger *reichte* ihm seine Flasche und sprach: „Da trinkt   geben
10 einmal und *erholt Euch.* Die Kuh will wohl keine Milch   erfrischen
geben, das ist ein altes Tier, das *höchstens* noch zum   bestmöglich
Ziehen taugt oder zum *Schlachten.*"   töten (um das Fleisch zu
     „Ei, ei", sprach Hans und strich sich die Haare   essen)
über den Kopf, „wer hätte das gedacht! Es ist *freilich* gut,   natürlich
15 wenn man so ein Tier im Haus abschlachten kann, was
gibt's für Fleisch! Aber ich *mache mir aus* dem Kuhfleisch   nicht sehr mögen
nicht viel, es ist mir nicht saftig genug. Ja, wer so ein
junges Schwein hätte! Das schmeckt anders, dabei noch
die Würste." „Hört Hans", sprach da der Metzger,
20 „Euch zuliebe will ich tauschen und will Euch das
Schwein für die Kuh lassen." „Gott *lohn* Euch Eure   danken
Freundschaft", sprach Hans, übergab ihm die Kuh, ließ
sich das Schweinchen vom *Karren* losmachen und den   der Handwagen
Strick, woran es gebunden war, in die Hand geben.   das Band

25   Hans zog weiter und überdachte, wie ihm doch alles
nach Wunsch ginge; *begegnete* ihm je eine *Verdrießlichkeit,*   geschehen / etwas Unange-
so würde sie doch gleich wieder gutgemacht. Es *gesellte*   nehmes
sich danach ein *Bursch zu* ihm, der trug eine schöne weiße   sich anschließen
der Junge
Gans unter dem Arm. Sie *boten einander die Zeit,* und Hans   (einander) „guten Tag" sa-
30 fing an, von seinem Glück zu erzählen, und wie er immer   gen
so *vorteilhaft* getauscht hätte. Der Bursch erzählte ihm,   gewinnbringend
daß er die Gans zu einem Kind*taufschmaus* brächte. „Hebt   christliches Sakrament der
einmal", fuhr er fort und packte sie bei den *Flügeln,* „wie   Namengebung / das feine
schwer sie ist, die ist aber auch acht Wochen lang *genudelt*   Essen
die Schwingen (pl.)
35 worden. Wer in den *Braten* beißt, muß sich das Fett von   dick machen durch Füttern
das geröstete Fleisch
beiden Seiten *abwischen.*"   abtrocknen
     „Ja", sprach Hans und *wog* sie mit der einen Hand,   das Gewicht messen

„die hat ihr Gewicht, aber mein Schwein ist auch keine Sau." *Indessen* sah sich der Bursch nach allen Seiten ganz *bedenklich* um, *schüttelte* auch wohl mit dem Kopf. „Hört", fing er darauf an, „mit Eurem Schweine mag's nicht
5 ganz richtig sein. In dem Dorfe, durch das ich gekommen bin, ist eben dem *Schulzen* eins aus dem Stall gestohlen worden. Ich *fürchte*, ich fürchte. Ihr habt's da in der Hand. Sie haben Leute ausgeschickt, und es wäre ein *schlimmer Handel*, wenn sie Euch mit dem Schwein *erwisch-*
10 *ten:* das *geringste* ist, daß Ihr ins *finstere Loch gesperrt* werdet."

Dem guten Hans *ward bang:* „Ach Gott", sprach er, „helft mir aus der *Not*, Ihr *wißt* hier herum besser *Bescheid*, nehmt mein Schwein da und laßt mir Eure
15 Gans." „Ich muß schon etwas *aufs Spiel setzen*", antwortete der Bursche, „aber ich will doch nicht *schuld* sein, daß Ihr ins Unglück *geratet.*" Er nahm also das *Seil* in die Hand und trieb das Schwein schnell auf einem Seitenweg fort: der gute Hans aber ging, seiner *Sorgen entledigt*, mit
20 der Gans unter dem Arme der Heimat zu.

„Wenn ich's recht *überlege*", sprach er mit sich selbst, „habe ich noch *Vorteil* bei dem Tausch: erstlich den guten Braten, hernach die *Menge von* Fett, die heraus*träufeln* wird, das gibt Gänsefettbrot auf ein Vier-
25 teljahr: und endlich die schönen weißen Federn, die laß ich mir in mein Kopf*kissen stopfen*, und darauf will ich wohl *ungewiegt* einschlafen. Was wird meine Mutter eine Freude haben!"

Als er durch das letzte Dorf gekommen war, stand
30 da ein Scherenschleifer mit seinem Karren, sein Rad *schnurrte*, und er sang dazu:
„Ich *schleife* die Schere
und *drehe geschwind*
und hänge mein Mäntelchen
35 nach dem Wind."
Hans blieb stehen und *sah ihm zu*; endlich *redete er ihn an* und sprach: „Euch geht's wohl gut, weil Ihr so

inzwischen

ungewiß / hin und her bewegen

der Bürgermeister

Angst haben

böse / die Sache / ausfindig machen, ertappen
wenig / dunkel / die Zelle / einschließen

sich ängstigen

das Übel / informiert sein

riskieren

verantwortlich

kommen / das Band

die Last / befreit von

darüber nachdenken

der Gewinn

sehr viel

tropfen

das Polster / ausfüllen

die Wiege: das Bett für ein Baby

schärfen

Geräusch machen

scharf machen

winden / schnell

im Auge behalten, beobachten / ansprechen

lustig bei Eurem Schleifen seid." „Ja", antwortete der glücklich, vergnügt
Scherenschleifer, „das Handwerk hat einen *güldenen* golden
Boden. Ein rechter Schleifer ist ein Mann, der, so oft er in die Basis
die Tasche greift, auch Geld darin findet. Aber wo habt
5 Ihr die schöne Gans gekauft?"

„Die hab' ich nicht gekauft, sondern für mein
Schwein eingetauscht." „Und das Schwein?" „Das hab'
ich für eine Kuh *gekriegt*." „Und die Kuh?" „Die hab' bekommen
ich für ein Pferd bekommen." „Und das Pferd?" „Dafür
10 hab' ich einen Klumpen Gold, so groß als mein Kopf,
gegeben." „Und das Gold?" „Ei, das war mein Lohn für
sieben Jahr Dienst." „Ihr habt Euch jederzeit zu helfen
gewußt", sprach der Schleifer, „könnt Ihr's nun *dahin* zu dem Punkt
bringen, daß Ihr das Geld in der Tasche springen hört,
15 wenn Ihr aufsteht, so habt Ihr Euer Glück gemacht."

„Wie soll ich das *anfangen*?" sprach Hans. „Ihr tun
müßt ein Schleifer werden wie ich; dazu gehört *eigentlich* in Wirklichkeit
nichts als ein *Wetzstein*, das andere findet sich schon von der Schleifstein
selbst. Da hab ich einen, der ist zwar ein wenig *schadhaft*, defekt
20 dafür sollt Ihr mir aber auch weiter nichts als Eure Gans
geben; wollt Ihr das?" „Wie könnt Ihr noch fragen",
antwortete Hans, „ich werde ja zum glücklichsten
Menschen auf Erden; habe ich Geld, so oft ich in die
Tasche greife, was brauche ich da länger zu sorgen?",
25 reichte ihm die Gans hin und *nahm* den Wetzstein *in
Empfang.* „Nun", sprach der Schleifer und hob einen annehmen
gewöhnlichen schweren Feldstein, der neben ihm lag,
auf, „da habt Ihr noch einen *tüchtigen* Stein dazu, auf gut
dem sich's gut schlagen läßt und Ihr Eure alten Nägel
30 gerade *klopfen* könnt. Nehmt ihn und *hebt* ihn *ordentlich* hämmern / beiseitelegen / richtig, gut
auf."

Hans *lud* den Stein *auf* und ging mit *vergnügtem* aufheben / froh
Herzen weiter; seine Augen *leuchteten* vor Freude. „Ich strahlen, scheinen
muß in einer Glücks*haut* geboren sein", rief er aus, das Fell
35 „alles, was ich wünsche, *trifft* mir *ein* wie einem Sonn- sich verwirklichen
tagskind." Indessen, weil er seit Tagesanbruch *auf den* auf
Beinen gewesen war, begann er *müde* zu werden; auch schläfrig

plagte ihn der Hunger, da er allen *Vorrat* auf einmal in
der Freude über die *erhandelte* Kuh *aufgezehrt* hatte. Er
konnte endlich nur mit *Mühe* weitergehen und mußte
jeden Augenblick Halt machen; dabei drückten ihn die
5 Steine ganz *erbärmlich*.

    Da konnte er *sich* des *Gedankens nicht erwehren*, wie gut
es wäre, wenn er sie gerade jetzt nicht zu tragen
brauchte. Wie eine *Schnecke* kam er zu einem Feldbrunnen geschlichen, wollte da ruhen und sich mit einem
10 frischen Trunk laben: damit er aber die Steine im
Niedersitzen nicht *beschädigte*, legte er sie *bedächtig* neben
sich auf den Rand des Brunnens. Darauf setzte er sich
nieder und wollte *sich* zum Trinken *bücken*, da *versah* er's,
stieß ein klein wenig an, und beide Steine plumpten
15 hinab.

    Hans, als er sie mit seinen Augen in die Tiefe hatte
versinken sehen, sprang vor Freuden auf, kniete dann
nieder und dankte Gott mit Tränen in den Augen, daß er
ihm auch diese *Gnade* noch erwiesen und ihn auf eine so
20 gute Art, und ohne daß er *sich einen Vorwurf* zu *machen*
brauchte, von den schweren Steinen befreit hätte, die
ihm allein noch hinderlich gewesen wären.

    „So glücklich wie ich", rief er aus, „gibt es keinen
Menschen unter der Sonne." Mit leichtem Herzen und
25 frei von aller *Last* sprang er nun fort, bis er daheim bei
seiner Mutter war.

Marginal glosses:

das Essen

durch Geschäft an sich
   bringen / aufessen
die Schwierigkeit

furchtbar

die Idee / denken müssen
   an

Tierchen mit gewundenem
   Haus

kaputt machen / vorsichtig

sich herunterlassen /
   schwerfällig sein

die Güte

sich kritisieren

der Ballast

Die Brüder Grimm

Die Brüder Grimm, Jacob und Wilhelm, wurden 1785 und 1786
in der Nähe von Frankfurt am Main geboren. Man nennt die Namen
der zwei Brüder immer zusammen, denn sie schufen ihr Lebenswerk
gemeinsam. Beide studierten Jura an der Universität Marburg, bevor
sie sich der Erforschung der deutschen Sprache, der Grammatik, der
Poesie, der Mythologie, der Sage und dem Märchen zuwandten. Ihr
Wörterbuch ist *das* historische Wörterbuch der deutschen Sprache.
Jacob und Wilhelm Grimm wurden beide Professoren an den Universitäten Göttingen und Berlin; beide wurden 1840 Mitglieder der
Akademie der Wissenschaften in Berlin.

Die Menschen der Welt verbinden mit dem Namen Grimm vor
allem die Märchen, die in Ost und West immer wieder gedruckt und
gelesen werden. Die „Kinder- und Hausmärchen", welche die Brüder
Grimm 1812 herausgaben, hatte man in Deutschland von Generation
zu Generation weitererzählt. Die Brüder Grimm gaben ihnen aber
erst die Form, in der wir sie heute kennen.

„Das Märchenbuch ist ... gar nicht für Kinder geschrieben",
meinte Jacob Grimm, als die Sammlung erschien. Später erkannte er,
daß auch Kinder gerne Märchen lesen. Eine Reihe von Werken der
Weltliteratur, die um tiefe menschliche Probleme kreisen, werden

gerne von Kindern gelesen. Man denke an die arabischen Märchen „Tausendundeine Nacht" aus dem zehnten bis zum fünfzehnten Jahrhundert. Man denke an Miguel de Cervantes' „Don Quijote" (1605–1615), Daniel Defoes „Robinson Crusoe" (1719) und Jonathan Swifts „Gullivers Reisen" (1726).

„Märchen, noch so wunderbar, / Dichterkünste machen's wahr", sagte Johann Wolfgang von Goethe, über den Jacob seinem Bruder Wilhelm geschrieben hatte: „Der Goethe ist ein Mann, wofür wir Deutsche Gott nicht genug danken können."

Die Welt des Märchens ist das Reich der Wunder. Menschen nehmen die Gestalt von Tieren und Pflanzen an; Pflanzen und Tiere nehmen die Gestalt von Menschen an. Phantastisch-wunderbare Begebenheiten werden erzählt, übernatürliche Mächte spielen immer wieder eine Rolle. Die Welt des Märchens ist eine Welt ohne historische Zeit. „Es war einmal" ist eine ferne Zeit, die historisch nicht festgelegt werden kann. Die sittliche Ordnung der Welt ist einfach, denn die Menschen sind entweder „gut" oder „böse". Der Ton ist meist heiter, das Ende glücklich.

Es wurde im zwanzigsten Jahrhundert modisch, Märchen psychoanalytisch zu interpretieren. Wunschträume gibt es wohl im Märchen, aber bei sexualsymbolischen Interpretationen und beim Interpretieren von tiefliegenden Familienkonflikten kommt man ins Ungewisse. Bei Sagen kann man eher psychoanalytisch interpretieren, denn Sagen entstehen oft aus Angst vor der Welt. Die meisten Märchen entstehen aber aus dem Glauben an das Glück. Ist die Analyse des Glücks vielleicht weniger interessant als die Analyse der Angst?

Was ist der Sinn des Märchens von „Hans im Glück"? Vielleicht fragt der Leser: Soll man von Sinn oder soll man von Unsinn sprechen, denn immer wieder wird Hans betrogen und ist unsagbar glücklich dabei! In der Tat empfindet Hans mehr Glück als seine Betrüger. Sie bringen ihm Glück, weil sie unfrei sind und er frei ist. Die Welt kann ihm nichts Böses tun, weil er immer zufrieden und frei ist. Über ein Jahrhundert nachdem das Märchen der Brüder Grimm herauskam, begann Bertolt Brecht, ein Stück über „Hans im Glück" zu schreiben; leider ist es Fragment geblieben. In unserer Zeit schrieb Erich Kästner ein modernisiertes „Märchen vom Glück".

Schon zu ihren Lebzeiten erwies man den Brüdern Grimm große Ehren. Wilhelm wurde dreiundsiebzig, Jacob achtundsiebzig Jahre alt. Sie starben beide in Berlin.

ÜBUNGEN

SINNVERWANDTE WÖRTER UND AUSDRÜCKE

ansprechen	anreden
außerdem	obendrein
beginnen	anfangen
belieben	gefallen
der Bursche	der Junge
dürr	ausgetrocknet
eigentlich	in Wirklichkeit
entledigt	befreit von
finster	dunkel
fortkommen	vorwärtskommen
freilich	natürlich
fürchten	Angst haben vor
furchtbar	erbärmlich
mit Gemächlichkeit	langsam und gemütlich
die Güte	die Gnade
hämmern	klopfen
der Handel	das Geschäft, die Sache
heim	nach Hause
herauskommen	zum Vorschein kommen
indessen	inzwischen
das Loch	die Zelle
der Lohn	das Geld für die Arbeit
der Metzger	der Fleischer
nimmermehr	nie
nudeln	dick machen durch Füttern
riskieren	aufs Spiel setzen
schläfrig	müde
schlimm	böse
schnell	eilig
schwer tragen	sich schleppen mit
sehr glücklich	seelenfroh

sein	sich befinden
verdrießlich	unglücklich
die Verdrießlichkeit	etwas Unangenehmes
verlangen	wollen
sich's versehen	wissen was los ist
vorfallen	geschehen
sich auf den Weg machen	gehen
weglaufen	durchgehen
sich weh tun an	sich stoßen an

I. *Drücken Sie das, was die schräggedruckten Wörter, Ausdrücke und Sätze besagen, etwas anders aus!*
1. Ich wollte gern *heim* zu meiner Mutter. 2. Gebt mir *den Lohn!* 3. Er *machte sich auf den Weg* nach Haus. 4. Man *tut sich* an keinem Stein *weh*. 5. Da *kommt* einer *fort*, er weiß nicht wie. 6. Er muß sich damit *schwer tragen*. 7. Hans war *sehr glücklich*. 8. Er *begann*, mit der Zunge zu schnalzen. 9. Ehe *sich's* Hans *versah*, war er abgeworfen. 10. Das Pferd *wäre* auch *weggelaufen*. 11. Hans war *verdrießlich*. 12. Er will sich *nimmermehr* wieder auf das Pferd setzen. 13. Da kann einer *mit Gemächlichkeit* hinterhergehen. 14. *Außerdem* hat er seine Milch. 15. Der Bauer ritt *schnell* davon. 16. Hans bedachte *den Handel*. 17. Er kann essen, sooft es ihm *beliebt*. 18. Herz, was *verlangst* du mehr? 19. Hans *war* in einer Heide. 20. Er band die Kuh an einen *dürren* Baum. 21. Es *kam* kein Tropfen Milch *heraus*. 22. Glücklicherweise kam *ein Metzger*. 23. Was ist *vorgefallen?* 24. Es ist *freilich* gut. 25. Es begegnete ihm *eine Verdrießlichkeit*. 26. Es gesellte sich *ein Bursche* zu ihm. 27. Die Gans *hatte* man Wochen lang *genudelt*. 28. *Indessen* sah der Bursch sich um. 29. Er *fürchtet* es. 30. Es war *ein schlimmer Handel*. 31. Wird er in *ein finsteres Loch* gesperrt? 32. Man muß etwas *riskieren*. 33. Hans war *der Sorgen entledigt*. 34. Er *sprach* ihn *an*. 35. *Eigentlich* gehört nichts als ein Wetzstein dazu. 36. Ihr könnt die alten Nägel gerade *hämmern*. 37. Er begann, *schläfrig* zu werden. 38. Die Steine drückten ihn *furchtbar*. 39. Er dankte Gott für *die Güte*.

II. *Diskussionsfragen*
1. Was ist der Sinn des scheinbaren Unsinns? 2. Beschreiben Sie Hans' Freiheit! 3. Warum kann die Welt Hans nicht betrügen? 4. Woraus besteht für Hans das Glück?

III. WORTFOLGE. *Wenn der Satz nicht stimmt, schreiben Sie das, was richtig ist! Verwenden Sie dabei: Es stimmt, daß . . . Es stimmt nicht, daß. . .*

1. Jacob Grimm war der Jüngere. 2. Sie wurden in der Nähe von Frankfurt geboren. 3. Beide studierten Medizin. 4. Sie arbeiteten viel zusammen. 5. Die Brüder waren Professoren an der Universität Frankfurt. 6. Am Anfang des neunzehnten Jahrhunderts gaben die Grimms die Märchen heraus. 7. Das Volk kannte die Märchen nicht. 8. Die Brüder gaben den Märchen die Form, die wir heute kennen. 9. Jacob Grimm hatte die Märchen nur für Kinder geschrieben. 10. Die Welt des Märchens ist eine Welt ohne historische Zeit. 11. Das Ende der Märchen ist meistens traurig. 12. Hans' Betrüger sind glücklicher als Hans. 13. Hans ist glücklicher als seine Betrüger. 14. Seine Betrüger sind zufrieden und frei. 15. Die Grimms sind in der Hauptstadt von Westdeutschland gestorben.

IV. REFLEXIVPRONOMEN

	Singular			*Plural*			*Sie-Formen*
	1.	2.	3.	1.	2.	3.	
Dativ	mir	dir	sich	uns	euch	sich	sich
Akkusativ	mich	dich	sich	uns	euch	sich	sich

1. Er machte — auf den Weg nach Haus. Man stößt — an keinen Stein. 3. Ihr müßt — damit schleppen. 4. Das Pferd setzte — in starken Trab. 5. Ehe ich — versah, war ich abgeworfen. 6. Ich setze — nie wieder auf das Pferd. 7. Der Bauer schwang — aufs Pferd. 8. Ich ließ — ein halbes Glas einschenken. 9. Läßt du — ein halbes Glas einschenken? 10. Wir befanden — auf einer Heide. 11. Er bemühte — sehr. 12. Sie stellten — ungeschickt an. 13. Ich konnte — nicht besinnen, wo ich war. 14. Erholt — ! 15. Ich mache — aus dem Fleisch nicht viel. 16. Ich ließ — das Schweinchen vom Karren losmachen. 17. Es gesellte — ein Bursch zu ihm. 18. Du mußt — das Fett von beiden Seiten abwischen. 19. Ich lasse — die Federn in mein Kopfkissen stopfen. 20. Wir setzten — nieder.

V. *Bilden Sie die Imperativformen für ,,du", ,,ihr" und ,,Sie"!*

Beispiele: Geben: *gib, gebt, geben Sie!*
  Laufen: *lauf(e), lauft, laufen Sie!*

1. rufen.   2. sich setzen.   3. binden.   4. trinken.   5. sich erholen.
6. heben.   7. helfen.   8. kaufen.   9. nehmen.   10. sich legen.

VI.   *Antworten Sie im Plusquamperfektum!*

Beispiel: Hat Hans sieben Jahre gedient?
Ja, er hatte sieben Jahre gedient.

1. Hat Hans sieben Jahre gedient?   2. Hat der Herr ihm ein Stück
Gold gegeben?   3. Ist der Reiter abgestiegen?   4. Haben die beiden
getauscht?   5. Ist Hans etwas eingefallen?   6. Sind Leute immer
wieder zu ihm gekommen?   7. Hat er immer wieder getauscht?   8.
Hat er immer vorteilhaft getauscht?   9. Ist er beim Scherenschleifer
stehengeblieben?   10. Hat er mit dem Mann gesprochen?   11. Sind
beide zufrieden gewesen?   12. Haben die Menschen alle mit ihm
getauscht?

VII.   *Setzen Sie die Sätze ins Passiv!*

Beispiele: Man macht es so.   *Es wird so gemacht.*
             Man machte es so.   *Es wurde so gemacht.*
             Man hat es so gemacht.   *Es ist so gemacht worden.*

1. Man antwortet.   2. Man antwortete.   3. Man hat geantwortet.
4. Man sagt es.   5. Man sagte es.   6. Man hat es gesagt.   7. Man
gab ihm ein Pferd.   8. Man gab ihm auch eine Kuh.   9. Man hat
uns alles er zählt   10. Man hat viel gegessen.   11. Man kauft nichts.
12. Man tauscht alles.   13. Man hat wirklich alles getauscht.   14.
Man machte es.   15. Man hat es genau so gemacht.

VIII.   *Welche Wörter sind in derselben Gruppe oder Klasse?*

Beispiel: die *Zeit* und die *Stunde*

1. die Zeit	A. der Strick
2. das Pferd	B. der Hammer
3. die Butter	C. der Braten
4. das Bier	D. die Sau

5. das Fleisch   E. die Arme und die Beine
6. das Seil   F. die Stunde
7. das Kopfkissen   G. der Käse
8. der Nagel   H. das Bett
9. die Glieder (pl.)   I. die Kuh
10. das Schwein   J. die Milch

IX. *Kompositionsthemen*

1. Was hat Ihrer Meinung nach Besitz oder Besitzlosigkeit mit Glück zu tun?   2. Möchten Sie viel besitzen, auch wenn es wenig Glück bringt?

8 Kannitverstan

Johann Peter Hebel

Du trägst sehr leicht, wenn du nichts hast,
Aber Reichtum ist eine leichtere *Last*.   der Ballast

—Johann Wolfgang von Goethe (1749–1832)

Der Mensch hat wohl täglich *Gelegenheit,* in *Emmen-dingen* oder *Gundelfingen* so gut als in Amsterdam, *Betrach-tungen* über den *Unbestand* aller irdischen Dinge *anzustellen,* wenn er will, und zufrieden zu werden mit seinem
5 *Schicksal,* wenn auch nicht viel gebratene Tauben für ihn in der Luft herumfliegen. Aber auf dem seltsamsten Umweg kam ein deutscher Handwerksbursche in Am-sterdam durch den *Irrtum* zur Wahrheit und zu ihrer *Erkenntnis.* Denn als er in diese große und reiche Han-
10 delsstadt, voll *prächtiger* Häuser, *wogender* Schiffe und *geschäftiger* Menschen gekommen war, fiel ihm sogleich ein großes und schönes Haus in die Augen, wie er auf seiner ganzen Wanderschaft von *Tuttlingen* bis nach Amsterdam noch keines erlebt hatte.
15 Lange betrachtete er mit *Verwunderung* dies kostbare Gebäude, die sechs *Kamine* auf dem Dach, die schönen *Gesimse* und die hohen Fenster, größer als an des Vaters Haus daheim die Tür. Endlich konnte er *sich* nicht *entbrechen,* einen Vorübergehenden anzureden. „Guter
20 Freund", redete er ihn an, „könnt Ihr mir nicht sagen, wie der Herr heißt, dem dieses wunderschöne Haus gehört mit den Fenstern voll *Tulipanen, Sternenblumen* und *Levkojen?*"—Der Mann aber, der *vermutlich* etwas Wich-tigeres zu tun hatte, und zum Unglück gerade soviel von
25 der deutschen Sprache verstand, als der Fragende von der holländischen, nämlich nichts, sagte kurz und schnauzig: „Kannitverstan", und *schnurrte vorüber.* Dies war nun ein holländisches Wort, oder drei, wenn man's recht betrachtet, und heißt auf deutsch soviel, als: Ich
30 kann Euch nicht verstehn. Aber der gute Fremdling glaubte, es sei der Name des Mannes nach dem er gefragt hatte. Das muß ein *grundreicher* Mann sein, der Herr Kannitverstan, dachte er, und ging weiter.
Gaß aus, Gaß ein, kam er endlich an den *Meerbusen,*
35 der da heißt: *Het Ey,* oder auf deutsch: das Ypsilon. Da stand nun Schiff an Schiff, und *Mast*baum an Mastbaum, und er wußte anfänglich nicht, wie er es mit seinen zwei

---

Marginal glosses:

- die Möglichkeit
- Namen deutscher Dörfer
- philosophieren / die Kurz-lebigkeit
- das Los, die Prädestination
- das Mißverständnis, der Fehler
- die Kenntnis, das Ver-ständnis
- wunderschön / auf und ab gehen, sich bewegen
- arbeitsam
- Name eines deutschen Städtchens
- das Erstaunen
- der Schornstein, der Rauch-abzug
- der vorspringende Streifen an Mauern
- sich zurückhalten
- Blumenarten
- wahrscheinlich, vielleicht
- leise und unklar sprechend vorübergehen
- sehr reich
- die kleine enge Straße / die Bai, die Bucht
- das Ypsilon, das Y
- der Mast

74

einzigen Augen *durchfechten* werde, alle diese *Merkwürdig-* meistern / das seltsame
keiten genug zu sehen und zu betrachten, bis endlich ein Ding
großes Schiff seine *Aufmerksamkeit* an sich zog, das *vor* das Interesse
kurzem aus Ostindien *angelangt* war und jetzt eben *ausge-* kürzlich / ankommen
5 *laden* wurde. Schon standen ganze Reihen von Kisten entladen
und *Ballen* auf- und nebeneinander am Lande. Noch ballförmig zusammen-
immer wurden mehrere *herausgewälzt,* und Fässer voll gepreßte Masse
Zucker und Kaffee, voll Reis und Pfeffer und Maus*dreck* rollen
darunter. Als er aber lange *zugesehen* hatte, fragte er das Exkrement
10 endlich einen, der eben eine Kiste auf der *Achsel* heraus- im Auge behalten
trug, wie der glückliche Mann heiße, dem das Meer alle die Schulter
diese Waren an das Land bringe. „Kannitverstan!" war
die Antwort. Da dachte er: Haha, *schaut's da heraus?* Kein So ist es also!
Wunder! Wem das Meer solche Reichtümer an das Land
15 *schwemmt, der hat gut* solche Häuser in die Welt *stellen,* und auf dem Wasser kommen /
solcherlei Tulipanen vor die Fenster in vergoldeten *Scher-* der kann leicht stellen
ben. der Blumentopf

Jetzt ging er wieder zurück, und *stellte* eine recht machen
traurige Betrachtung bei sich selbst *an,* was er für ein
20 armer Teufel sei unter so vielen reichen Leuten in der
Welt. Aber als er eben dachte: Wenn ich's doch nur
auch einmal *so gut bekäme,* wie dieser Herr Kannitverstan so gut haben
es hat! kam er um eine Ecke, und *erblickte* einen großen sehen
Leichenzug. Vier schwarz *vermummte* Pferde zogen einen der tote menschliche Kör-
25 ebenfalls schwarz überzogenen Leichenwagen langsam per / die Prozession / be-
und traurig, als ob sie wüßten, daß sie einen Toten in decken
seine Ruhe führten. Ein langer Zug von Freunden und
Bekannten des Verstorbenen folgte nach, Paar um Paar,
verhüllt in schwarze Mäntel, und *stumm.* umhängen / schweigsam

30 In der Ferne läutete ein einsames Glöcklein. Jetzt
ergriff unseren Fremdling ein *wehmütiges* Gefühl, das an melancholisch
keinem guten Menschen vorübergeht, wenn er eine
Leiche sieht, und er blieb mit dem Hut in den Händen
andächtig stehen, bis alles vorüber war. Doch *machte* er gottesfürchtig, vom Herzen
35 *sich an* den Letzten vom Zug, der eben in der Stille kommend / gehen zu
ausrechnete, was er an seiner Baumwolle gewinnen könnte, kalkulieren
wenn der *Zentner* um zehn *Gulden aufschlüge,* ergriff ihn hundert (metrische) Pfund
/ holländisches Geldstück
(26 Cent) / den Preis er-
höhen

75

sachte am Mantel, und bat ihn *treuherzig* um *Exküse.* „Das muß wohl auch ein guter Freund von Euch gewesen sein", sagte er, „dem das Glöcklein läutet, daß Ihr so *betrübt* und nachdenklich mitgeht?" „Kannitverstan!"
5 war die Antwort.

Da fielen unserem guten *Tuttlinger* ein paar große Tränen aus den Augen, und es *ward* ihm auf einmal schwer und wieder leicht ums Herz. Armer Kannitverstan! rief er aus, was hast du nun von all deinem
10 Reichtum? Was ich *einst* von meiner Armut auch bekomme: ein Totenkleid und ein *Leintuch,* und von all deinen schönen Blumen vielleicht einen Rosmarin auf die kalte Brust, oder eine *Raute.* Mit diesen Gedanken *begleitete* er die Leiche, als wenn er dazu gehörte, bis ans
15 Grab, sah den *vermeinten* Herrn Kannitverstan hinabsenken in seine Ruhestätte, und ward von der holländischen Leichenpredigt, von der er kein Wort verstand, mehr *gerührt,* als von mancher deutschen, *auf* die er nicht *achtgab.*

20 Endlich ging er leichten Herzens mit den andern wieder fort, *verzehrte* in einer *Herberge,* wo man Deutsch verstand, mit gutem Appetit ein Stück Limburger Käse, und, wenn es ihm wieder einmal schwer fallen wollte, daß so viele Leute in der Welt so reich seien, und er so
25 arm, so dachte er nur an den Herrn Kannitverstan in Amsterdam, an sein großes Haus, an sein reiches Schiff und an sein enges Grab.

Marginal glosses:

leicht / offen / die Entschuldigung

traurig

der Mann aus Tuttlingen

wurde

eines Tages

das Bettuch

Pflanzenart

mitgehen

fälschlich glauben

Mitgefühl hervorrufen

zuhören

essen / das Restaurant

Johann Peter Hebel

Johann Peter Hebel wurde 1760 in der Nähe von Basel in der Schweiz geboren. Als er mit vierzehn Jahren elternlos wurde, nahm ihn ein bekanntes Gymnasium in Karlsruhe auf. Dort bereitete er sich auf das Studium vor. An der Universität Erlangen studierte er Theologie.

Im Laufe seines Lebens war Hebel Professor, Direktor eines Gymnasiums, Mitglied der evangelischen Kirchenkommission—und Volksdichter des südwestdeutschen Sprachgebietes. Er schrieb seine Werke in der Zeit der deutschen Klassik und der deutschen Romantik, aber sein Schaffen hat weder mit Klassik noch mit Romantik etwas zu tun.

Seine Geschichten und Gedichte schrieb Hebel für Menschen, die einen schweren Arbeitstag hinter sich hatten, und denen er Unterhaltung bieten wollte. Die Charaktere der Erzählungen sind Bauern, Soldaten, Kaufleute und Handwerksburschen.

Das Grundgefühl seiner Dichtung ist die Vergänglichkeit. Die Vergänglichkeit ist der Titel eines Gedichtes von ihm und steht überhaupt im Vordergrund. Charakteristische Hebel-Sätze sind: „O Freund, wie eilen die Zeiten und Stunden!" „Ich schwamm in dem rauschenden Strom der Zeit." „Hörst du die Schwingen der Zeit?"

Hebels Religion war eine Verschmelzung von Christentum und Naturmythos. Seine Natur war ohne Ende, ohne Tod; die schaffende Kraft war das *Un*vergängliche. Da seine Religiosität stiller Art war, schrieb Goethe: „Die höhere Gottheit bleibt bei ihm im Hintergrund der Sterne."

Hebels Erzählungen sind anekdotenhaft. Man liest von einem Menschen in einer bestimmten Lebenssituation; das Geschehen und der Charakter des Menschen gehen wie in einer Anekdote ineinander über.

Der Homer des Wiesentals—so nannte ihn ein Kritiker—kannte die griechische Literatur, aus der das Wort „Anekdote" stammt, sehr gut. Der griechische Einfluß auf Hebel war erheblich. Bekannt waren ihm zum Beispiel die anekdotenhaften Erzählungen Plutarchs (46– 120 n. Chr.). In der späteren europäischen Literatur war es eine Gattung, von der die deutschen Humanisten in ihren lateinischen Kurzgeschichten des sechzehnten Jahrhunderts gerne Gebrauch machten. Einige hundert Jahre später wurde Johann Peter Hebel der Meister der anekdotenhaften Erzählung. Mit Humor und Frische beschreibt er einen Menschen in kleinen Szenen der Wirklichkeit; am Ende bringt er eine überraschende Wendung.

Eine Hebelsche Erzählung ist voller Ruhe. Gern beginnt er, wie in „Kannitverstan", mit allgemeinen Betrachtungen, die dann zu der Geschichte hinüberleiten. Der Dichter schildert seine Charaktere ohne Pathos, aber mit kindlicher Naivität und Menschlichkeit. Hebel ist ein Volkserzähler, aber auch ein unheimlicher Erzähler. Leo Tolstoi bewunderte ihn. Franz Kafka und Bertolt Brecht mochten ihn sehr. Hebels Einfluß auf die Geschichten und Parabeln Kafkas, in der Sprache und in der Form, und auf die Erzählungen Brechts ist nicht schwer zu erkennen.

Hebel wurde sechsundsechzig Jahre alt, hat aber nie geheiratet. 1826 starb er in einem kleinen Städtchen bei Heidelberg.

ÜBUNGEN

die Achsel	die Schulter
anlangen	ankommen
arbeitsam	geschäftig
aufschlagen	den Preis erhöhen
Betrachtungen anstellen	philosophieren
die Bucht	der Meerbusen
das seltsame Ding	die Merkwürdigkeit
das Erstaunen	die Verwunderung
essen	verzehren
die Herberge	das Restaurant
der Kamin	der Schornstein
vor kurzem	kürzlich
sich machen an	gehen zu
melancholisch	wehmütig
prächtig	wunderschön
Schaut's da heraus?	So ist es also!
der Scherben	der Blumentopf
sehen	erblicken
sehr reich	grundreich
stumm	schweigsam
traurig	betrübt
vermutlich	wahrscheinlich

I. *Drücken Sie das, was die schräggedruckten Wörter, Ausdrücke und Sätze besagen, etwas anders aus!*
1. Man hat täglich Gelegenheit, *Betrachtungen anzustellen.* 2. Die Stadt war voll *prächtiger* Häuser. 3. Die Stadt war voll *arbeitsamer* Menschen. 4. Lange betrachtete er mit *Erstaunen* das kostbare Gebäude. 5. Es hatte sechs *Kamine* auf dem Dach. 6. *Vermutlich* hatte der Mann etwas Wichtigeres zu tun. 7. Das muß ein *sehr reicher* Mann sein. 8. Endlich kam er an *die Bucht.* 9. All diese *seltsamen Dinge!* 10. *Vor kurzem war* es aus Ostindien *angelangt.* 11. Er trug eine Kiste auf *der Achsel* heraus. 12. *Schaut's da heraus?* 13. Er stellte

vergoldete *Scherben* vor die Fenster.   14. Er *sah* einen großen Leichenzug.   15. *Stumm* folgten sie nach.   16. Jetzt ergriff ihn ein *melancho-
lisches* Gefühl.   17. Doch *machte er sich an* den Letzten vom Zug.   18.
Der Mann wollte etwas *aufschlagen*.   19. Warum seid Ihr so *traurig?*
20. In *einer Herberge aß* er ein Stück Limburger Käse.

II. *Diskussionsfragen*
1. Mit welchen allgemeinen Betrachtungen beginnt die Geschichte
„Kannitverstan"?   2. Was für ein Mensch ist die Hauptfigur der
Erzählung?   3. Warum meint er, daß er ein armer Teufel sei?   4.
Warum meint er am Ende, daß er eigentlich kein so armer Teufel ist?

III. WORTFOLGE. *Wenn der Satz nicht stimmt, schreiben Sie das, was
richtig ist! Verwenden Sie dabei: Es stimmt, daß . . . Es stimmt nicht, daß . . .*
1. Hebel wurde in Zürich in der Schweiz geboren.   2. Er wurde mit
vierzehn Jahren elternlos.   3. Er studierte an einer Universität in der
Schweiz.   4. Hebel studierte Jura.   5. Hebel war Professor und auch
Gymnasiumsdirektor.   6. Er schrieb seine Werke für einfache
Menschen.   7. In seinen Geschichten findet man einfache
Menschen.   8. Das Grundgefühl seiner Dichtung ist die Vergänglichkeit.   9. Hebel war kein religiöser Mensch.   10. Er gehört zur
deutschen Klassik.   11. Er gehört zur deutschen Romantik.   12.
Seinen Einfluß kann man in den Werken Kafkas erkennen.   13. Der
Dichter beginnt gern mit allgemeinen Betrachtungen.   14. Er hat
mehrere Male geheiratet.   15. Er starb in der Nähe von Berlin.

IV. *Bilden Sie den Plural!*

Beispiele: der Dichter   *die Dichter*
              der Tag   *die Tage*
              das Mitglied   *die Mitglieder*
              die Universität   *die Universitäten*
              der Mensch   *die Menschen*

1. die Gelegenheit.   2. die Taube.   3. der Umweg.   4. der Bursche.
5. das Dorf.   6. das Fenster.   7. der Freund.   8. das Haus.   9. die

Sprache. 10. das Wort. 11. der Fremdling. 12. die Merkwürdigkeit. 13. die Reihe. 14. die Kiste. 15. das Faß. 16. die Ware.
17. das Land. 18. die Antwort. 19. das Wunder. 20. der Scherben. 21. der Teufel. 22. die Ecke. 23. der Leichenwagen. 24. der
Zug. 25. der Hut. 26. die Leiche. 27. der Zentner. 28. der
Mantel. 29. die Träne. 30. das Kleid. 31. das Tuch. 32. die
Blume. 33. das Grab. 34. die Ruhestätte. 35. die Herberge.

V. *Nehmen Sie für jedes Wort in Nummer IV das Personalpronomen!*

Beispiele: der Tag—*er*   das Grab—*es*   die Universität—*sie*

VI. VERBEN MIT TRENNBAREN VORSILBEN. *Ändern Sie die Sätze! Achten
Sie darauf, ob man das Perfektum mit ,,haben" oder mit ,,sein" bildet!*

Beispiel: Er stellt Betrachtungen über das Leben an.
           Er stellte Betrachtungen über das Leben an.
           Er hat Betrachtungen über das Leben angestellt.
           Er hatte Betrachtungen über das Leben angestellt.

1. Gebratene Tauben fliegen in der Luft herum. 2. Es kommt aus
Ostindien an. 3. Man ladet es aus. 4. Man wälzt die Fässer
heraus. 5. Er sieht lange zu. 6. Dann geht er wieder zurück. 7.
Ein langer Zug folgt nach. 8. Sie gehen so betrübt mit. 9. Wir
gehören dazu. 10. Man senkt ihn in seine Ruhestätte hinab. 11.
Der Mann gibt nicht acht. 12. Sie gehen wieder fort.

VII. *Welche Wörter haben zwar nicht dieselbe aber eine ähnliche Bedeutung?*

Beispiel: *täglich* und *häufig*

1. täglich	A. traurig
2. das Gebäude	B. das Studium
3. die Erkenntnis	C. das Wissen
4. der Fremdling	D. das Haus
5. nachdenklich	E. häufig
6. die Betrachtung	F. das Boot
7. die Leiche	G. der Unbekannte
8. das Schiff	H. der Körper
9. erleben	I. glücklich sein
10. zufrieden werden	J. erfahren

VIII. *Kompositionsthemen*

1. Wie würden Sie Ihr „Schicksal" definieren? Sind Sie mit Ihrem „Schicksal zufrieden", wie es in „Kannitverstan" heißt? 2. Es gibt ein deutsches Sprichwort: „Wo Geld ist, da ist der Teufel; wo keins ist, da ist er zweimal." Was halten Sie von diesem Satz?

9 | Die Postkarte

Heinrich Böll

Ihr habt gehört? Es ist süß und ehrenvoll, für das
Vaterland zu sterben. Ich aber sage euch: es ist süß und
ehrenvoll, für das Vaterland zu leben.

—Kardinal Michael von Faulhaber (1869–1952)

Niemand von denen, die mich kennen, *begreift* die *Sorgfalt*, mit der ich einen Papier*fetzen aufbewahre*, der völlig wertlos ist, *lediglich* die *Erinnerung* an einen *bestimmten* Tag meines Lebens wachhält und mich in den Ruf

5 einer Sentimentalität bringt, die man meines *Bildungs*grades für unwürdig hält: Ich bin *Prokurist* einer Textilfirma. Doch ich *wehre mich* gegen den *Vorwurf* der Sentimentalität und versuche immer wieder, diesem Papierfetzen dokumentarischen Wert *zuzusprechen*. Es ist

10 ein *winziges, rechteckiges* Stück einfachen Papiers, das zwar das *Ausmaß*, nicht aber das Format einer Briefmarke hat; es ist schmäler und länger als eine solche, und obwohl es von der Post stammt, hat es nicht den *geringsten* Sammelwert: Es ist mit einem kräftigen Rot *umrandet*, durch

15 einen weiteren roten *Querstrich* in zwei *Rechtecke* verschiedener Größe geteilt, und im kleineren dieser Rechtecke steht ein fettes schwarzgedrucktes R, im größeren schwarzgedruckt „Düsseldorf" und eine Zahl—die Zahl 634. Das ist alles, und das Papierstückchen ist *vergilbt*,

20 fast schon *verschlissen*, und nun, da ich es genau beschrieben habe, entschließe ich mich, es wegzuwerfen: ein einfaches Einschreibe-*Etikett*, wie jede *Postanstalt* sie täglich rollenweise *verklebt*.

Aber dieses Papierstückchen erinnert mich an einen

25 Tag meines Lebens, der wirklich unvergeßlich ist, obwohl man vielfach versucht hat, ihn aus meiner Erinnerung zu streichen. Doch mein *Gedächtnis* funktioniert zu gut.

Zuerst, wenn ich an diesen Tag denke, rieche ich

30 Vanillepudding, eine warme und süße *Wolke*, die unter meiner Schlafzimmertür hereinkroch und mich an das gute Herz meiner Mutter *gemahnte*: Ich hatte sie gebeten, mir an meinem ersten *Urlaub*stag Vanilleeis zu machen, und als ich wach wurde, roch ich es.

35 Es war halb elf. Ich steckte mir eine Zigarette an, schob das Kopf*kissen* hoch und *malte mir aus*, wie ich den

---

Randglossar:

- verstehen
- die Ordnungsliebe / das Stück / behalten
- nur / das Gedenken / gewiß
- die Kultur, die Erziehung
- der Geschäftsführer
- kämpfen / die Kritik
- verleihen, schenken
- sehr klein / mit vier Ecken
- die Dimension
- klein
- umschließen
- *quer:* von links nach rechts / *der Strich:* das Zeichen / das Viereck mit rechten Ecken
- gelb
- durchfressen
- die Aufschrift / das Postamt
- auf Karten und Briefen befestigen
- die Erinnerung
- das Aroma
- erinnern
- die Freizeit
- das Polster / sich ein Bild machen

84

Nachmittag *verbringen* würde. Ich wollte schwimmen   verleben, genießen
gehen; nach dem Essen würde ich ins Strandbad fahren,
würde ein bißchen schwimmen, lesen, rauchen und auf
eine kleine *Kollegin* warten, die versprochen hatte, nach   die Mitarbeiterin
5 Fünf ins Strandbad zu kommen.

In der Küche *klopfte* meine Mutter Fleisch, und   schlagen auf (um es weich
wenn sie für einen Augenblick *aussetzte*, hörte ich, daß sie   zu machen)
ein Ende machen, pausieren
etwas vor sich hinsummte. Es war ein Kirchenlied. Ich
war sehr glücklich. Am Tage vorher hatte ich die *Gehil-*   der Assistent
10 *fenprüfung* bestanden, ich hatte eine gute Stellung in einer   das Examen
Textilfabrik, eine Stelle mit *Aufstiegsmöglichkeiten*—aber   die besten Chancen zu
avancieren
jetzt hatte ich Urlaub, vierzehn Tage Urlaub, und es war
Sommer. Draußen war es heiß, aber ich hatte Hitze
damals noch gern: durch die *Spalten* in den *Läden* sah ich   die Öffnung / die Blende
15 draußen das, was man uns *Glast* zu nennen gelehrt hat;   der Glanz, der Schimmer
ich sah das Grün der Bäume vor unserem Haus, hörte
die Straßenbahn. Und ich freute mich auf das Frühstück.
Dann kam die Mutter, um an meiner Tür zu horchen;
sie ging durch die *Diele*, blieb vor meiner Tür stehen,   die Vorhalle
20 und es war einen Augenblick still in unserer Wohnung,
und ich wollte gerade „Mutter" rufen, da *klingelte* es.   läuten (an der Tür)
Meine Mutter ging zur Tür, und ich hörte unten dieses
merkwürdig helle Brummen des Summers, vier-, fünf-,   bizarr, sonderbar
sechsmal brummte er, und meine Mutter sprach draußen
25 mit Frau Kurz, die neben uns wohnte. Dann kam eine
Männerstimme, und ich wußte sofort, daß es der Briefträger war, obwohl ich ihn nur selten gehört hatte. Der
Briefträger kam in unseren *Flur*, meine Mutter sagte: der Korridor
„Was?" und der Briefträger sagte: „Hier—unterschrei-
30 ben Sie bitte." Dann war es einen Augenblick sehr still,
der Briefträger sagte: „Danke schön", meine Mutter
warf die Tür hinter ihm zu, und ich hörte, daß sie in die
Küche zurückging.

Kurz danach stand ich auf und ging ins Badezim-
35 mer. Ich rasierte mich, wusch mich lange und *gründlich*,   von A bis Z
und als ich den Wasserhahn abstellte, hörte ich, daß

meine Mutter angefangen hatte, den Kaffee zu *mahlen*.   pulverisieren
Es war wie sonntags, nur daß ich an diesem Tage nicht
in der Kirche gewesen war.

    Niemand wird es mir glauben, aber mein Herz war
5 plötzlich schwer. Ich weiß nicht warum, aber es war
schwer. Ich hörte die Kaffeemühle nicht mehr. Ich
trocknete mich ab, zog Hemd und Hose an, Strümpfe
und Schuhe, kämmte mich und ging ins Wohnzimmer.
Blumen standen auf dem Tisch, schöne rosa Nelken, es
10 war alles *sauber* gedeckt, und auf meinem Teller lag eine   rein, ordentlich
rote Packung Zigaretten.

    Dann kam die Mutter mit der Kaffeekanne aus der
Küche, und ich sah sofort, daß sie geweint hatte. Sie
hielt in der einen Hand die Kaffeekanne, in der anderen
15 ein kleines Päckchen Post, und ihre Augen waren gerötet.
Ich ging ihr entgegen, nahm ihr die Kanne aus der
Hand, küßte sie auf die *Wange* und sagte: „Guten   die Backe
Morgen.“ Sie *blickte* mich *an,* sagte: „Guten Morgen,   ansehen
hast du gut geschlafen?“ Dabei versuchte sie zu lächeln,
20 aber es gelang ihr nicht.

    Wir setzten uns, meine Mutter goß Kaffee ein, und
ich öffnete die rote Packung, die auf meinem Teller lag,
und steckte eine Zigarette an. Ich hatte plötzlich keinen
Appetit mehr. Ich rührte Milch und Zucker im Kaffee
25 um, versuchte, die Mutter anzusehen, aber ich senkte
immer wieder schnell den Blick. „Ist Post gekommen?“
fragte ich, obwohl es sinnlos war, denn die rote kleine
Hand der Mutter ruhte auf dem kleinen Päckchen, auf
dem *zuoberst* die Zeitung lag.   ganz oben
30   „Ja“, sagte sie und schob mir den Packen zu. Ich
schlug die Zeitung *auf,* während meine Mutter anfing, mir   durchsehen
ein Butterbrot zu schmieren. Auf dem Titelblatt der
Zeitung stand als *Schlagzeile:* „*Fortgesetzte Schikanen* gegen   das Schlagwort, der Titel /
Deutsche im *Korridor!“ Ähnliches* stand schon seit Wochen   weitermachen / die Ge-
    meinheit die Tortur
35 auf den Titelblättern der Zeitungen. *Berichte* von dem   der polnische Korridor /
Geknalle an der polnischen Grenze und von den *Flüchtlin-*   analog, parallel
gen, die die Sphäre polnischen *Haders* verließen und ins   die Bekanntmachung
    das Schießen / der Flie-
    hende
    die Disharmonie, die Feind-
    schaft

86

Reich flüchteten. Ich legte die Zeitung weg. Dann las ich den Prospekt einer Weinfirma, die uns manchmal *belieferte* (Waren ins Haus bringen) hatte, als Vater noch lebte. Irgendwelche *Rieslinge* (ein Weißwein) wurden *äußerst wohlfeil* (sehr / preiswert, billig) angeboten. Ich legte auch den Prospekt weg.

Inzwischen hatte meine Mutter das Butterbrot fertig, legte es mir auf den Teller und sagte: „Iß doch was!" Sie brach in heftiges *Schluchzen* (weinen, seufzen) aus. Ich *brachte* es *nicht über mich,* (nicht können) sie anzusehen. Ich kann keinen Menschen ansehen, der wirklich leidet—aber ich begriff jetzt erst, daß es irgendetwas mit der Post sein mußte. Die Post mußte es sein. Ich drückte die Zigarette aus, biß in mein Butterbrot und nahm den nächsten Brief, und als ich ihn aufhob, sah ich, daß darunter noch eine Postkarte lag. Aber den Einschreibe*zettel* (das Stück Papier) hatte ich nicht gesehen, diesen winzigen Papierfetzen, den ich heute noch *aufbewahre,* (behalten) und der mich in den Ruf der Sentimentalität bringt. So las ich erst den Brief. Der Brief war von Onkel Edi. Onkel Edi schrieb, daß er endlich nach langen *Assessor-* (der kleine Beamte) jahren *Studienrat* (Lehrer an einer höheren Schule) geworden war, aber er hatte sich in ein kleines *Hunsrücknest* *versetzen* (der südwestliche Teil des Rheingebietes / die Kleinstadt / entsenden) lassen müssen; es war finanziell kaum eine Verbesserung, weil er nun in die miserabelste *Ortsklasse* (die Provinzstadt / die Kategorie) geraten war. Und seine Kinder hatten *Keuchhusten* gehabt, und alles *kotze* ihn *an,* (außer Atem kommen / krampfhaft und stoßweise atmen / sehr auf die Nerven gehen, sehr irritieren) schrieb er, wir wüßten ja warum. Wir wüßten warum, und auch uns kotzte es an. Es kotzte viele an.

Als ich *nach* der Postkarte *greifen* (in die Hand nehmen) wollte, sah ich, daß sie weg war. Meine Mutter hatte sie genommen, hielt sie sich vor die Augen, und ich starrte auf mein angebissenes Butterbrot, *rührte* (mit dem Löffel umrühren) in meinem Kaffee und wartete. Ich vergesse das nicht. Meine Mutter hatte nur einmal so schrecklich geweint: als mein Vater gestorben war, und auch damals hatte ich nicht *gewagt,* (riskieren) sie anzusehen. Eine *Scheu,* (die Angst) für die ich keinen Namen kannte, hatte mich davon *abgehalten,* sie zu *trösten.* (verhindern / zusprechen, helfen)

Ich versuchte, in das Butterbrot zu beißen, aber es *würgte mir im Halse,* (nicht essen können) denn ich hatte plötzlich begriffen,

daß es nur etwas sein konnte, das mich *betraf,* was die
Mutter so *außer Fassung bringen* konnte. Die Mutter sagte
irgendetwas, was ich nicht verstand, und gab mir die
Karte, und jetzt sah ich das Einschreibe-Etikett: Dieses
5 rotumrandete Rechteck, das durch einen roten Strich in
zwei weitere Rechtecke geteilt war, von denen das kleinere ein fettes schwarzes R und das größere das Wort
„Düsseldorf" und die Zahl 634 enthielt. Sonst war die
Postkarte ganz normal, sie war an mich adressiert, und
10 auf der Rückseite stand: „Herrn Bruno Schneider! Sie
haben *sich* am 5.8.39 in der *Schlieffen-Kaserne* in *Adenbrück*
zu einer achtwöchigen *Übung einzufinden.*" Die Worte
Bruno Schneider, das Datum und Adenbrück waren
getippt, alles andere war *vorgedruckt,* und darunter war
15 irgendein *Kritzler* und dann gedruckt das Wort „*Major*".
Heute weiß ich, daß der Kritzler *überflüssig* war.
Eine Majorsunterschriftsmaschine würde denselben
Dienst tun. Wichtig war nur der *aufgeklebte* kleine Zettel,
für den meine Mutter eine *Quittung* hatte unterschreiben
20 müssen.
Ich legte meine Hand auf den Arm meiner Mutter
und sagte: „Mein Gott, nur für acht Wochen." Und
meine Mutter sagte: „Ach ja."
„Nur acht Wochen", sagte ich, und ich wußte, daß
25 ich *log,* und meine Mutter trocknete die Tränen, sagte:
„Ja, natürlich", und wir logen beide, ohne zu wissen,
warum wir logen, aber wir taten es und wußten darum.
Ich griff wieder zu meinem Butterbrot, und da *fiel*
mir ein, daß es schon der Vierte war, und daß ich *anderen*
30 *Tags* um zehn Uhr dreihundert Kilometer östlich sein
mußte. Ich *spürte,* daß ich *blaß wurde,* legte das Brot
wieder hin und stand auf, ohne *auf* die Mutter zu *achten.*
Ich ging in mein Zimmer. Ich stand an meinem Schreib-
tisch, zog die *Schublade* heraus, schob sie wieder hinein.
35 Ich blickte rund, spürte, daß etwas geschehen war und
wußte nicht was. Das Zimmer gehörte mir nicht mehr.

zu tun haben mit
den Kopf verlieren

Alfred von Schlieffen (1833-
1913): General und Stra-
tege / das Quartier der
Soldaten / Kleinstadt bei
Düsseldorf
der Militärdienst / kommen
mit der Schreibmaschine
schreiben / schon auf
dem Formular
unleserlich geschriebener
Name
unnötig, zuviel
auf der Karte befestigt
der Empfangsschein

schwindeln, nicht die
Wahrheit sagen

schwindeln, nicht die
Wahrheit sagen

denken an (etwas)
morgen

fühlen / die Farbe verlieren
ansehen

der Schreibtischbehälter für
Schreibmaterialien

Das war alles. Heute weiß ich es, aber damals tat ich sinnlose Dinge, um *mich* meines Besitzes über dieses Zimmer zu *vergewissern*. Es war *nutzlos*, daß ich in dem Karton mit den Briefen *herumkramte*, meine Bücher *zu-*
5 *rechtrückte*. Ehe ich wußte, was ich tat, hatte ich angefangen, meine *Aktentasche* zu füllen: mit Hemd, Unterhose, Handtuch und Socken, und ich ging ins Badezimmer, um mein Rasierzeug zu holen. Die Mutter saß noch immer am Frühstückstisch. Sie weinte nicht mehr. Mein
10 angebissenes Butterbrot lag noch da, Kaffee war noch in meiner Tasse, und ich sagte zu meiner Mutter: „Ich gehe bei *Giesselbachs* anrufen, wann ich fahren muß."

Als ich von Giesselbachs kam, läutete es zwölf. Es roch nach *Braten* und Blumenkohl in unserer Diele, und
15 die Mutter hatte angefangen, in einem Sack Eis klein-zuschlagen, um es in unsere kleine Eismaschine zu füllen.

Mein Zug fuhr um acht abends, und ich würde morgens gegen sechs in Adenbrück sein. Bis zum Bahn-
20 hof war es nur eine Viertelstunde Weg, aber ich ging schon um drei Uhr aus dem Haus. Ich *belog* meine Mutter, die nicht wußte, wie lange man bis Adenbrück fahren mußte.

Diese drei Stunden, die ich noch zu Hause blieb,
25 sind mir in der Erinnerung *schlimmer* und *kommen* mir länger *vor* als die ganze Zeit, die ich später weg war, und es war eine lange Zeit. Ich weiß nicht, was wir taten. Das Essen schmeckte uns nicht. Die Mutter brachte bald den Braten, den Blumenkohl, die Kartoffeln und das
30 Vanilleeis in die Küche zurück. Dann tranken wir den Kaffee, der noch vom Frühstück her unter einer gelben *Kaffeemütze* stand, und ich rauchte Zigaretten, und *hin und wieder wechselten* wir ein paar *Worte*. „Acht Wochen", sagte ich und meine Mutter sagte: „Ja, ja—ja natür-
35 lich", und sie weinte nicht mehr. Drei Stunden lang logen wir uns an, bis ich es nicht mehr *aushielt*. Die

gründlich prüfen / frucht-los, ohne Erfolg
etwas unsystematisch su-chen / an den rechten Platz stellen
die Tasche für Dokumente und Papiere

Name einer Familie

gebratenes Fleisch

eine Unwahrheit (jeman-dem) erzählen

elend, bitter / scheinen

der Kaffeewärmer / manch-mal
sprechen

ertragen, durchhalten

89

Mutter *segnete* mich, küßte mich auf die Wangen, und als ich die Haustür hinter mir schloß, wußte ich, daß sie weinte.

Gottes Gunst und Hilfe erbitten

Ich ging zum Bahnhof. Am Bahnhof war *Hochbetrieb.* viel Tumult

5 Es war Ferienzeit: braungebrannte *fröhliche* Menschen frisch, froh liefen dort herum. Ich trank ein Bier im Wartesaal und entschloß mich gegen halb vier, die kleine Kollegin *anzurufen,* mit der ich mich im Strandbad hatte treffen antelefonieren wollen.

10 Während ich die Nummer *wählte,* die *durchlöcherte* aussuchen, drehen / mit vielen Löchern
Nickelscheibe immer wieder—fünfmal—in ihre Ruhelage die Nummernscheibe
zurückrastete, *bereute* ich es fast schon, aber ich wählte leid tun
auch die sechste Zahl, und als ihre Stimme fragte: „Wer ist da?", schwieg ich erst einen Augenblick, dann sagte
15 ich langsam: „Bruno" und: „Kannst du kommen? Ich muß weg—zum *Kommiß.*" das Militär

„*Gleich?*" fragte sie. sofort

„Ja."

Sie *überlegte* einen Augenblick, und ich hörte im denken
20 Telephon die Stimmen der anderen, die *offenbar* Geld anscheinend
einsammelten, um Eis zu holen.

„Gut", sagte sie, „ich komme. Zum Bahnhof?"

„Ja", sagte ich.

Sie kam sehr schnell zum Bahnhof, und ich weiß
25 heute noch nicht, obwohl sie doch schon seit zehn Jahren meine Frau ist, heute weiß ich noch nicht, ob ich dieses Telephongespräch bereuen soll. *Immerhin* hat sie meine jedenfalls
Stelle bei der Firma offengehalten, hat meinen *erloschenen* ausgehen, einschlummern
Ehrgeiz, als ich nach Hause kam, wieder zum Leben die Ambition
30 erweckt, und im Grunde *verdanke* ich ihr, daß die Auf- schulden
stiegsmöglichkeiten, die meine Stelle damals bot, sich jetzt als real *erwiesen* haben. zeigen

Aber auch bei ihr blieb ich damals nicht so lange, wie ich hätte bleiben können. Wir gingen ins Kino, und
35 in diesem *leeren,* sehr heißen und dunklen Kinosaal küßte nicht voll
ich sie, obwohl ich wenig Lust dazu hatte. Ich küßte sie oft, und ging schon um sechs auf den Bahnsteig, obwohl

90

ich bis acht Zeit gehabt hätte. Auf dem Bahnsteig küßte
ich sie noch einmal und stieg in irgendeinen Zug, der
östlich fuhr.

Seitdem kann ich keine Strandbäder mehr sehen,
5 ohne *Schmerz* zu *verspüren:* Die Sonne, das Wasser und die
Lustigkeit der Leute kommen mir falsch vor, und ich *ziehe*
es *vor,* bei Regenwetter allein durch die Stadt zu *schlendern*
und in ein Kino zu gehen, wo ich niemanden mehr
küssen muß. Meine Aufstiegsmöglichkeiten bei der
10 Firma sind noch nicht *erschöpft.* Ich könnte Direktor
werden, und wahrscheinlich werde ich es, nach dem
Gesetz einer paradoxen *Trägheit.* Denn man *ist überzeugt,*
daß ich an der Firma *hänge* und etwas für sie tun werde.
Aber ich hänge nicht *an* ihr und denke nicht daran, etwas
15 für sie zu tun. . . .

Mit großer *Nachdenklichkeit* habe ich sehr oft dieses
Einschreibe-Etikett *betrachtet,* das meinem Leben eine
sehr plötzliche Wendung gegeben hat. Und wenn im
Sommer die Gehilfenprüfungen *stattfinden* und unsere
20 *Lehrlinge* nachher *strahlenden* Gesichtes zu mir kommen,
um sich gratulieren zu lassen, bin ich *verpflichtet,* ihnen
eine kleine Rede zu halten, in der das Wort „Aufstiegsmöglichkeiten" eine traditionelle Rolle spielt.

(Marginal glosses)

das Leid, die Bitternis /
  fühlen
der Jubel, der Enthusias-
  mus / lieber tun
spazieren

beendet

das (juristische) Recht / die
  Faulheit / sicher sein
lieben

die Meditation

ansehen

sein, sich ereignen

der Anfänger / glitzernd,
  scheinend
gebunden, verantworlich
  (für)

Heinrich Böll

Seit den sechziger Jahren nennt man Böll den „geistigen Reprä-
sentanten des Volkes, dessen Sprache er schreibt" oder auch den
„repräsentativen Außenseiter" der Bundesrepublik.

Er ist 1917 in Köln geboren, besuchte dort die Schule, mußte
sein Universitätsstudium aber unterbrechen, als er unter den Nazis
Soldat werden mußte. In den nächsten Jahren wurde er viermal
verwundet. Als er 1945 aus amerikanischer Kriegsgefangenschaft
nach Köln zurückkehrte, begann er zu schreiben. Später meinte er in
seinem Bericht „Über mich selbst": „Schreiben wollte ich immer,
versuchte es schon früh, fand aber die Worte erst später." 1947
erschienen seine ersten Kurzgeschichten.

In den ersten Erzählungen Bölls spürt man den Einfluß Borcherts. Es gibt „nichts Sinnloseres und Langweiligeres" als das Militär, meinte Böll, indem er in seinen Schriften die groteske Sinnlosigkeit des Krieges schilderte. Auch wenn er über die heutige Zeit
schreibt, sind seine Werke sozialkritisch; es gehört zu dem, was er
von der Dichtung verlangt. Böll ist davon überzeugt, daß der freie
Schriftsteller „eine der letzten Positionen der Freiheit" darstelle.

Heinrich Böll identifiziert sich gern mit seinen Hauptfiguren, die oft „kleine Menschen" sind und hilflos aussehen. Wenn wir mit den Menschen in seinen Werken bekannt geworden sind, schrieb Siegfried Lenz, „wissen wir mehr über uns selbst"; durch Böll können wir „deutlicher" leben.

Mit Böll wurde im Jahr 1971 ein deutscher Schriftsteller zum Präsidenten des Internationalen P.E.N.-Clubs gewählt. (P.E.N. = Poets, Essayists, Novelists). Im folgenden Jahr erhielt er den Nobelpreis, dreiundvierzig Jahre nachdem Thomas Mann Nobelpreisträger geworden war, als Autor des Meisterwerkes „Gruppenbild mit Dame" (1971), so meinte die Jury in Stockholm. Der Roman ist ein sozialkritisches Zeitpanorama, das von den Vorkriegs-, Kriegs- und unmittelbaren Nachkriegsjahren Deutschlands handelt. Pseudodokumentarisch nannte er den Roman. Bis zum heutigen Tag wisse er nicht, meinte Böll in einem Interview, was „der Unterschied zwischen Fiction und Nonfiction ist. Weil beide sich mit Sprache ausdrücken. Und wenn ich ein Sachbuch lese, kommt es mir manchmal fiktiver vor als ein Roman."

Der politische Roman über die siebziger Jahre in der Bundesrepublik heißt „Fürsorgliche Belagerung" (1979). Eine Millionärsfamilie (die deutsche Gesellschaft?) wird rund um die Uhr fürsorglich, also von hilfsbereiten Leuten, bewacht. Die Ruhe ist unheimlich. Ruhe—vor was? Sorge um die Bundesrepublik Deutschland und die deutsche Gesellschaft lassen dem Verfasser des Romans jedenfalls keine Ruhe.

Böll, der zwar liberal ist aber nicht als linksradikal bezeichnet werden kann, wurde aus politischen Gründen auch einmal bewacht. Ist er selbst also die Hauptfigur des Werkes „Fürsorgliche Belagerung"? In einem Gespräch sagte er 1979, daß der Roman nicht autobiographisch und er nicht der Held der Geschichte sei. Er sprach aber von einem Vergleich mit Filmregisseuren: „Sie wissen, daß viele Regisseure manchmal aus Spaß in ihren Filmen eine kleine Rolle übernehmen. . . . Sie kommen plötzlich als Diener, bringen ein Glas Bier oder machen die Tür auf oder was, und ich sehe mich eher in dieser Rolle in meinen Romanen."

Heinrich Böll, der am liebsten Kurzgeschichten schreibt, lebt in seinem heimatlichen Köln. Er ist einer der meistgelesenen deutschen Schriftsteller von heute.

ÜBUNGEN

SINNVERWANDTE WÖRTER UND AUSDRÜCKE

von A bis Z	gründlich
anderntags	morgen
anscheinend	offenbar
ansehen	anblicken
die besten Chancen (pl.) zu avancieren	die Aufstiegsmöglichkeiten (pl.)
der Empfangsschein	die Quittung
ertragen	aushalten
nicht essen können	einem im Halse würgen
das Examen	die Prüfung
das gebratene Fleisch	der Braten
der Fliehende	der Flüchtling
gelb	vergilbt
gemahnen	erinnern
der Geschäftsführer	der Prokurist
gewiß	bestimmt
greifen nach	in die Hand nehmen
jedenfalls	immerhin
klein	gering
nicht können	nicht über sich bringen
der Korridor	der Flur
die Kritik	der Vorwurf
leid tun	bereuen
lügen	die Unwahrheit sagen
manchmal	hin und wieder
das Militär	der Kommiß
nur	lediglich
die Postanstalt	das Postamt
rein	sauber
scheinen	vorkommen
sicher sein	überzeugt sein
sofort	gleich
sonderbar	merkwürdig
viel Tumult	der Hochbetrieb
unnötig	überflüssig

eine Unwahrheit (jemandem) erzählen	(jemand) belügen
verstehen	begreifen
die Vorhalle	die Diele
die Wange	die Backe
Waren ins Haus bringen	beliefern
der Zettel	das Stück Papier
zuoberst	oben

ORALLY

I. *Drücken Sie das, was die schräggedruckten Wörter, Ausdrücke und Sätze besagen, etwas anders aus!*

1. Niemand *versteht* meine Sorgfalt.   2. Es war *nur* die Erinnerung an einen *gewissen* Tag meines Lebens.   3. Ich bin *Geschäftsführer* einer Textilfirma.   4. Ich wehre mich gegen *die Kritik* der Sentimentalität. 5. Es hat nicht den *kleinsten* Sammelwert.   6. Das Papierstückchen ist *gelb*.   7. Das gibt es in jeder *Postanstalt*.   8. Es *gemahnte* mich an das gute Herz meiner Mutter.   9. Er hatte *ein Examen* bestanden.   10. Es gab *die besten Chancen zu avancieren*.   11. Sie ging durch *die Vorhalle*. 12. Ich hörte dieses *sonderbar* helle Brummen.   13. Der Briefträger kam in unseren *Korridor*.   14. *Von A bis Z!*   15. Es war alles *rein* gedeckt.   16. Sie küßte mich auf *die Wange*.   17. Sie *sah* mich *an*.   18. *Zuoberst* lag die Zeitung.   19. Berichte von *den Fliehenden!*   20. Ich las den Prospekt einer Firma, die uns manchmal *Waren ins Haus gebracht hatte*.   21. Er *konnte* es *nicht*.   22. *Den Zettel* hatte ich nicht gesehen. 23. Ich wollte *nach der Karte greifen*.   24. Ich *konnte nicht essen*.   25. Heute weiß ich, daß der Kritzler *unnötig* war.   26. Meine Mutter hatte *einen Empfangsschein* unterschrieben.   27. Ich wußte, daß ich *log*. 28. Ich muß *anderntags* dort sein.   29. Es roch nach *gebratenem Fleisch*. 30. Ich *erzählte* meiner Mutter *eine Unwahrheit*.   31. Es *schien* ihm länger.   32. *Manchmal* wechselten wir ein paar Worte.   33. Er *ertrug* es nicht mehr.   34. Am Bahnhof war *viel Tumult*.   35. Es *tat ihm* schon fast *leid*.   36. Ich muß weg—zum *Militär*.   37. „*Sofort?*" fragte sie.   38. Sie sammelten *anscheinend* Geld ein.   39. *Jedenfalls* hat sie meine Stelle bei der Firma offengehalten.   40. Man *ist sicher*.

II. *Diskussionsfragen*

1. Was für eine Rolle spielen Schlagwörter in Bölls Geschichte?   2. Aus welchen Worten und Wendungen spricht Resignation?   3. Wo

liegt hier die Gesellschaftskritik? 4. Warum hat Böll Ihrer Meinung nach die kleine Erzählung in der Ich-Form geschrieben?

III. *Beantworten Sie folgende Fragen!*
1. Wie nennt man Heinrich Böll? 2. Warum mußte er sein Studium an der Universität unterbrechen? 3. Wann kehrte er nach Köln zurück? 4. Warum fing er erst relativ spät im Leben an zu schreiben? 5. Was sind seine Ansichten über das Militär? 6. Was hält der Schriftsteller Lenz von dem Schriftsteller Böll? 7. Wie erklärt Böll das Wort „pseudodokumentarisch", wenn er von seinem Roman „Gruppenbild mit Dame" spricht? 8. Sind Ihnen Sachbücher manchmal fiktiv vorgekommen? 9. Was schreibt Böll über Autobiographisches in seinem Roman „Fürsorgliche Belagerung? 10. Was schreibt er am liebsten?

IV. RELATIVPRONOMEN

	Maskulinum	*Femininum*	*Neutrum*	*Plural*
Nominativ	der	die	das	die
Genitiv	dessen	deren	dessen	deren
Dativ	dem	der	dem	denen
Akkusativ	den	die	das	die

1. Niemand von denen, — mich kennen, begreift die Sorgfalt, mit — ich einen Papierfetzen aufbewahre, — völlig wertlos ist. 2. Es bringt mich in den Ruf einer Sentimentalität, — man meines Bildungsgrades für unwürdig hält. 3. Es ist ein Stück einfachen Papiers, — das Ausmaß einer Briefmarke hat. 4. Es erinnert mich an einen Tag meines Lebens, — wirklich unvergeßlich ist. 5. Ich rieche eine warme und süße Wolke, — unter meiner Schlafzimmertür hereinkroch. 6. Ich wollte auf eine Kollegin warten, — ich versprochen hatte, ins Strandbad zu kommen. 7. Meine Mutter sprach mit Frau Kurz, — neben uns wohnte. 8. Ich öffnete die rote Packung, — auf meinem Teller lag. 9. Ihre Hand ruhte auf dem Päckchen, auf — zuoberst die Zeitung lag. 10. Berichte von den Flüchtlingen, — die Sphäre polnischen Haders verließen. 11. Ich las den Prospekt einer Weinfirma, — uns manchmal beliefert hatte. 12. Ich kann keinen Menschen ansehen, — wirklich leidet. 13. Dieser Papierfetzen, — ich heute noch aufbewahre, und — mich in den Ruf der Sentimentali-

tät bringt.   14. Eine Scheu, für — ich keinen Namen kannte, hatte mich davon abgehalten, sie zu trösten.   15. Dieses rotumrandete Rechteck, — durch einen roten Strich in zwei weitere Rechtecke geteilt war, von — das kleinere ein fettes schwarzes R und das größere das Wort „Düsseldorf" und die Zahl 634 enthielt.   16. Wichtig war nur der aufgeklebte kleine Zettel, für — meine Mutter eine Quittung hatte unterschreiben müssen.   17. Ich belog meine Mutter, — nicht wußte, wie lange man bis Adenbrück fahren müßte.   18. Diese drei Stunden, — ich noch zu Hause blieb, kommen mir länger vor als die ganze Zeit, — ich später weg war.   19. Dann tranken wir den Kaffee, — noch vom Frühstück her unter einer gelben Kaffeemütze stand. 20. Ich entschloß mich, die kleine Kollegin anzurufen, mit — ich mich im Strandbad treffen wollte.

V.   DIE MODALVERBEN. *Ändern Sie die Sätze!*

Beispiele: Niemand kann meine Sorgfalt begreifen.
Niemand konnte meine Sorgfalt begreifen.
Niemand hat meine Sorgfalt begreifen können.
Niemand hatte meine Sorgfalt begreifen können.
Ich weiß, daß niemand meine Sorgfalt hat begreifen können.

1. Ich muß mich gegen den Vorwurf der Sentimentalität wehren.   2. Sie müssen es versuchen.   3. Wir dürfen nicht daran denken.   4. Ich will schwimmen gehen.   5. Er soll es versprechen.   6. Sie können das Grün der Bäume sehen.   7. Er kann das Brummen hören.   8. Er mag das süße Aroma gerne riechen.   9. Wir müssen uns setzen.   10. Er will nichts essen.   11. Der Onkel muß sich in ein kleines Nest versetzen lassen.   12. Es kann nur etwas sein, was mich betraf.   13. Er darf nicht daheim bleiben.   14. Ich muß fahren.   15. Er will niemanden mehr küssen.

VI.   *Kompositionsthemen*
1. Was halten Sie vom Militärdienst? Erklären Sie die Gründe für Ihre Anschauungen!   2. Wie würden Sie den letzten freien Tag verbringen, wenn Sie Soldat werden müßten, wenn Sie eine Uniform anziehen *müßten*?

10 | Grün ist schöner

Gabriele Wohmann

Ich habe niemals die *Regel* erfahren.   das „Normale"

—Franz Kafka (1883–1924)

Ich bin ein grüner Mensch. Grün mit grünblauen *Placken*. Grüne Haut. Die Lippen von einem so schwärzlichen Grün, daß die Leute sich fürchten. Das wird überhaupt *schlimm*, wenn ich mal unter Leute komme. In der

5 Schule und dann als Erwachsener. Ich muß so viel wie möglich *verdecken*. Doktor Stempel hat auch immer Handschuhe an. Er hat Ekzem. Bei mir werden auch alle Leute *neugierig* drauf *sein*, was ich unter den Handschuhen habe. Sie werden denken, ich hätte Ekzem. Ich muß

10 auch einen Namen dafür finden.

Das Kind *drehte* sich vor dem langen Badezimmerspiegel, *betrachtete* seinen nackten Körper, hob die *stengeldünnen* Ärmchen—alles grün, unten, oben; innen auch? Es trat näher an den Spiegel, streckte die Zunge heraus:

15 *finstre* bläuliche Grünsporen, ein fetter Grünlappen hing über die dunklen Lippen. Also auch innen grün. Es wischte den *Tau* seines Atems vom Glas, es lächelte sich zu: die *blassen* Zähne gefielen ihm.

Häßlich bin ich nicht. Nur *unheimlich*. Grüne Haut

20 ist eigentlich schöner als braune oder rosige.

—Bist du schon im Wasser? rief die Stimme der Mutter die Treppe herauf und durch den *Gangschlauch* zu ihm ins Badezimmer. Bist du schon ein Frosch im Wasser?

25 Grüner Frosch im Wasser.

—Ja, schrie es.

Es *patschte sich* schnell in die *knisternden* Schaumwolken, *glitschte* an der *Wannschräge* hinunter und schwitzte und *schnaubte*.

30 Aber das grüne Gesicht wird jeder sehn. Grün mit grünblauen *Sprenkeln* und einer fast schwarzen Zunge hinter fast schwarzen Lippen. Ich trag das grüne Haar tief in der Stirn, später krieg ich auch einen Bart, der wird auch grün. Und ich habe einen grünen Hals, ich

35 winde immer einen Schal drumherum, der verdeckt auch den Nacken. Die Leute können denken, ich wär *bloß* im Gesicht grün. Alles andere ist normal. Ich sag: an den

---

der Fleck, die Stelle

schwer, bitter

überdecken

wissen wollen

wenden
ansehen
sehr dünn

dunkel

die Nässe

weißlich

unschön / schreckensvoll

das Sprachrohr

ins Wasser treten / leises Geräusch machen
gleiten / die Seite der Badewanne
ausatmen

der Punkt

nur

Händen hab ich Ekzem, *deshalb* die Handschuhe. Sonst darum
zeigt man ja nichts. Ich werde immer lange Hosen
tragen.

   —Ists schön im Wasser, du Frosch? rief die Mutter.

5   —Ja! schrie es.

   Alle werden denken: wie ein Frosch sieht er aus.
Aber ich kann natürlich nicht mit Mädchen und so, wie
Dicki das macht, *baden* gehn. Ich bin ganz *zurückhaltend*,   schwimmen / reserviert
alle wollen mit mir baden gehn, alle Mädchen, immer

10 werd ich *gequält* von allen Mädchen, baden zu gehn, aber   plagen
ich bin ganz *vornehm* und ganz grün. Ich geh in der   elegant, aristrokatisch
heißesten Sonne mit meinem Schal spazieren und mit
den Handschuhen.

   —Fröschlein, rief die Mutter, *gleich* komm ich und   sofort, schnell
15 seh nach, ob du sauber bist.

   Das Grüne wird mich natürlich von den andern
absondern. Ich werd wie Onkel Walter: ein einsamer alter   isolieren, trennen
Mann. Nur schon, bevor ich alt bin.

   Von der Badewanne aus konnte es in den Spiegel
20 sehn. Es hob einen Arm aus dem Wasser: *Schaumbläschen*   die Seifenblase
flüsterten, das nasse Grün *glänzte*, es sah schärfer und   lispeln, wispern / Licht-
krasser aus als das trockne.   schein spiegeln

   Schade, daß niemand je meine *strahlende* nasse Grün-   scheinend
haut sehn wird. Ich werde ein einsamer grüner Mann.
25 Wie eine *Schlange.* Der Schlangenmann.   das Reptil

   —Fröschlein, rief die Mutter, gleich hol ich dich
raus!

   —Ja, rief es.

   Jetzt hab ich noch die Mutter, die weiß es. Später
30 weiß es keiner mehr.

   Es hörte die *flinken* Schritte auf der Treppe, im *Gang.*   schnell / der Korridor
Die Tür *klaffte*; es hielt die Hände vor die Augen, denn   sich öffnen
dazu hatte es gar keine Lust! Ein Strom frischer Luft zog
herein, und die Mutter *knipste* die *Höhensonne aus* und   ausmachen / das ultravio-
35 *schaltete* das gelbe weiche Deckenlicht *an* und sagte: lette Licht anmachen

   —So, nun komm, mein blasser sauberer Frosch-
mann.

Gabriele Wohmann

Gabriele Wohmann ist 1932 in Darmstadt geboren. In Frankfurt, das nur einige Kilometer nördlich von Darmstadt liegt, studierte sie neuere Sprachen, Literatur und Musik. Nach dem Studium war sie drei Jahre lang Lehrerin in Norddeutschland und in ihrem heimatlichen Darmstadt. Im Jahr 1958 kam ihr erstes Buch heraus und zwar unter ihrem Mädchennamen Gabriele Guyot. Die späteren Schriften erschienen unter dem Namen Wohmann.

Eine Schriftstellerin, Marie von Ebner-Eschenbach, die etwa ein Jahrhundert früher geboren wurde, hatte den Satz geschrieben: „Die verstehen sehr wenig, die nur das verstehen, was sich erklären läßt." Die Figuren in Gabriele Wohmanns Erzählungen leiden unter der Schwierigkeit der Verständigung unter den Menschen. In ihren Werken finden wir diese Schwierigkeit sehr oft innerhalb der Familie, die der Entwicklung der Identität im Wege steht. Zuweilen ist es bei einem Kind, oft bei einer Frau, die trotz aller Emanzipation noch nicht frei ist.

Gabriele Wohmann schreibt gern in der ersten Person; häufig ist die Hauptperson eine Frau, die erzählt, manchmal ist es ein Kind. Die Menschen sind Außenseiter, sie fühlen sich jedenfalls als Renegaten, die von der Gesellschaft ausgeschlossen sind. In der Kurzgeschichte „Grün ist schöner" fühlt sich das Kind zum Beispiel ausgeschlossen. Ist es nur wegen seiner wilden Phantasie? Im ultravioletten Licht scheint es grün zu sein—Grün-Sein als Stigma—und imaginiert seine Stellung als einsamer Außenseiter.

Gabriele Wohmann erzählt von wirklichen und imaginierten Konflikten und Verlusten bei gewöhnlichen, meist jungen Menschen im täglichen Leben. Sie beschreibt Pläne von gedankenlosen Verwandten und Freunden, die sich in fast brutaler Weise einmischen wollen. Die Ehe ist zuweilen eine Mischform von Trennung und Zusammenleben. Vor einigen Jahren schrieb sie die für sie charakteristischen Worte: „Das gibt es zwischen Personen: einen Kontakt haben und ihn eigentlich gar nicht halten."

Sie ist eine der meistgelesenen Schriftstellerinnen der Bundesrepublik Deutschland geworden. Sie lebt in Darmstadt.

ÜBUNGEN

SINNVERWANDTE WÖRTER UND AUSDRÜCKE

anmachen	anschalten
ansehen	betrachten
ausmachen	ausknipsen
bitter	schlimm
darum	deshalb
finster	dunkel
der Korridor	der Gang
neugierig sein	wissen wollen
nur	bloß
der Plack	der Fleck
plagen	quälen
das Reptil	die Schlange
reserviert	zurückhaltend
schnell	flink
sehr dünn	stengeldünn
der Sprenkel	der Punkt
unschön	häßlich
weißlich	blaß

I. *Drücken Sie das, was die schräggedruckten Wörter, Ausdrücke und Sätze besagen, etwas anders aus!*
1.Das Kind ist grün mit grünblauen *Placken*. 2. Das wird später *bitter*. 3. Die Leute werden drauf *neugierig sein*, was ich unter den Handschuhen habe. 4. Das Kind *sah* den nackten Körper *an*. 5. Es hat *sehr dünne* Arme. 6. Auf der Zunge waren *finstre* bläuliche Grünsporen. 7. Die *weißlichen* Zähne gefielen ihm. 8. *Unschön* bin ich nicht. 9. Ich bin *nur* unheimlich. 10. *Deshalb* die Handschuhe! 11. Das Kind ist ganz *reserviert*. 12. Wird es *geplagt* von allen Mädchen? 13. Wie eine *Schlange*! 14. Es hörte die *flinken* Schritte auf der Treppe. 15. Im *Gang*. 16. Das Gesicht war grün mit grünblauen *Sprenkeln*. 17. Die Mutter *machte* die Höhensonne *aus*. 18. Sie *machte* das gelbe weiche Deckenlicht *an*.

II. *Diskussionsfragen*
1. Was soll Ihrer Meinung nach „grün" in der Erzählung bedeuten? 2. Was hat „grün" mit „schön" aber auch mit „unheimlich" zu tun? 3. In welcher Beziehung ist das Kind ein Außenseiter? 4. Was hat in den letzten Zeilen „das gelbe weiche Deckenlicht" mit „blaß" zu tun? 5. Könnte man von Gesellschaftskritik in der Geschichte „Grün ist schöner" sprechen?

III. *Beantworten Sie folgende Fragen!*
1. Wo ist Gabriele Wohmann geboren? 2. Wo und was studierte sie? 3. Was machte sie, bevor ihr erstes Buch herauskam? 4. Unter welchem Namen erscheinen ihre Bücher? 5. Worunter leiden die Menschen in Gabriele Wohmanns Erzählungen? 6. Was für eine Rolle spielen Frauen bei ihr? 7. Was für eine Rolle spielen Kinder bei ihr? 8. Was sind die Hauptthemen in ihren Werken? 9. Was hat sie über die Ehe zu sagen? 10. Wo lebt sie jetzt?

IV. KONJUNKTIV DER NICHT-WIRKLICHKEIT. *Ändern Sie die Sätze!*

Beispiele:

Ich bin ein grüner Mensch.   *Wenn ich ein grüner Mensch wäre . . .*
                                  Wäre ich ein grüner Mensch . . .

Es hat grüne Haut.   *Wenn es grüne Haut hätte . . .*
                                  Hätte es grüne Haut . . .

Ich komme unter Leute.	*Wenn ich unter Leute käme...*
	Käme ich unter Leute...
Es trägt lange Hosen.	*Wenn es lange Hosen trüge...*
	Trüge es lange Hosen...
Das Kind lächelt.	*Wenn das Kind lächelte...*
	Lächelte das Kind...
Es kann in den Spiegel sehen.	*Wenn es in den Spiegel sehen könnte...*
	Könnte es in den Spiegel sehen...

1. Es ist ein grüner Mensch. 2. Ich habe grüne Haut. 3. Es kommt später unter Leute. 4. Ich trage lange Hosen. 5. Es verdeckt so viel wie möglich. 6. Es muß so viel wie möglich verdecken. 7. Sie haben Ekzem. 8. Er hat Handschuhe an. 9. Wir sind im Wasser. 10. Sie sind alle im Wasser. 11. Ich sehe es. 12. Er kann es sehen. 13. Sie müssen es sehen. 14. Alles andere ist normal. 15. Man zeigt es. 16. Man muß es zeigen. 17. Er sieht wie ein Frosch aus. 18. Alle wollen gehen. 19. Die Mutter ruft jetzt. 20. Das Kind hört die Schritte.

V. KONJUNKTIV DER NICHT-WIRKLICHKEIT. *Ändern Sie alle Sätze in Übung IV!*

Beispiele:

Ich bin ein grüner Mensch.	*Wenn ich ein grüner Mensch gewesen wäre...*
	Wäre ich ein grüner Mensch gewesen...
Es hat grüne Haut.	*Wenn es grüne Haut gehabt hätte...*
	Hätte es grüne Haut gehabt...
Er kann es sehen.	*Wenn er es hätte sehen können...*
	Hätte er es sehen können...

VI. KONJUNKTIV DER NICHT-WIRKLICHKEIT. *Ändern Sie die Sätze!*

Beispiele:

Die Leute fürchten sich.	*Die Leute würden sich fürchten.*
	Die Leute würden sich gefürchtet haben.
Er geht baden.	*Er würde baden gehen.*
	Er würde baden gegangen sein.

1. Sie fürchtet sich.   2. Die Leute sind neugierig.   3. Ich finde einen Namen dafür.   4. Ich muß einen Namen finden.   5. Das Kind lächelt.   6. Es gefiel ihm.   7. Ich bin schon im Wasser.   8. Die Menschen schwitzen.   9. Jeder sieht es.   10. Der Bart wird auch grün.   11. Der Schal verdeckt den Nacken.   12. Alles andere ist normal.   13. Ich sage es immer wieder.   14. Man zeigt ja nichts.   15. Später weiß es keiner mehr.

VII. *Kompositionsthemen*
1. Fühlen Sie sich oft, manchmal oder nie als Außenseiter? Erklären Sie!   2. Würden Sie sagen, daß Sie eine normale oder eine wilde Phantasie haben? Erklären Sie!

11 | Das Märchen vom Glück

Erich Kästner

Glück! Glück! Wer will,
sagen, was du bist und wo du bist.

—Theodor Fontane (1819–1898)

Siebzig war er *gut und gern*, der alte Mann, der mir in der *verräucherten Kneipe* gegenüber saß. Sein *Schopf* sah aus, als habe es darauf geschneit, und die Augen *blitzten* wie eine Eisbahn. „Oh, sind die Menschen dumm",
5 sagte er und schüttelte den Kopf, daß ich dachte, gleich müßten Schneeflocken aus seinem Haar *aufwirbeln*. „Das Glück ist ja schließlich keine *Dauerwurst*, von der man sich täglich eine *Scheibe* herunterschneiden kann!" „*Stimmt*", meinte ich, „das Glück hat *ganz und gar* nichts
10 Geräuchertes an sich. „*Obwohl* . . ." „Obwohl?" „Obwohl gerade Sie aussehen, als hinge bei Ihnen zu Hause der Schinken des Glücks im Rauchfang." „Ich bin eine *Ausnahme*. Ich bin nämlich der Mann, der einen Wunsch frei hat."

15 Er blickte mir *prüfend* ins Gesicht, und dann erzählte er seine Geschichte. „Das ist *lange her*", begann er und stützte den Kopf in beide Hände, „sehr lange. Vierzig Jahre. Ich war noch jung und *litt* am Leben wie an einer geschwollenen Backe. Da setzte sich, als ich eines Mit-
20 tags *verbittert* auf einer grünen Parkbank *hockte*, ein alter Mann neben mich und sagte *beiläufig*: ,Also gut. Wir haben es *uns überlegt*. Du hast drei Wünsche frei.' Ich starrte in meine Zeitung und tat, als hätte ich nichts gehört. ,Wünsche dir, was du willst', *fuhr er fort*, ,die
25 schönste Frau oder das meiste Geld oder den größten *Schnurrbart*—das ist deine Sache. Aber werde endlich glücklich! Deine Unzufriedenheit geht uns auf die Nerven.' Er sah aus wie der *Weihnachtsmann* in Zivil. Weißer Vollbart, rote Apfelbäckchen, Augenbrauen wie aus
30 *Christbaumwatte*. Gar nichts Verrücktes. Vielleicht ein bißchen zu *gutmütig*. Nachdem ich ihn *eingehend betrachtet* hatte, starrte ich wieder in meine Zeitung. ,Obwohl *es uns nichts angeht*, was du mit deinen drei Wünschen machst', sagte er, ,wäre es natürlich kein Fehler, wenn
35 du dir die *Angelegenheit* vorher genau überlegtest. Denn drei Wünsche sind nicht vier Wünsche oder fünf, sondern drei. Und wenn du *hinterher* noch immer *neidisch* und

---

Marginal glosses:

- vielleicht mehr als
- voll Rauch / die Trink-stube / das Kopfhaar glänzen
- hochgehen
- (harte) geräucherte Wurst
- das Stück
- richtig / überhaupt
- obgleich
- ein exzeptioneller Fall
- fragend
- vor vielen Jahren
- Schmerzen haben
- bitter und unzufrieden / (lange) sitzen nebenbei
- durchdenken
- weitersprechen
- der Bart an der Oberlippe
- Nikolaus
- weiße Weihnachsbaum-De-koration
- einfach und freundlich / genau / sich ansehen
- nicht unsere Sache ist
- die Sache
- nachher / etwas anderes lieber hättest

108

unglücklich *wärst*, könnten wir dir und uns nicht mehr
helfen.' Ich weiß nicht, ob Sie sich in meine *Lage* versetzen können. Ich saß auf einer Bank und *haderte* mit
Gott und Welt. In der Ferne klingelten die Straßenbah-
5 nen. Die Wachtparade zog irgendwo mit *Pauken* und
Trompeten zum *Schloß*. Und neben mir saß nun dieser
alte *Quatschkopf*!"

    ,,Sie wurden *wütend*?"

    ,,Ich wurde wütend. Mir *war zumute* wie einem
10 Kessel kurz vorm *Zerplatzen*. Und als er sein weißwat-
tiertes Großvatermündchen *von neuem aufmachen* wollte,
stieß ich zornzitternd *hervor*: ,Damit Sie alter Esel mich
nicht länger *duzen*, nehme ich mir die Freiheit, meinen
ersten und *innigsten* Wunsch auszusprechen—*scheren* Sie
15 *sich* zum Teufel!' Das war nicht fein und *höflich*, aber ich
konnte einfach nicht anders. Es hätte mich sonst *zerris-
sen*."

    ,,Und?"

    ,,Was ,Und'?"

20   ,,War er weg?"

    ,,Ach so!—Natürlich war er weg! *Wie fortgeweht*. In
der gleichen Sekunde. In nichts *aufgelöst*. Ich *guckte* sogar
unter die Bank. Aber dort war er auch nicht. Mir wurde
ganz *übel* vor *lauter Schreck*. Die Sache mit den Wünschen
25 schien zu stimmen! Und der erste Wunsch hatte sich
bereits erfüllt! Du meine Güte! Und wenn er sich erfüllt
hatte, dann war der gute, liebe, *brave* Großpapa, wer er
nun auch sein mochte, nicht nur von meiner Bank
verschwunden, nein, dann war er beim Teufel! Dann
30 war er in der Hölle! ,Sei nicht *albern*', sagte ich zu mir
selber. ,Die Hölle gibt es ja gar nicht, und den Teufel
auch nicht.' Aber die drei Wünsche, gab's denn die? Und
trotzdem war der alte Mann, kaum hatte ich's gewünscht,
verschwunden . . . Mir wurde heiß und kalt. Mir *schlotter-
35 ten* die Knie. Was sollte ich machen? Der alte Mann
mußte *wieder her*, ob's nun eine Hölle gab oder nicht. Das
war ich ihm schuldig. Ich mußte meinen zweiten Wunsch

die Situation
den Frieden brechen

(Musik-) Schlaginstrument
der Palast
Unsinn redender Mensch
wild und zornig
fühlen
bersten, zerbrechen
wieder / öffnen
schreien
,,du" sagen
warm / gehen
freundlich und galant
kaputt machen

weg wie der Wind
in Luft zerfließen / sehen

krank / pur / die Angst

schon

nett

dumm

aber
zittern, flattern

wiederkommen
mußte ich für ihn tun

109

dransetzen, den zweiten von dreien, o ich *Ochse*! Oder sollte ich ihn lassen, wo er war? Mit seinen hübschen, roten Apfelbäckchen? ‚Bratapfelbäckchen‘, dachte ich *schaudernd*. Mir *blieb keine Wahl*. Ich schloß die Augen und
5 flüsterte ängstlich: ‚Ich wünsche mir, daß der alte Mann wieder neben mir sitzt!‘ Wissen Sie, ich habe mir jahrelang, bis in den Traum hinein, die bittersten *Vorwürfe gemacht*, daß ich den zweiten Wunsch auf diese Weise *verschleudert* habe, doch ich sah damals keinen Ausweg.
10 Es gab ja auch keinen . . .‘‘

    ,,Und?‘‘

    ,,Was ‚Und‘!‘‘

    ,,War er wieder da?‘‘

    ,,Ach so!—Natürlich war er wieder da! In der *näm-*
15 *lichen* Sekunde. Er saß wieder neben mir, als wäre er nie fortgewünscht gewesen. Das heißt, man sah's ihm schon an, daß er . . . daß er irgendwo gewesen war, wo es *verteufelt*, ich meine, wo es sehr heiß sein mußte. O ja. Die buschigen, weißen Augenbrauen waren ein bißchen
20 verbrannt. Und der schöne Vollbart hatte auch etwas gelitten. Besonders an den *Rändern*. Außerdem roch's wie nach *versengter* Gans. Er blickte mich *vorwurfsvoll* an. Dann zog er ein Bartbürstchen aus der Brusttasche, *putzte* sich Bart und Brauen und sagte *gekränkt*: ‚Hören
25 Sie, junger Mann—fein war das nicht von Ihnen!‘ Ich stotterte ein Entschuldigung. Wie leid es mir täte. Ich hätte doch nicht an die drei Wünsche geglaubt. Und außerdem hätte ich *immerhin* versucht, den *Schaden wiedergutzumachen*. ‚Das ist richtig‘, meinte er. ‚Es wurde aber
30 auch die höchste Zeit.‘ Dann lächelte er. Er lächelte so freundlich, daß mir fast die Tränen kamen. ‚Nun haben Sie nur noch einen Wunsch frei‘, sagte er, ‚den dritten. Mit ihm *gehen* Sie hoffentlich ein bißchen *vorsichtiger um*. Versprechen Sie mir das?‘ Ich nickte und *schluckte*. ‚Ja‘,
35 antwortete ich dann, ‚aber nur, wenn Sie mich wieder duzen.‘ Da mußte ich lachen. ‚Gut, mein Junge‘, sagte er und gab mir die Hand. ‚*Leb wohl*. Sei nicht allzu

weggeben / der Dummkopf

zittern / nicht frei sein

sagen, daß man Schuld hat
wegwerfen

dieselbe

diabolisch

die Peripherie
anbrennen / kritisch und
    unzufrieden
sauber machen / beleidigt

aber / Kompensation
    machen

machen / diskret und di-
    plomatisch
im Mund herunterbringen

auf Wiedersehen

unglücklich. Und *gib* auf deinen letzten Wunsch *acht*.' ganz Aug' und Ohr sein
,Ich verspreche es Ihnen', *erwiderte* ich *feierlich*. Doch er antworten / sehr ernst
war schon weg. Wie fortgeblasen."

,,Und?"

5 ,,Was ,Und'?"

,,Seitdem sind Sie glücklich?"

,,Ach so.—Glücklich?" Mein Nachbar stand auf,
nahm Hut und Mantel vom Garderobenhaken, sah mich
mit seinen *blitzblanken* Augen an und sagte: ,,Den letzen glänzend
10 Wunsch habe ich vierzig Jahre lang nicht *angerührt*. Hand anlegen
Manchmal *war* ich *nahe daran*. Aber nein. Wünsche sind etwas beinahe tun
nur gut, solange man sie noch vor sich hat. Leben Sie
wohl." Ich sah vom Fenster aus, wie er über die Straße
ging. Die Schneeflocken umtanzten ihn. Und er hatte
15 ganz vergessen, mir zu sagen, ob wenigstens er glücklich
sei. Oder hatte er mir *absichtlich* nicht geantwortet? Das sich zum Prinzip machen
ist natürlich auch möglich.

Erich Kästner

Der Schriftsteller, Kritiker und Verfasser satirischer Gedichte Erich Kästner wurde 1899 in Dresden geboren. Die Kunst- und Theaterstadt Dresden liegt in dem Teil Deutschlands, die heute die Deutsche Demokratische Republik heißt.

Die Eltern Kästners arbeiteten beide schwer. Obwohl er viel vom Kampf um das tägliche Brot hörte, war seine Kindheit keineswegs unglücklich. Unglücklich wurde er aber während des Ersten Weltkrieges, als er sein Studium unterbrechen und zum Militär mußte:

Dann gab es Weltkrieg, statt der großen Ferien.
Ich trieb es mit der Fußartillerie.
Dem Globus lief das Blut aus den Arterien.
Ich lebte weiter. Fragen Sie nicht, wie.

Über die Sinnlosigkeit des Militärdienstes und des Soldatenlebens schrieb Erich Kästner Satiren in den verschiedensten Formen.

Nach Ende des Krieges studierte Kästner Philosophie und deutsche Literatur. Er las gerne die Literatur des achtzehnten Jahrhunderts, besonders die Aphorismen Lichtenbergs.

Kästner schrieb kulturpolitische Artikel, humoristische Prosabücher und satirische Gedichte. Von seinen Versen hoffte er, daß sie „Gebrauchslyrik" seien, wie die Gedichte mancher anderer Lyriker der Zeit. „Ihre Verse kann das Publikum lesen und hören, ohne einzuschlafen." Auch Bertolt Brecht sprach damals von „Gebrauchslyrik". Von Kästners humoristischen Jugendbüchern ist „Emil und die Detektive" das erfolgreichste; es wurde verfilmt, dramatisiert und in etwa zwanzig Sprachen übersetzt.

Am 27. Februar 1933 brannte der Reichstag in Berlin. Am 1. März traf Kästner seinen Freund, den Schriftsteller Hermann Kesten. „Heute abend fahren wir", sagte Kesten und meinte, daß er Deutschland verlassen würde. „Müssen wir denn nicht bleiben? Wir können doch nicht alle auf und davon!" sagte Kästner. Während der Zeit Hitlers lebte Kästner in Deutschland, aber seine Bücher kamen im Ausland heraus. Nach Ende des Zweiten Weltkrieges erschienen sie wieder in Deutschland.

Welchen Zweck verfolgt Kästner mit seinen Satiren? Er versuchte, seine Landsleute durch Ironie und Kritik vor politischen Verirrungen zu warnen. „Satiriker können nicht schweigen", schrieb Kästner. Sie glauben, „daß die Menschen vielleicht doch ein wenig, ein ganz klein wenig besser werden können, wenn man sie oft genug beschimpft, bittet, beleidigt und auslacht. Satiriker sind Idealisten."

Erich Kästner starb 1974 in München.

ÜBUNGEN

SINNVERWANDTE WÖRTER UND AUSDRÜCKE

antworten	erwidern
auf Wiedersehen	leb wohl
dieselbe	die nämliche
der Dummkopf	der Ochse
fragend	prüfend
genau	eingehend
glänzen	blitzen

nebenbei	beiläufig
die Sache	die Angelegenheit
sauber machen	putzen
schon	bereits
sehen	gucken
die Situation	die Lage
die Trinkstube	die Kneipe
übel	krank

I. *Drücken Sie das, was die schräggedruckten Wörter, Ausdrücke und Sätze besagen, etwas anders aus!*
1. Seine Augen *glänzten.* 2. Sie saßen in einer verräucherten *Trinkstube.* 3. Er sah mich *fragend* an. 4. *Nebenbei* sagte er: „Also gut.“ 5. Ich betrachtete ihn sehr *genau.* 6. Man muß sich *die Sache* vorher genau überlegen. 7. Können Sie sich in meine *Situation* versetzen? 8. Ich *sah* unter die Bank. 9. Mir wurde ganz *übel.* 10. Der erste Wunsch hatte sich *schon* erfüllt. 11. O ich *Dummkopf!* 12. Er war in *derselben* Minute wieder da. 13. Er *machte* sich Bart und Brauen *sauber.* 14. *Auf Wiedersehen!* 15. „Ich verspreche es Ihnen“, *antwortete* ich feierlich.

II. *Diskussionsfragen*
1. Was erfahren wir schon am Anfang der Geschichte über das Glück? 2. Was dürfte der „Weihnachtsmann in Zivil“ darstellen? 3. Welchen Zweck verfolgt der Autor, wenn er den Mann zwei Wünsche „verschleudern“ läßt? 4. War der Mann nun glücklich oder nicht?

III. WORTFOLGE. *Es stimmt, daß . . . Es stimmt nicht, daß . . .*
1. Erich Kästner ist in der Deutschen Demokratischen Republik geboren. 2. Er war sehr gerne Soldat. 3. Die Aphorismen Lichtenbergs las er besonders gerne. 4. Kästner verfaßte satirische Gedichte und humoristische Prosabücher. 5. Sein erfolgreichstes Jugendbuch ist „Emil und die Detektive“. 6. Es gibt keine Übersetzungen seiner Werke. 7. In der Zeit des Nationalsozialismus kamen seine Werke im Ausland heraus. 8. Seit 1945 erschienen sie wieder in Deutschland. 9. Mißerfolge bringen Satiriker zum Schweigen. 10. Nach Kästner sind Satiriker eigentlich Idealisten.

IV. ADJEKTIVDEKLINATION OHNE DER-WÖRTER

	Maskulinum	*Femininum*	*Neutrum*
Nominativ	alter Mann	schöne Frau	weißes Haar
Genitiv	alten Mann(e)s	schöner Frau	weißen Haar(e)s
Dativ	altem Mann(e)	schöner Frau	weißem Haar(e)
Akkusativ	alten Mann	schöne Frau	weißes Haar

Plural

glückliche Menschen
glücklicher Menschen
glücklichen Menschen
glückliche Menschen

1. Es war ein alt— Mann. 2. Es war kein jung— Mann. 3. Ich war aber noch ein jung— Mensch. 4. Er hatte weiß— Haar. 5. Ich hatte noch nicht weiß— Haar. 6. Es gibt unglücklich— Menschen. 7. Es gibt auch glücklich— Menschen. 8. Ein alt— Mann setzte sich neben ihn. 9. Manche Männer wünschen sich schön— Frauen und Geld. 10. Er ist ein unzufrieden— Mensch. 11. Der alte Mann scheint ein zufrieden— Mensch zu sein. 12. Er scheint auch ein gutmütig— Mensch zu sein. 13. Es wäre kein groß— Fehler. 14. Ist er ein alt— Esel? 15. Was war sein erst— Wunsch? 16. Mir wurde ganz übel vor laut— Schreck. 17. War der Alte ein gut—, lieb—, brav— Großpapa? 18. Was war sein zweit— Wunsch? 19. Er machte sich bitter— Vorwürfe. 20. Der Mann hatte buschig—, weiß— Augenbrauen. 21. Es roch nach versengt— Gans. 22. Er zog ein klein— Bartbürstchen aus der Brusttasche. 23. Hören Sie, jung— Mann! 24. Sind Sie ein glücklich— Mensch? 25. Der Alte sah ihn mit blitzblank— Augen an. 26. Mein alt— Nachbar stand auf. 27. Waren es kindisch— Wünsche? 28. Haben Sie heiß— Wünsche? 29. Groß— Schneeflocken umtanzten ihn. 30. Er hatte den letzten Wunsch aus gut— Gründen nicht angerührt.

V. *Setzen Sie Da-Komposita!*

Beispiel: Er saß auf der Bank.
  Er saß darauf.

1. Er saß auf der Bank.   2. Der Alte saß auch auf der Bank.
3. Niemand stand neben der Bank.   4. Er wartet auf die Antwort.   5.
Sie sprechen von dem Glück.   6. Was sagen sie zu dem Thema?   7.
Kurz vor dem Ende!   8. Sie sprechen aber weiter über die Wünsche.
9. Was hat er gegen das Wünschen?   10. Ich bin für das Wünschen.
11. Ich guckte unter die Bank.   12. Vielleicht setzt sich der Mann
wieder auf die Bank.   13. Ich kann nichts in der Sache finden.   14.
Ich denke nicht an die Sache.   15. Er denkt wenig an die Sache.   16.
Es ist nichts in der Tasche.   17. Er hat an der Hitze gelitten.   18. Er
zog etwas aus der Brusttasche.   19. Der junge Mann hatte nicht an
die drei Wünsche geglaubt.   20. Gib auf deinen letzten Wunsch acht!

VI. *Kompositionsthemen*
1. Was hätten Sie sich an der Stelle des Mannes gewünscht, der drei
Wünsche frei hatte?   2. Was bringt Ihrer Meinung nach Glück: die
Arbeit, der Erfolg, die Liebe oder Macht?

12 | Die Nacht im Hotel

Siegfried Lenz

Es ist unendlich schöner,
sich zehnmal betrügen zu lassen,
als einmal den Glauben an die
Menschheit zu verlieren.

—Heinrich Zschokke (1771–1848)

Der Nacht*portier* strich mit seinen abgebissenen *Fingerkuppen* über seine *Kladde,* hob *bedauernd* die Schultern und drehte seinen Körper zur linken Seite, wobei *sich* der Stoff seiner Uniform gefährlich unter dem Arm
5 *spannte.*

„Das ist die einzige Möglichkeit", sagte er. „Zu so später Stunde werden Sie *nirgendwo* ein Einzelzimmer bekommen. Es *steht* Ihnen natürlich *frei,* in anderen Hotels nachzufragen. Aber ich kann Ihnen schon jetzt
10 sagen, daß wir, wenn Sie *ergebnislos* zurückkommen, nicht mehr in der *Lage* sein werden, Ihnen zu dienen. Denn das freie Bett in dem Doppelzimmer, das Sie—ich weiß nicht aus welchen Gründen—nicht nehmen wollen, wird dann auch einen *Müden* gefunden haben."
15 „Gut", sagte Schwamm, „ich werde das Bett nehmen. Nur, wie Sie vielleicht verstehen werden, möchte ich wissen, mit wem ich das Zimmer zu teilen habe; nicht *aus Vorsicht,* gewiß nicht, denn ich habe nichts zu *fürchten.* Ist mein Partner—Leute, mit denen man eine
20 Nacht verbringt, könnte man doch fast Partner nennen— schon da?

„Ja, er ist da und schläft."

„Er schläft", *wiederholte* Schwamm, ließ sich die *Anmeldeformulare* geben, füllte sie aus und reichte sie dem
25 Nachtportier zurück; dann ging er hinauf.

Unwillkürlich verlangsamte Schwamm, als er die Zimmertür mit der ihm genannten Zahl *erblickte, seine Schritte,* hielt den Atem an, in der Hoffnung, Geräusche, die der Fremde *verursachen* könnte, zu hören, und beugte sich
30 dann zum Schlüsselloch hinab. Das Zimmer war dunkel. In diesem Augenblick hörte er jemanden diese Treppe heraufkommen, und jetzt mußte er *handeln.* Er konnte *fort*gehen, *selbstverständlich,* und so tun, als ob er sich im Korridor geirrt habe. Eine andere Möglichkeit *bestand*
35 *darin,* das Zimmer zu betreten, in welches er *rechtmäßig eingewiesen* worden war und in dessen einem Bett ein Mann *bereits* schlief.

der Hausmeister des Hotels

der Fingernagel / das Notizbuch / unglücklich

sich dehnen, breiter werden

nirgends

können

ohne Resultat

die Situation

ein müder Mensch

weil es gefährlich ist

Angst haben vor

wieder sagen

das Formular zum Registrieren

spontan / langsamer gehen

sehen

hervorrufen

etwas tun

weg / natürlich

gab es

legal

registrieren

schon

118

Schwamm drückte die *Klinke* herab. Er schloß die Tür wieder und *tastete* mit flacher Hand nach dem Lichtschalter. Da *hielt* er *plötzlich inne*: neben ihm—und er *schloß* sofort, daß da die Betten stehen müßten—sagte
5 jemand mit dunkler, aber auch energischer Stimme:

"Halt! Bitte machen Sie kein Licht. Sie würden mir *einen Gefallen tun*, wenn Sie das Zimmer dunkel ließen."

"Haben Sie auf mich gewartet?" fragte Schwamm *erschrocken*; doch er *erhielt* keine Antwort. Statt dessen
10 sagte der Fremde:

"*Stolpern* Sie nicht über meine *Krücken*, und seien Sie vorsichtig, daß Sie nicht über meinen Koffer fallen, der *ungefähr* in der Mitte des Zimmers steht. Ich werde Sie sicher zu Ihrem Bett *dirigieren*: Gehen Sie drei Schritte
15 an der Wand entlang, und dann wenden Sie sich nach links, und wenn Sie *wiederum* drei Schritte getan haben, werden Sie den Bettpfosten *berühren* können."

Schwamm *gehorchte*: er erreichte sein Bett, *entkleidete sich* und schlüpfte unter die Decke. Er hörte die Atemzüge
20 des anderen und *spürte*, daß er *vorerst* nicht würde einschlafen können.

"Übrigens", sagte er *zögernd* nach einer Weile, "mein Name ist Schwamm."

"So", sagte der andere.
25 "Ja."

"Sind Sie zu einem Kongreß hierhergekommen?"

"Nein. Und Sie?"

"Nein."

"Geschäftlich?"
30 "Nein, das kann man nicht sagen."

"Wahrscheinlich habe ich den *merkwürdigsten* Grund, den je ein Mensch hatte, um in die Stadt zu fahren", sagte Schwamm. Auf dem Bahnhof *rangierte* ein Zug. Die Erde zitterte, und die Betten, in denen die Männer lagen,
35 vibrierten.

"Wollen Sie in der Stadt Selbstmord begehen?" fragte der andere.

Marginal glosses:

- die Türklinke
- befingern
- aufhören / auf einmal
- denken, deduzieren
- etwas Gutes tun
- ängstlich / bekommen
- fallen / der Stock (für einen Krüppel)
- etwa
- den Weg erklären
- wieder
- mit der Hand anlegen
- tun, was ein Mensch sagt / sich ausziehen
- fühlen / in den nächsten paar Minuten
- langsam
- kurios
- von einer Fahrbahn zur anderen fahren

„Nein", sagte Schwamm, „sehe ich so aus?"

„Ich weiß nicht, wie Sie aussehen," sagte der andere, „es ist dunkel."

Schwamm erklärte mit *banger Fröhlichkeit* in der
5 Stimme: „Gott bewahre, nein. Ich habe einen Sohn,
Herr ... (der andere nannte nicht seinen Namen), einen
kleinen *Lausejungen,* und seinetwegen bin ich hierhergefahren."

„Ist er im *Krankenhaus?*"
10 „*Wieso* denn? Er ist gesund, ein wenig *bleich* zwar,
das mag sein, aber sonst sehr gesund. Ich wollte Ihnen
sagen, warum ich hier bin, hier bei Ihnen, in diesem
Zimmer. Wie ich schon sagte, hängt das mit meinem
Jungen zusammen. Er ist *äußerst sensibel, mimosenhaft,* er
15 *reagiert* bereits, wenn ein Schatten auf ihn fällt.

„Also ist er doch im Krankenhaus."

„Nein", rief Schwamm, „ich sagte schon, daß er
gesund ist *in jeder Hinsicht.* Aber er ist *gefährdet,* dieser
kleine *Bengel* hat eine Glasseele, und darum ist er *be-*
20 *droht.*"

„Warum begeht er nicht Selbstmord?" fragte der
andere.

„Aber hören Sie, ein Kind wie er, *ungereift,* in solch
einem Alter! Aber warum sagen Sie das? Nein, mein
25 Junge ist aus folgendem Grunde gefährdet: Jeden Morgen, wenn er zur Schule geht—er geht übrigens immer
allein dorthin—jeden Morgen muß er vor einer *Schranke*
stehenbleiben und warten, bis der Frühzug vorbei ist. Er
steht dann da, *der kleine Kerl,* und *winkt,* winkt *heftig* und
30 freundlich und *verzweifelt.*"

„Ja und?"

„Dann", sagte Schwamm, „dann geht er in die
Schule, und wenn er nach Hause kommt, ist er *verstört*
und *benommen,* und manchmal *heult* er auch. Er *ist* nicht
35 *imstande,* seine Schularbeiten zu machen, er mag nicht
spielen und nicht sprechen: das geht nun schon seit Mo-

naten so, jeden *lieben Tag*. Der Junge *geht* mir *kaputt* dabei!"

    „Was *veranlaßt* ihn denn zu solchem *Verhalten*?"

    „Sehen Sie", sagte Schwamm, „das ist *merkwürdig*:
5 Der Junge winkt und—wie er traurig sieht—es winkt ihm keiner der Reisenden zurück, und das nimmt er sich so zu Herzen, daß wir—meine Frau und ich—die größten *Befürchtungen* haben. Er winkt, und keiner winkt zurück; man kann die Reisenden natürlich nicht dazu *zwingen*,
10 und es wäre absurd und lächerlich, eine *diesbezügliche Vorschrift* zu erlassen, aber . . ."

    „Und Sie, Herr Schwamm, wollen nun das Elend Ihres Jungen *aufsaugen*, indem Sie morgen den Frühzug nehmen, um dem Kleinen zu winken?"

15   „Ja", sagte Schwamm, „ja."

    „*Mich*", sagte der Fremde, „*gehen* Kinder *nichts an*. Ich hasse sie und *weiche* ihnen *aus*, denn ihretwegen habe ich—wenn man's genau nimmt—meine Frau verloren. Sie starb bei der ersten Geburt."

20   „Das tut mir leid", sagte Schwamm und *stützte sich auf*. Eine angenehme Wärme floß durch seinen Körper; er spürte, daß er jetzt würde einschlafen können.

    Der andere fragte: „Sie fahren nach Kurzbach, nicht wahr?"

25   „Ja."

    „Und Ihnen kommen keine *Bedenken* bei Ihrem *Vorhaben*? Offener gesagt: Sie schämen sich nicht, Ihren Jungen zu *betrügen*? Denn, was Sie vorhaben, Sie müssen es *zugeben*, ist doch ein *glatter Betrug*, eine *Hintergehung*."

30   Schwamm sagte aufgebracht: „Was *erlauben* Sie *sich*, ich bitte Sie, wie kommen Sie dazu!" Er ließ sich fallen, zog die Decke über den Kopf, lag eine Weile *überlegend* da und schlief dann ein.

    Als er am nächsten Morgen erwachte, *stellte* er *fest*,
35 daß er allein im Zimmer war. Er blickte auf die Uhr und erschrak: bis zum Frühzug blieben ihm noch fünf Minu-

---

Marginal glosses:

den ganzen Tag hindurch / ein Fiasko haben

dazu bringen / das Benehmen, die Taktik

kurios

das böse Gefühl

eine Pistole auf die Brust setzen
relevant

das Edikt

absorbieren (ein Schwamm absorbiert Wasser)

interessieren mich nicht

nichts zu tun haben mit

aufsitzen

der innere Konflikt

der Plan

anlügen

ja sagen / ganz einfach / der Schwindel, / das Doppelspiel
die Freiheit nehmen

denkend

sehen

ten, es war *ausgeschlossen,* daß er ihn noch *erreichte.*

Am Nachmittag—er *konnte es sich* nicht *leisten,* noch eine Nacht in der Stadt zu bleiben—kam er *niedergeschlagen* zu Hause an.

5   Sein Junge öffnete ihm die Tür, glücklich, *außer sich* vor Freude. Er warf sich ihm entgegen und hämmerte mit den *Fäusten* gegen seinen *Schenkel* und rief:

„Einer hat gewinkt, einer hat ganz lange gewinkt.“

„Mit einer Krücke?“ fragte Schwamm.

10   „Ja, mit einem Stock. Und zuletzt hat er sein Taschentuch an den Stock gebunden und es so lange aus dem Fenster gehalten, bis ich es nicht mehr sehen konnte.“

nicht möglich / zur Zeit kommen

das Geld haben

melancholisch

ekstatisch

die geballte Hand / der Teil des Beins vom Knie zur Hüfte

122

Siegfried Lenz

Siegfried Lenz ist 1926 in dem nordöstlichsten Teil des damaligen Deutschland geboren. Es hieß Ostpreußen und war durch den Polnischen Korridor vom übrigen Reichsgebiet getrennt. Seit Ende des Zweiten Weltkriegs gehört es zur Sowjetunion.

Gegen Ende des Krieges mußte Lenz als Neunzehnjähriger noch die Uniform des Dritten Reiches anziehen. Als er nach Dänemark kam, ging er „in einer Nacht in die Wälder" und versteckte sich, wie es in seiner kleinen autobiographischen Skizze, „Ich zum Beispiel", heißt. Später ging er nach Hamburg und begann, Essays, Kurzgeschichten, Novellen und Romane zu schreiben. Die ostpreußische Heimat ist der Hintergrund mancher Erzählung, die er als junger Mann schrieb.

Siegfried Lenz hat viel gelesen und manches über den Einfluß des Gelesenen geschrieben. Einmal wurde er gefragt: welche drei Romane der Weltliteratur würde er mitnehmen, wenn man ihn auf eine einsame Insel schickt. Er antwortete: Cervantes' „Don Quijote", Thomas Manns „Der Zauberberg" und James Joyce's „Ulysses".

Im Lauf eines Interviews stellte ein deutscher Kritiker ihm die Frage: „Welcher deutsche Schriftsteller hat auf Ihre literarische Entwicklung Einfluß ausgeübt?" Lenz meinte: „Was man in der Kurzgeschichte machen kann, darüber habe ich manches von Borchert und Böll gelernt.‟

Im Grunde waren es ausländische Schriftsteller, unter deren Einfluß er begann, Erzählungen und Romane zu schreiben: in erster Linie Dostojewskij, Faulkner und Hemingway. Vor allem war es Hemingway, den er als junger Mensch—also zur Zeit, als er „Die Nacht im Hotel‟ schrieb, bewunderte. „Ein Schriftsteller hat das Recht, andere Schriftsteller zu bewundern‟, schrieb er in „Mein Vorbild Hemingway: Modell oder Provokation‟. In dieser Bewunderung liegt aber schon der Beginn einer Rivalität, meinte Lenz, und schließlich zeigt der Schüler dem Meister die kalte Schulter.

Lenz ist kein zorniger junger Mann. Er ist aber gegen die l'art pour l'art-Literatur, so wie er gegen die radikale Position derer ist, für die die Literatur revolutionäre sozialkritische Funktion hat. Er ist keineswegs ein unkritischer Mensch—siehe seinen meistgelesenen Roman, die Deutschlandkritik „Deutschstunde‟—aber man könnte sagen: seine Werke dienen zur moralischen Orientierung des Menschen. Die Hauptmotive bei Lenz sind Fall und das Fallen, Flüchten, Verfolgung, Gleichgültigkeit (also Indifferenz) und Apathie. Er ist einer der bedeutendsten Schriftsteller der Bundesrepublik Deutschland geworden.

ÜBUNGEN

SINNVERWANDTE WÖRTER UND AUSDRÜCKE

der Betrug	der Schwindel
bleich	blaß
das Hospital	das Krankenhaus
imstande sein	können
kurios	merkwürdig
langsamer gehen	die Schritte verlangsamen
es sich leisten können	das Geld haben
nirgendwo	nirgends
plötzlich	auf einmal
schon	bereits

sehen	erblicken
selbstverständlich	natürlich
ungefähr	etwa
das Vorhaben	der Plan
wieso	warum

I. *Drücken Sie das, was die schräggedruckten Wörter, Ausdrücke und Sätze besagen, etwas anders aus!*

1. Sie bekommen *nirgendwo* ein Zimmer. 2. Warum *ging* er plötzlich *langsamer?* 3. An der Zimmertür *sah* er die ihm genannte Zahl. 4. Wir können *selbstverständlich* machen, was wir wollen. 5. *Plötzlich* hörte er eine Stimme. 6. Es war *schon* jemand im Zimmer. 7. Es dauert *ungefähr* eine Stunde. 8. Ich finde das *kurios.* 9. Ist der Junge im *Hospital?* 10. Er sieht ein wenig *bleich* aus. 11. *Wieso?* 12. Er *ist nicht imstande,* seine Schularbeiten zu machen. 13. Das ist doch *Betrug.* 14. *Können* Sie *es sich* nicht *leisten?* 15. Der Fremde war gegen *das Vorhaben* des Vaters.

II. WORTFOLGE. *Es stimmt, daß. . . . Es stimmt nicht, daß. . . .*

1. Lenz ist im nordöstlichsten Teil des heutigen Deutschland geboren. 2. Ostpreußen ist heute ein Teil der Sowjetunion. 3. Er wurde gegen Ende des Weltkrieges Soldat. 4. Lenz hat wenig ausländische Literatur gelesen. 5. Von Borchert und Böll hat er manches gelernt. 6. Eine Reihe von ausländischen Schriftstellern hat Einfluß auf ihn ausgeübt. 7. Hemingway mochte er nicht. 8. Hemingway bewunderte er. 9. Lenz ist ein unkritischer Schriftsteller. 10. Er ist einer der bedeutendsten Schriftsteller der Bundesrepublik Deutschland geworden.

III. *Diskussionsfragen*

1. Der einzige Name, der in der Geschichte genannt wird, ist „Schwamm". Interpretieren Sie diesen Namen. 2. Was für ein Mensch ist der „Zimmerpartner" Schwamms? Was erfahren wir über sein Leben? 3. Was ist die Bedeutung der Worte „Krankenhaus" und „Selbstmord", die der Fremde je zweimal ausspricht? Warum fallen ihm gerade diese Worte ein? 4. Glauben Sie dem Vater, wenn er meint, daß sein kleiner Sohn „sehr gesund" ist? Kommentieren

Sie! 5. Sind Sie über „betrügen" im Sinn von der „Nacht im Hotel" und dem Satz des Schweizer Schriftstellers Heinrich Zschokke verschiedener Ansicht? Was ist Ihre Ansicht?

IV. DER AKKUSATIV

Maskulinum	Femininum	Neutrum
den kleinen Jungen	die offene Tür	das dunkle Zimmer
diesen kleinen Jungen	diese offene Tür	dieses dunkle Zimmer
keinen kleinen Jungen	keine offene Tür	kein dunkles Zimmer
ihn	sie	es

Plural
die richtigen Endungen
diese richtigen Endungen
keine richtigen Endungen
sie

A. *Setzen Sie die richtigen (oder keine) Endungen ein!*
1. Er drehte sein— Körper zur linken Seite. 2. Das ist d— einzig— Möglichkeit. 3. Haben Sie kein— Einzelzimmer? 4. Ich habe nur ein— Doppelzimmer. 5. Herr Schwamm verlangsamte sein— Schritte. 6. Es gab ein— ander— Möglichkeit. 7. Der Mann hatte ein— dunkl—, aber auch energisch— Stimme. 8. Machen Sie kein— Licht. 9. Tun Sie mir ein— Gefallen. 10. Er hat d— merkwürdigst— Grund, den je ein Mensch hatte. 11. Ich habe ein— klein— Sohn, ein— klein— Lausbuben. 12. Er ist nicht imstande, sein— Schularbeiten zu machen. 13. So geht es jed— lieb— Tag. 14. Wir haben d— größt— Befürchtungen. 15. Sie wollen d— Frühzug nehmen? 16. Er hat sein— Frau verloren. 17. Er zog d— warm— Decke über den Kopf. 18. Er hatte ein— Uhr. 19. Er konnte nicht ein— zweit— Nacht bleiben. 20. Er hat sein— weiß— Taschentuch an den Stock gebunden.

B. *Setzen Sie das Personalpronomen für das Objekt in den Sätzen 1, 3, 5, 12, 15, 16, 17, 20 ein!*

126

C. *Präpositionen mit dem Akkusativ*

1. Er macht es für sein— sensibl— klein— Sohn. 2. Herr Schwamm ist ohne sein— Frau gefahren. 3. Er geht durch d— dunkl— Zimmer. 4. Der Fremde ist gegen d— merkwürdig— Vorhaben. 5. Warum ist er gegen d— kurios— Plan? 6. Interessiert er sich für d— unglücklich— klein— Jungen? 7. Eine angenehme Wärme floß durch sein— ganz— Körper. 8. Am nächsten Morgen war er allein in dem Zimmer, ohne d— merkwürdig— Fremden.

V. DER DATIV

Maskulinum	*Femininum*	*Neutrum*
dem kleinen Sohn	der armen Mutter	dem schwierigen Kind
diesem kleinen Sohn	dieser armen Mutter	diesem schwierigen Kind
keinem kleinen Sohn	keiner armen Mutter	keinem schwierigen Kind
ihm	ihr	ihm

Plural

den unglücklichen Eltern

diesen unglücklichen Eltern

keinen unglücklichen Eltern

ihnen

A. *Setzen Sie die richtigen Endungen ein!*

1. Der Portier gibt d— neu— Gast ein Formular. 2. Der Gast gab d— alt— Portier das Formular zurück. 3. Der Fremde sagte d— freundlich— Herrn Schwamm, er soll kein Licht machen. 4. Herr Schwamm antwortete d— Fremd— sofort und machte kein Licht. 5. Der Junge hat sein— Mutter alles erzählt. 6. Herr Schwamm hat sein— Frau die Geschichte später erzählt. 7. Man kann d— unbekannt— Menschen nicht sagen, daß sie winken sollen. 8. Das Kind tut d— arm— Mutter leid. 9. Das Kind tut d— arm— Eltern wirklich leid. 10. Der Junge macht d— unglücklich— Eltern Sorge. 11. Es sind nicht die Eltern, die d— unglücklich— Kind Sorge machen. 12. Jeden Tag winkt er d— unfreundlich— Reisenden zu.

13. Kein Mensch winkt d— klein— Kerl zurück.   14. Herr Schwamm will d— klein— Kerl helfen.   15. Der Junge öffnet d— Vater die Tür.

B.   *Nehmen Sie für das Substantiv im Dativ das Personalpronom!*

Beispiel: Der Portier gibt dem neuen Gast ein Formular.
   Der Portier gibt ihm ein Formular.

C.   *Präpositionen mit dem Dativ*
1. Er drehte seinen Körper zu d— linken Seite.   2. Zu so ein— spät— Stunde bekommt man kein Zimmer.   3. Mit we— hat er das Zimmer zu teilen?   4. Aus welch— Grund will er das wissen?   5. Mit manch— Leuten will man nicht eine Nacht verbringen.   6. Er tastete nach d— Lichtschalter.   7. Der Fremde sprach mit ein— dunkl—, aber energisch— Stimme.   8. Außer sein— klein— Sohn ist alles in Ordnung.   9. Der Vater ist erst seit ein— Stunde in der Stadt.   10. Er sprach viel von d— klein— Kerl.   11. Von sein— Frau sprach er nicht.   12. Herr Schwamm ist nicht zu ein— Kongreß gekommen.   13. Er erzählt, warum er bei d— fremd— Mann in dem Zimmer ist.   14. Er unterhält sich lange mit d— Fremden.   15. Der Fremde hat mit ein— Stock gewinkt.

VI.   *Präpositionen mi dem Dativ oder dem Akkusativ*
1. Er bleibt in dies— Hotel.   2. Er geht nicht in ein ander— Hotel. 3. Der Portier wird später nicht in d— Lage sein, ihm zu dienen.   4. Neben d— neu— Gast, Herrn Schwamm, sprach jemand mit energischer Stimme.   5. Fallen Sie nicht über mein— Koffer.   6. Gehen Sie an d— Wand entlang.   7. Er schlüpfte unter d— Decke.   8. Auf d— Bahnhof rangierte ein Zug.   9. Wenn nur ein Schatten auf d— klein— Jungen fällt, reagiert er bereits.   10. Er muß vor ein— Schranke stehenbleiben.   11. Er stellt sich vor d— Schranke.   12. Unter d— Leuten ist niemand, der zurückwinkt.   13. Herr Schwamm zog die Decke über d— Kopf.   14. An d— nächsten Morgen war er in d— Zimmer allein.   15. Er blickte auf d— Uhr.   16. An d— nächsten Nachmittag kam er nach Hause.

VII. *Kompositionsthemen*

1. Wären Sie bei einem Kind, einem Verwandten oder Freund ebenso lieb und gütig wie Herr Schwamm? Aus welchen Gründen, ob Sie ja oder nein antworten?   2. Könnten Sie sich vorstellen, daß Sie in einer ähnlichen Situation so leiden würden wie der Sohn von Herrn Schwamm?

13 | Das Wunderkind

Thomas Mann

Wir haben die Kunst, damit wir nicht
an der Wahrheit *zugrunde gehen*.   untergehen

—Friedrich Nietzsche (1844–1900)

Das Wunderkind kommt herein:—im *Saale* wird's still.

Es wird still, und dann beginnen die Leute zu *klatschen*, weil irgendwo seitwärts ein geborener Herrscher und *Herden*führer zuerst in die Hände geschlagen hat. Sie haben noch nichts gehört, aber sie *klatschen Beifall*; denn ein *gewaltiger Reklame*apparat hat dem Wunderkinde vorgearbeitet, und die Leute sind schon *betört*, ob sie es wissen oder nicht.

Das Wunderkind kommt hinter einem *prachtvollen Wandschirm* hervor, der ganz mit *Empirekränzen* und großen Fabelblumen *bestickt* ist, *klettert hurtig* die Stufen zum Podium empor und geht in den Applaus hinein, wie in ein Bad, ein wenig fröstelnd, *von einem kleinen Schauer angeweht*, aber doch wie in ein freundliches Element. Es geht an den Rand des Podiums vor, lächelt, als sollte es photographiert werden, und dankt mit einem kleinen, *schüchternen* und lieblichen Damengruß, obgleich es ein Knabe ist.

Es ist ganz in weiße Seide gekleidet, was eine gewisse *Rührung* im Saale *verbreitet*. Es trägt ein weißseidenes Jäckchen von phantastischem Schnitt mit einer *Schärpe* darunter, und sogar seine Schuhe sind aus weißer Seide. Aber gegen die weißseidenen Höschen *stechen* scharf die *bloßen* Beinchen *ab*, die ganz braun sind; denn es ist ein Griechenknabe.

Bibi Saccellaphylaccas heißt er. Dies ist einmal sein Name. Von welchem Vornamen „Bibi" die Abkürzung oder *Koseform* ist, weiß niemand, *ausgenommen* der Impresario, und der betrachtet es als Geschäfts*geheimnis*. Bibi hat *glattes*, schwarzes Haar, das ihm bis zu den Schultern hinabhängt und trotzdem *seitwärts gescheitelt* und mit einer kleinen seidenen *Schleife* aus der schmal*gewölbten*, bräunlichen Stirn zurückgebunden ist. Er hat das harmloseste Kindergesichtchen von der Welt, ein unfertiges *Näschen* und einen *ahnungslosen* Mund; nur die *Partie* unter seinen pechschwarzen Mausaugen ist schon ein wenig *matt* und

Marginalien:

der Raum, das Auditorium

applaudieren

die Masse

applaudieren

mächtig, groß / die Propaganda

begeistert, berauscht, exaltiert

schön, blendend

die entfernbare Wand / der Stil der Napoleonszeit / das Gewinde aus Blumen

ornamentieren / steigen / prompt, schnell

die Angst, die Panik

fühlend

scheu, unsicher

das Hochgefühl, die Emotion / unter die Leute bringen

das breite Band

kontrastieren

nackt

der Beiname / außer

das Mysterium

nicht lockig, nicht geringelt

auf der Seite / das Haar in zwei Hälften kämmen

das Band / gerundet, oval

die kleine Nase

unwissend, unerfahren / der Teil

schwach, müde

132

von zwei *Charakterzügen* deutlich begrenzt. Er sieht aus, als sei er neun Jahre alt, *zählt* aber erst acht und wird für siebenjährig ausgegeben. Die Leute wissen selbst nicht, ob sie es eigentlich glauben. Vielleicht wissen sie es
5 besser und glauben dennoch daran, wie sie es in so manchen Fällen zu tun gewohnt sind. Ein wenig Lüge, denken sie, gehört zur Schönheit. *Wo,* denken sie, *bliebe* die *Erbauung* und *Erhebung* nach dem *Alltag,* wenn man nicht ein bißchen guten Willen mitbrächte, *fünf gerade*
10 *sein zu lassen?* Und sie haben ganz recht in ihren Leute*hirnen!*

Das Wunderkind dankt, bis das *Begrüßungsgeprassel sich legt;* dann geht es zum *Flügel,* und die Leute werfen einen letzten Blick auf das Programm. Zuerst kommt
15 „*Marche solennelle*", dann „*Rêverie*", und dann „*Le hibou et les moineaux*",—alles von Bibi Saccellaphylaccas.

Das ganze Programm ist von ihm, es sind seine Kompositionen. Er kann sie zwar nicht aufschreiben, aber er hat sie alle in seinem kleinen *ungewöhnlichen* Kopf,
20 und es muß ihnen künstlerische Bedeutung *zugestanden* werden, wie ernst und *sachlich* auf den Plakaten *vermerkt* ist, die der Impresario *abgefaßt* hat. Es scheint, daß der Impresario dieses *Zugeständnis* seiner kritischen Natur in harten Kämpfen *abgerungen* hat.
25 Das Wunderkind setzt sich auf den *Drehsessel* und angelt mit seinen Beinchen nach den Pedalen, die *vermittels* eines *sinnreichen* Mechanismus viel höher angebracht sind als gewöhnlich, damit Bibi sie erreichen kann. Es ist sein eigener Flügel, den er überall hin mitnimmt. Er ruht
30 auf Holz*böcken,* und seine *Politur* ist ziemlich *strapaziert* von den vielen Transporten; aber das alles macht die Sache nur interessanter.

Bibi setzt seine weißseidenen Füße auf die Pedale; dann macht er eine kleine *spitzfindige* Miene, sieht gera-
35 deaus und hebt die rechte Hand. Es ist ein bräunliches naives Kinderhändchen, aber das *Gelenk* ist stark und unkindlich und zeigt *ausgearbeitete* Knöchel.

Marginal glosses:

das Symptom (des Charakters), das Zeichen sein

wo wäre?

die Freude / die Erhöhung, die Größe / der Werktag, die tägliche Routine

manches ignorieren

der Kopf, das Denkorgan

das Willkommen / der Ausbruch enden / das große Piano

Marche solonnelle (franz.): feierlicher Marsch
Rêverie (franz.): Träumerei
Le hibou et les moineaux (franz.): die Eule und die Sperlinge

außerordentlich

konzedieren

objektiv / zu Papier bringen

ausarbeiten

die Konzession

durch Kampf erreichen

der Drehstuhl

mit Hilfe von

praktisch, ingeniös

das Unterteil / der Hochglanz, die Schönheit / abbrauchen

klug, scharfsinnig / der Gesichtsausdruck

das Handgelenk (zwischen Hand und Arm)
stark

Seine Miene macht Bibi für die Leute, weil er weiß, daß er sie ein wenig *unterhalten* muß. Aber er selbst für sein Teil hat im stillen sein besonderes *Vergnügen* bei der Sache, ein Vergnügen, das er niemandem beschreiben

5 könnte. Es ist dieses *prickelnde* Glück, dieser *heimliche* Wonneschauer, der ihn jedesmal *überrieselt,* wenn er wieder an einem offenen *Klavier* sitzt,—er wird das niemals verlieren. Wieder *bietet sich* ihm die *Tastatur dar,* diese sieben schwarz-weißen Oktaven, unter denen er

10 sich so oft in Abenteuer und tief erregende *Schicksale* verloren, und die doch wieder so reinlich und *unberührt* erscheinen, wie eine *geputzte* Zeichentafel. Es ist die Musik, die ganze Musik, die vor ihm liegt! Sie liegt vor ihm ausgebreitet wie ein *lockendes* Meer, und er kann *sich*

15 *hineinstürzen* und *selig* schwimmen, sich tragen und *entführen* lassen und im Sturme gänzlich untergehen, und dennoch dabei die Herrschaft in Händen halten, *regieren* und *verfügen.* . . . Er hält seine rechte Hand in der Luft.

Im Saal ist atemlose Stille. Es ist diese *Spannung* vor

20 dem ersten Ton . . . Wie wird es anfangen? So fängt es an. Und Bibi holt mit dem Zeigefinger den ersten Ton aus dem Flügel, einen ganz unerwartet kraftvollen Ton in der Mittellage, ähnlich einem Trompetenstoß. Andere *fügen sich daran*, eine Introduktion *ergibt sich,*—man *löst* die

25 *Glieder.*

Es ist ein *prunkhafter* Saal, gelegen in einem modischen *Gasthof* ersten Ranges, mit rosig fleischlichen Gemälden an den Wänden, mit *üppigen* Pfeilern, *umschnörkelten* Spiegeln und einer *Unzahl,* einem wahren Weltensy-

30 stem von elektrischen Glühlampen, die in *Dolden,* in ganzen Bündeln überall *hervorsprießen* und der Raum mit einem weit *übertaghellen,* dünnen, goldigen, himmlischen Licht *durchzittern* . . . Kein Stuhl ist unbesetzt, ja in den Seitengängen und dem Hintergrunde stehen die Leute.

35 Vorn, wo es zwölf Mark kostet (denn der Impresario *huldigt* dem Prinzip der *ehrfurchtgebietenden* Preise), *reiht*

---

amüsieren
die Freude

angenehm / unsichtbar
umfluten, fließen über
das Piano
gegenüberliegen / das Griffbrett des Klaviers

das Los
nicht von Fingern berührt
blank, gewaschen

faszinierend
hineinspringen / glücklich
wegführen
leiten, führen
anordnen, planen

das Fieber, der Hochdruck

sich anschließen an, folgen / resultieren / lose machen
die Arme und Beine grandios
das Hotel
überreich / mit Arabesken ornamentiert
die sehr große Zahl
die buschige Blume
hervorwachsen
heller als am Tage
durchziehen, durchbrechen

die Herrschaft anerkennen / Respekt hervorrufend / in Reihen nebeneinander sitzen

134

sich die *vornehme* Gesellschaft; es *ist* in den höchsten
Kreisen ein lebhaftes Interesse für das Wunderkind
vorhanden. Man sieht viele Uniformen, viel *erwählten*
Geschmack der *Toilette.* ... Sogar eine Anzahl von
5 Kindern ist da, die auf *wohlerzogene* Art ihre Beine vom
Stuhl hängen lassen und mit glänzenden Augen ihren
kleinen *begnadeten* weißseidenen Kollegen betrachten. ...
    Vorn links sitzt die Mutter des Wunderkindes, eine
äußerst *beleibte* Dame, mit gepudertem Doppelkinn und
10 einer Feder auf dem Kopf, und an ihrer Seite der
Impresario, ein Herr von orientalischem Typus mit
großen goldenen Knöpfen an den weit hervorstehenden
Manschetten. Aber vorn in der Mitte sitzt die Prinzessin.
Es ist eine kleine, *runzelige, verschrumpfte* alte Prinzessin,
15 aber sie fördert die Künste, soweit sie *zartsinnig* sind. Sie
sitzt in einem tiefen *Sammetfauteuil,* und zu ihren Füßen
sind Perserteppiche ausgebreitet. Sie hält die Hände
dicht unter der Brust auf ihrem grau gestreiften Seidenkleid zusammengelegt, beugt den Kopf zur Seite und
20 bietet ein Bild vornehmen Friedens, *indes* sie dem arbei-
tenden Wunderkinde zuschaut. Neben ihr sitzt ihre
Hofdame, die sogar ein grün gestreiftes Seidenkleid trägt.
Aber darum ist sie doch nur eine Hofdame und darf sich
nicht einmal anlehnen.
25   Bibi schließt unter großem *Gepränge.* Mit welcher
Kraft dieser *Knirps* den Flügel behandelt! Man traut
seinen Ohren nicht. Das Thema des Marsches, eine
schwunghafte, enthusiastische Melodie, bricht in voller
harmonischer *Ausstattung* noch einmal hervor, breit und
30 *prahlerisch,* und Bibi wirft bei jedem *Takt* den Oberkörper
zurück, als marschierte er triumphierend im *Festzuge.*
Dann schließt er gewaltig, schiebt sich gebückt und
seitwärts vom Sessel herunter und *lauert* lächelnd auf den
Applaus.
35   Und der Applaus bricht los, *einmütig, gerührt,* begeistert: Seht doch, was für *zierliche* Hüften das Kind hat,

Right margin glossary:

elegant, nobel

dasein / kultiviert

das Gesellschaftskleid

gut geschult, diszipliniert

göttlich talentiert

dick

das Ende des Hemdärmels

mit vielen Falten (im Ge-
sicht) / klein und ausge-
trocknet
gefühlvoll
eine Stoffart / der Armstuhl

während

der Farbenglanz

der kleine Junge

die große Aufmachung

hochfliegend, großtuerisch /
die Zeiteinheit in der
Musik
die Parade

warten

einer wie alle / mitfühlend,
bewegt
schön, fein

135

indes es seinen kleinen Damengruß exekutiert! Klatscht,
klatscht! Wartet, nun ziehe ich meine Handschuhe aus.
Bravo, kleiner Saccophylax oder wie du heißt—! Aber
das ist ja ein Teufelskerl!

5   Bibi muß dreimal wieder hinter dem Wandschirm
hervorkommen, ehe man Ruhe gibt. Einige *Nachzügler*,
verspätete Ankömmlinge *drängen* von hinten herein und
bringen sich mühsam im vollen Saale *unter*. Dann *nimmt das
Konzert seinen Fortgang.*

10   Bibi *säuselt* seine „Rêverie", die ganz aus *Arpeggien*
besteht, über welche sich manchmal mit schwachen
Flügeln ein Stückchen Melodie erhebt; und dann spielt er
„Le hibou et les moineaux". Dieses Stück hat durch-
schlagenden Erfolg, *übt* eine *zündende Wirkung*. Es ist ein
15 richtiges Kinderstück und von wunderbarer *Anschaulichkeit.* Im Baß sieht man den *Uhu* sitzen und *grämlich* mit
seinen *Schleieraugen klappen*, indes im *Diskant* zugleich
frech und ängstlich die *Spatzen* schwirren, die ihn *necken*
wollen. Bibi wird viermal *hervorgejubelt* nach dieser Piece.
20 Ein Hotelbedienter mit *blanken* Knöpfen trägt ihm drei
große Lorbeerkränze aufs Podium hinauf und hält sie
von der Seite vor ihn hin, während Bibi grüßt und dankt.
Sogar die Prinzessin beteiligt sich an dem Applaus,
indem sie ganz *zart* ihre flachen Hände gegeneinander
25 bewegt, ohne daß es irgend einen Laut ergibt. . . .

    Wie dieser kleine *versierte Wicht* den Beifall hinzu-
ziehen versteht! Er läßt hinter dem Wandschirm auf sich
warten, *versäumt sich* ein bißchen auf den Stufen zum
Podium, betrachtet mit kindischem Vergnügen die bun-
30 ten Atlas*schleifen* der Kränze, obgleich sie ihn längst
schon *langweilen*, grüßt *lieblich* und *zögernd* und läßt den
Leuten Zeit, *sich auszutoben*, damit nichts von dem wertvollen *Geräusch* ihrer Hände verloren gehe. „Le hibou"
ist mein *Reißer*, denkt er; denn diesen Ausdruck hat er
35 vom Impresario gelernt. Nachher kommt die *Fantaisie*,
die eigentlich viel besser ist, besonders die Stelle, wo es

der verspätet Kommende

dringen

einen Sitzplatz finden / mit
    Schwierigkeiten
    weitergehen

leise spielen / der gebro-
    chene Akkord

die Schwinge

Effekt machen / Begei-
    sterung erregend
die Klarheit, die Lebhaftig-
    keit
die Eule / kopfhängerisch
das Auge der Eule / auf-
    und zumachen / die hohe
    Tonlage des Klaviers
der Sperling / ärgern, irri-
    tieren
jubelnd zurückrufen
glänzend

schwächlich

talentiert / das Menschlein

zurückbleiben

das Band

uninteressant sein / char-
    mant / langsam
sich gehen lassen
der Klang, der Tumult

der Schlager
die Fantasie

nach *Cis* geht. Aber ihr habt ja *an* diesem hibou *einen*
Narren gefressen, ihr Publikum, obgleich er das erste und
dümmste ist, was ich gemacht habe. Und er dankt
lieblich.

der Halbton nach C
lieben

5   Dann spielt er eine Meditation und dann eine
Etüde;—es ist ein *ordentlich umfangreiches* Programm. Die
Meditation geht *ganz ähnlich wie* die „Rêverie", was kein
Einwand gegen sie ist, und in der Etüde zeigt Bibi all
seine technische *Fertigkeit,* die übrigens hinter seiner
10 *Erfindungsgabe* ein wenig zurücksteht. Aber dann kommt
die Fantaisie. Sie ist sein *Lieblings*stück. Er spielt sie
jedesmal ein bißchen anders, behandelt sie frei und *über-*
rascht sich zuweilen selbst dabei, durch neue *Einfälle* und
Wendungen, wenn er seinen guten Abend hat.

wirklich / groß und divers
etwa wie
die Gegenerklärung
die Meisterhaftigkeit
die Fantasie, der Erfinder-
geist
der Favorit
erstaunen
die Idee
die Version

15   Er sitzt und spielt, ganz klein und weiß glänzend
vor dem großen, schwarzen Flügel, allein und *auserkoren*
auf dem Podium über der *verschwommenen* Menschen-
masse, die zusammen nur eine *dumpfe, schwer bewegliche*
Seele hat, auf die er mit seiner einzelnen und herausge-
20 hobenen Seele wirken soll: . . . Sein weiches, schwarzes
Haar ist ihm *mitsamt* der weißseidenen Schleife in die
Stirn gefallen, seine starkknochigen, trainierten Hand-
gelenke arbeiten, und man sieht die Muskeln seiner
bräunlichen, kindlichen *Wangen erbeben.*

ausgewählt
unklar, unerkennbar
gefühllos / schwer zu er-
regen

zusammen mit

die Backe / erzittern

25   Zuweilen kommen Sekunden des Vergessens und
Alleinseins, wo seine seltsamen, *matt umränderten* Mausaugen zur Seite gleiten, vom Publikum weg auf die
bemalte Saalwand an seiner Seite, durch die sie hin-
durchblicken, um sich in einer *ereignisvollen,* von vagem
30 Leben erfüllten *Weite* zu verlieren. Aber dann *zuckt* ein
Blick aus dem Augenwinkel zurück in den Saal, und er
ist wieder vor den Leuten.

mit hellblauen Schatten

voller Abenteuer
die Entfernung / zittern, vi-
brieren

    Klage und Jubel, Aufschwung und tiefer *Sturz*—
Meine Fantaisie! denkt Bibi ganz liebevoll. Hört doch,
35 nun kommt die Stelle, wo es nach Cis geht! Und er läßt
die *Verschiebung* spielen, indes es nach Cis geht. Ob sie es

der Schmerzensruf / der
Fall

die Änderung der Tonart

merken? Ach nein, *bewahre,* sie merken es nicht! Und
darum *vollführt* er wenigstens einen hübschen Augenaufschlag zum *Plafond,* damit sie doch etwas zu sehen haben.

Die Leute sitzen in langen Reihen und sehen dem
Wunderkinde zu. Sie denken auch allerlei in ihren Leu-
tehirnen. Ein alter Herr mit einem weißen Bart, einem
Siegelring am Zeigefinger und einer *knolligen Geschwulst*
auf der *Glatze,* einem Auswuchs, wenn man will, denkt
bei sich: Eigentlich sollte man sich schämen. Man hat es
nie *über „Drei Jäger aus Kurpfalz" hinausgebracht,* und da
sitzt man nun als *eisgrauer* Kerl und läßt sich von diesem
Dreikäsehoch Wunderdinge *vormachen.* Aber man muß bedenken, daß es von oben kommt. Gott *verteilt* seine
Gaben, da ist nichts zu tun, und es ist keine *Schande,* ein
gewöhnlicher Mensch zu sein. Es ist etwas wie mit dem
Jesuskind. Man darf sich vor einem Kinde beugen, ohne
sich schämen zu müssen. Wie seltsam *wohltuend* das
ist!—Er wagt nicht zu denken: Wie süß das ist!—„Süß"
wäre *blamabel* für einen kräftigen, alten Herrn. Aber er
fühlt es! Er fühlt es dennoch!

Kunst . . . denkt der Geschäftsmann mit der *Papagei-*
nase. Ja freilich, das bringt ein bißchen *Schimmer* ins
Leben, ein wenig Klingklang und weiße Seide. Übrigens
schneidet er *nicht übel ab.* Es sind *reichlich* fünfzig Plätze zu
zwölf Mark verkauft, das macht allein sechshundert
Mark,—und dann alles übrige. *Bringt* man *Saalmiete,*
Beleuchtung und Programme *in Abzug,* so bleiben *gut und*
gern tausend Mark netto. *Das ist mitzunehmen.*

Nun, das war Chopin, was er da eben *zum besten gab!*
denkt die Klavierlehrerin, eine spitznäsige Dame in den
Jahren, da die Hoffnungen sich schlafen legen und der
Verstand an Schärfe gewinnt. Man darf sagen, daß er
nicht sehr *unmittelbar* ist. Ich werde nachher *äußern:* Er ist
wenig unmittelbar. Das klingt gut. Übrigens ist seine
Handhaltung *vollständig unerzogen.* Man muß einen *Taler*
auf den Handrücken legen können . . . Ich würde ihn mit
dem *Lineal* behandeln.

Glossen:

- überhaupt nicht machen
- die Decke
- rund, dick / die Schwellung
- der haarlose Kopf
- ein sehr leichtes deutsches Klavierstück / weiterkommen als
- mit sehr grauen Haaren
- ein Mensch, der nur so groß ist wie drei Käse / zeigen, demonstrieren
- vergeben, verschenken
- die Unehre, der Skandal
- gut, angenehm
- beschämend
- ein tropischer Vogel, der oft einige Worte sagen kann
- der Farbenton
- einen schönen Profit machen / mehr als genug
- die Bezahlung für den Saal
- die Illumination / subtrahieren / leicht
- das kann man gut gebrauchen
- spielen
- direkt, persönlich / sagen
- ganz / nicht geschult / das Geldstück (drei Mark)
- das Instrument zum Ziehen gerader Linien

138

Ein junges Mädchen, das ganz wächsern aussieht
und sich in einem *gespannten* Alter befindet, in welchem   fiebrig
man sehr wohl auf delikate Gedanken verfallen kann,
denkt im geheimen: Aber was ist das! Was spielt er da!
5 Es ist ja die *Leidenschaft*, die er da spielt! Aber es ist doch   die Emotion, die Ekstase
ein Kind?! Wenn er mich küßte, so wär es, als küßte
mein kleiner Bruder mich,—es wäre kein Kuß. Gibt es
denn eine *losgelöste* Leidenschaft, eine Leidenschaft an   detachiert
sich und ohne irdischen *Gegenstand*, die nur ein *inbrünstiges*   das Objekt / warm, tief-
gehend
10 Kinderspiel wäre? . . . Gut, wenn ich dies laut sagte,
würde man mir *Lebertran verabfolgen*. So ist die Welt.   ein Fischöl aus Fischleber /
geben

   An einem Pfeiler steht ein Offizier, Er betrachtet
den erfolgreichen Bibi und denkt: Du bist etwas, und ich
bin etwas, jeder auf seine Art! Im übrigen zieht er die
15 *Absätze* zusammen und *zollt* dem Wunderkinde den *Re-*   der hintere Teil der Schuh-
sohle / allen Respekt ha-
ben vor
spekt, den er *allen bestehenden Mächten* zollt.   alle Mächte, die es gibt

   Aber der Kritiker, ein alternder Man in blankem,
schwarzem Rock und *aufgekrempten, bespritzten Beinkleidern*,   hochgerollt / naß von
Schmutz und Regen-
wasser / die Hosen
sitzt auf seinem Freiplatze und denkt: Man sehe ihn an,
20 diesen Bibi, diesen *Fratz*! Als Einzelwesen hat er noch   das ungezogene Kind
ein Ende zu wachsen, aber als Typus ist er ganz fertig,
als Typus des Künstlers. Er hat in sich des Künstlers
Hoheit und seine *Würdelosigkeit*, seine Scharlatanerie und   das Majestätische / die
Charakterlosigkeit
seinen heiligen *Funken*, seine *Verachtung* und seinen heim-   der kleine Blitz / eine
schlechte Meinung (von
anderen haben)
25 lichen *Rausch*. Aber das darf ich nicht schreiben; es ist zu   die Trunkenheit
gut. Ach, glaubt mir, ich wäre selbst ein Künstler
geworden, wenn ich nicht das alles so klar durchschaute . . .

   Da ist das Wunderkind fertig, und ein wahrer Sturm
30 erhebt sich im Saale. Er muß hervor und wieder hervor
hinter seinem Wandschirm. Der Mann mit den blanken
Knöpfen *schleppt* neue Kränze herbei, vier Lorbeerkränze,   tragen
eine Lyra aus *Veilchen*, ein Bukett aus Rosen. Er hat   eine dunkelviolette Blume
nicht Arme genug, dem Wunderkinde all die *Spenden* zu   das Geschenk, die Gabe
35 reichen, der Impresario *begibt sich* persönlich aufs Po-   gehen
dium, um ihm *behilflich* zu *sein*. Er hängt einen Lorbeer-   helfen
kranz um Bibis Hals, er streichelt *zärtlich* sein schwarzes   herzlich, liebend

Haar. Und plötzlich, wie *übermannt*, beugt er sich nieder und gibt dem Wunderkind einen Kuß, einen *schallenden* Kuß, gerade auf den Mund. Da aber schwillt der Sturm zum *Orkan*. Dieser Kuß fährt wie ein elektrischer Stoß in

5 den Saal, durchläuft die Menge wie ein nervöser Schauer. Ein *tolles* Lärm*bedürfnis* reißt die Leute *hin*. Laute *Hochrufe* mischen sich in das wilde *Geprassel* der Hände. Einige von Bibis kleinen gewöhnlichen Kameraden dort unten *wehen* mit ihren Taschentüchern. . . . Aber der Kritiker denkt:

10 *Freilich*, dieser Impresariokuß mußte kommen. Ein alter, *wirksamer Scherz*. Ja, Herrgott, wenn man nicht alles so klar durchschaute!

    Und dann geht das Konzert des Wunderkindes zu Ende. Um halb acht Uhr hat es angefangen, um halb

15 neun Uhr ist es aus. Das Podium ist voller Kränze, und zwei kleine Blumentöpfe stehen auf den Lampenbrettern des Flügels. Bibi spielt als letzte Nummer seine „*Rhapsodie grecque*", welche schließlich in die griechische Hymne übergeht, und *seine anwesenden Landsleute hätten nicht übel*

20 *Lust*, mitzusingen, wenn es nicht ein vornehmes Konzert wäre. Dafür *entschädigen* sie *sich* am Schluß durch einen gewaltigen Lärm, einen heißblütigen *Radau*, eine nationale Demonstration. Aber der alternde Kritiker denkt: Freilich, die Hymne mußte kommen. Man spielt die

25 Sache auf ein anderes Gebiet hinüber, man läßt kein Begeisterungsmittel unversucht. Ich werde schreiben, daß das unkünstlerisch ist. Aber vielleicht ist es gerade künstlerisch. Was ist der Künstler? Ein *Hanswurst*. Die Kritik ist das Höchste. Aber das darf ich nicht schreiben.

30 Und er *entfernt sich* in seinen bespritzten Hosen.

    Nach neun oder zehn Hervorrufen begibt sich das erhitzte Wunderkind nicht mehr hinter den Wandschirm, sondern geht zu seiner Mama und dem Impresario hinunter in den Saal. Die Leute stehen zwischen den

35 durcheinandergerückten Stühlen und applaudieren und drängen vorwärts, um Bibi aus der Nähe zu sehen. Einige wollen auch die Prinzessin sehen: es bilden sich

Glossen (Randspalte):
- hilflos geworden
- laut
- der schwerste Sturm
- absurd, hysterisch / der Wunsch, die Notwendigkeit / sich bemeistern / hurra!
- der Lärm des Applauses
- winken
- natürlich
- wirkungsvoll / der Trick
- *Rhapsodie grecque (franz.):* griechische Rhapsodie
- die Griechen, die da sind / große Lust haben
- kompensieren
- der laute Ausbruch
- der Clown
- weggehen

vor dem Podium zwei dichte Kreise um das Wunderkind
und um die Prinzessin, und man weiß nicht recht, *wer
von beiden eigentlich Cercle hält.* Aber die Hofdame *verfügt
sich* auf *Befehl* zu Bibi; sie *zupft* und *glättet* ein wenig an
5 seiner seidenen Jacke, um ihn *hoffähig* zu machen, führt
ihn am Arm vor die Prinzessin und *bedeutet* ihm ernst,
Ihrer Königlichen Hoheit die Hand zu küssen. „Wie
machst du es, Kind?" fragt die Prinzessin. „Kommt es
dir von selbst in den Sinn, wenn du niedersitzest?"—
10 „*Oui*, Madame", antwortet Bibi. Aber inwendig denkt
er: „Ach, du dumme, alte Prinzessin . . . !" Dann *dreht
er sich* scheu und *unerzogen um* und geht wieder zu seinen
Angehörigen.

Draußen an den *Garderoben herrscht* dichtes *Gewühl.*
15 Man hält seine Nummer empor, man *empfängt* mit
offenen Armen Pelze, Schale und Gummischuhe über die
Tische hinüber. Irgendwo steht die Klavierlehrerin unter
Bekannten und *hält Kritik.* „Er ist wenig unmittelbar",
sagt sie laut und sieht sich um . . .

20 Vor einem der großen Wandspiegel läßt sich eine
junge vornehme Dame von ihren Brüdern, zwei Leut-
nants, Abendmantel und Pelzschuhe anlegen. Sie ist
wunderschön mit ihren stahlbauen Augen und ihrem
klaren, reinrassigen Gesicht, ein richtiges Edelfräulein.
25 Als sie fertig ist, wartet sie auf ihre Brüder. „Steh nicht
so lange vor dem Spiegel, Adolf!" sagt sie leise und
ärgerlich zu dem einen, der *sich* von dem Anblick seines
hübschen, simplen Gesichts nicht *trennen* kann. Nun, das
ist gut! Leutnant Adolf wird sich doch vor dem Spiegel
30 seinen *Paletot zuknöpfen* dürfen, mit ihrer *gütigen* Erlaubnis!—Dann gehen sie, und draußen auf der Straße, wo
die Bogenlampen trübe durch den Schneenebel schim-
mern, fängt Leutnant Adolf im Gehen ein bißchen an
auszuschlagen, mit *emporgeklapptem Kragen* und die Hände
35 in den *schrägen* Manteltaschen auf dem hartgefrorenen
Schnee einen kleinen Tanz aufzuführen, weil es so kalt
ist.

Marginal glosses:

- wen die Leute umstehen / gehen
- die Anordnung / ziehen / zurechtmachen
- elegant
- ein Zeichen machen, sagen
- *oui (franz.):* ja
- sich umwenden
- unmanierlich
- die Familie
- die Kleiderablage / sein / die Masse
- annehmen
- kritisieren
- weggehen, verlassen
- der Mantel / mit Knöpfen schließen / freundlich
- aufrecht stehend / der Halsteil an der Kleidung
- diagonal

Ein Kind! denkt das *unfrisierte* Mädchen, welches mit frei hängenden Armen in *Begleitung* eines *düsteren* Jünglings hinter ihnen geht. Ein *liebenswürdiges* Kind! Dort drinnen war ein *verehrungswürdiges*. . . Und mit lau-
5 ter, *eintöniger* Stimme sagt sie: „Wir sind alle Wunderkin-der, wir *Schaffenden*."

Nun! denkt der alte Herr, der es nicht über „Drei Jäger aus Kurpfalz" hinausgebracht hat und dessen Aus-wuchs jetzt von einem *Zylinder* bedeckt ist, was ist denn
10 das! Eine Art *Pythia*, wie mir scheint.

Aber der düstere Jüngling, der sie aufs Wort ver-steht, nickt langsam.

Dann schweigen sie, und das unfrisierte Mädchen blickt den drei *adeligen* Geschwistern nach. Sie verachtet
15 sie, aber blickt ihnen nach, bis sie um die Ecke *entschwun-den* sind.

Marginal glosses:

mit Haaren, die nicht in Ordnung gebracht sind, ungekämmt

der Kamerad, die Eskorte / finster, zynisch angenehm, sympathisch bewunderungswürdig monoton

der ästhetisch produktive Mensch

der hohe Hut

Name der Priesterin zu Delphi, welche Orakel erteilte

aristokratisch

verschwinden

Thomas Mann

Thomas Mann, Hermann Hesse und Franz Kafka gehören zu den größten Erzählern des deutschen Sprachraums in der ersten Hälfte des zwanzigsten Jahrhunderts. Thomas Mann bewunderte Hesse und Kafka sehr.

Thomas Mann wurde 1875 in Lübeck geboren. Er verbrachte glückliche Stunden in dem eleganten Haus seiner Eltern und weniger glückliche Stunden in der Schule. Man spürt Autobiographisches in den Schilderungen der Schuljahre des einsamen Träumers Hanno in dem Familienroman „Buddenbrooks". Als der Vater in Lübeck starb, war Thomas Mann erst fünfzehn Jahre alt. Die Mutter, die in Rio de Janeiro geboren war, zog mit ihren Kindern nach München. Die bayrische Hauptstadt wurde ihm zur Heimatstadt.

Als die Nationalsozialisten 1933 die Macht übernahmen, war er auf einer Reise im Ausland. Aus München warnte ihn seine Tochter telephonisch: er solle nicht zurückkommen. In sein Tagebuch schrieb er im März 1933 über den Nationalsozialismus: „Ohne Idee, gegen die Idee . . . gegen die Freiheit, die Wahrheit, das Recht. Es ist menschlich nie etwas Ähnliches vorgekommen." Im April stellte er die Frage: „Was soll aus diesem Volk werden?" Im August schrieb er: Deutschland „fürchtet das Chaos nicht, sondern liebt es." Thomas

Mann blieb im Ausland und lebte im Exil, erst in der Schweiz, dann in Princeton und später in Kalifornien. Drei Jahre vor seinem Tod, im Jahr 1952, kehrte er nach Europa zurück.

Die Werke Thomas Manns, die ein Teil der Weltliteratur wurden, sind Novellen, Romane und Essays. Die bedeutendsten Novellen sind „Tonio Kröger" „Tristan", „Das Wunderkind" und „Der Tod in Venedig". Das Hauptthema ist der Konflikt: Geist und Leben, Leben und Kunst, Künstler und Bürger.

Thomas Mann-Figuren stehen zwischen den Welten; sie halten sich für Bürger, die sich in die Kunst „verirrt" haben. Seine Künstler-Charaktere haben Sehnsucht nach einem „gewöhnlichen" Leben, das harmlos und einfach ist; sie haben Sehnsucht nach Freundschaft und Glück. Sehr autobiographisch ist die Künstler-Bürger-Novelle „Tonio Kröger", die Kafka so gerne las.

Heute sei keine große Kunst mehr möglich, meinte Thomas Mann einmal. Der Dichter sei Schriftsteller geworden, der Künstler habe etwas vom Zirkus-Artisten. Charakteristisch sei „Das Wunderkind" für die moderne Künstlernatur. Der talentierte kleine Pianist ist charakterlos und majestätisch zu gleicher Zeit. Das Wunderkind ist ein Scharlatan, der teilhat am Göttlichen; er ist theatralisch und arrogant, mit einem göttlichen Funken. Der Künstler ist mit anderen Worten *auch* ein *Clown*.

In den späteren Werken Thomas Manns gewann das Künstlerproblem seine subtilste Darstellung in dem verteufelt deutschen Roman „Doktor Faustus". Auch in seiner Gestaltung des größten Stoffes der deutschen Literatur stellt der Autor die Frage: Ist künstlerisches Schaffen in unserer Zeit unmöglich geworden— oder ist es nur möglich mit Teufelshilfe und „höllisch Feuer unter dem Kessel"?

Weitere bedeutende Romane sind „Der Zauberberg" mit der Analyse der europäischen Zivilisation und das vierbändige Werk über den biblischen „Joseph". Im Laufe von Thomas Manns Leben begleiteten literarische, politische und kulturphilosophische Essays das regelmäßige Erscheinen seiner Romane und Novellen.

Den Nobelpreis für Literatur hatte er schon 1929 bekommen. Der Sprachkünstler Thomas Mann, dessen komplizierter Stil eine Form des Symbolrealismus darstellt, schrieb einmal, daß jeder Satz „eine gewisse Höhe und eine symbolische Stimmung" haben müsse.

In der Tat war ihm jeder Staz stilistisch wichtig. Besonders lange dachte er aber über den „wichtigen ersten Satz nach", bevor er ihn niederschrieb.

Thomas Mann starb 1955 in der Nähe von Zürich. Dort befindet sich ein Thomas Mann-Archiv. In Lübeck heißt das Haus, in dem er geboren wurde, das Buddenbrook-Haus.

ÜBUNGEN

SINNVERWANDTE WÖRTER UND AUSDRÜCKE

der Alltag	der Werktag
angenehm	wohltuend
applaudieren	klatschen, Beifall klatschen
die Arme und Beine	die Glieder
ausgearbeitet	stark
ausgetrocknet	verschrumpft
äußern	sagen
außerordentlich	ungewöhnlich
die Beinkleider (pl.)	die Hose
bloß	nackt
detachiert	losgelöst
dick	beleibt
der Drehsessel	der Drehstuhl
elegant	vornehm
erbeben	erzittern
die Fantasie	die Erfindungsgabe
finster	düster
seinen Fortgang nehmen	weitergehen
die Freude	das Vergnügen
freundlich	gütig
die Gabe	die Spende
ganz	vollständig
das kann man gut gebrauchen	das ist mitzunehmen
grandios	prunkhaft
helfen	behilflich sein
heller als am Tage	übertaghell

hineinspringen	sich hineinstürzen
die Idee	der Einfall
der kleine Junge	der Knirps
die Kleiderablage	die Garderobe
langsam	zögernd
sich legen	enden
leicht	gut und gern
nicht lockig	glatt
große Lust haben	(etwas) sehr gern (tun)
die Meisterhaftigkeit	die Fertigkeit
mitsamt	zusammen mit
einen Narren gefressen haben an	lieben
natürlich	freilich
der Paletot	der Mantel
die Parade	der Festzug
der Saal	das Auditorium
schallend	laut
der Schmerzensruf	die Klage
schüchtern	scheu, unsicher
seitwärts	auf der Seite
sinnreich	praktisch, ingeniös
spielen	zum Besten geben
steigen	klettern
tragen	schleppen
überhaupt nicht	bewahre
uninteressant sein	langweilen
verabfolgen	geben
sich verfügen	gehen
vermittels	mit Hilfe von
sich versäumen	zurückbleiben
verschenken	verteilen
die Version	die Wendung
der verspätet Kommende	der Nachzügler
vollführen	machen
die Wange	die Backe
weggehen	sich entfernen
wehen	winken
wirkungsvoll	wirksam

146

I. *Drücken Sie das, was die schräggedruckten Wörter, Ausdrücke und Sätze besagen, etwas anders aus!*

1. Im *Saale* wird's still. 2. Die Menschen beginnen zu *applaudieren.* 3. Das Wunderkind *steigt* die Stufen zum Podium empor. 4. Das Kind dankt mit *schüchternem* Gruße. 5. Die *bloßen* Beine. 6. Das Haar ist *seitwärts* gescheitelt. 7. Sein Haar ist *nicht lockig.* 8. Wo bliebe die Erhebung nach dem *Alltag?* 9. Er dankt, bis der Tumult *sich legt.* 10. Er hat die Kompositionen in seinem kleinen *außerordentlichen* Kopf. 11. Das Kind setzt sich auf den *Drehsessel.* 12. *Vermittels eines sinnreichen* Mechanismus. 13. Das Gelenk zeigt *ausgearbeitete* Knöchel. 14. Er hat *eine besondere Freude* dabei. 15. Er kann *hineinspringen.* 16. Man löst *die Arme und Beine.* 17. Es ist ein *grandioser* Saal. 18. Es ist *heller als am Tage.* 19. Die *elegante* Gesellschaft. 20. Eine äußerst *dicke* Dame. 21. Es ist eine kleine und *ausgetrocknete* alte Prinzessin. 22. Mit welcher Kraft dieser *kleine Junge* den Flügel behandelt! 23. Als marschierte er triumphierend *in der Parade.* 24. Einige *verspätet Kommende* drängen von hinten herein. 25. Dann *nimmt* das Konzert *seinen Fortgang.* 26. Er *versäumt sich* ein bißchen auf dem Podium. 27. Die Kränze *sind ihm uninteressant.* 28. Er grüßt *langsam.* 29. Die Leute *haben einen Narren an dem* Stück *gefressen.* 30. Seine technische *Meisterhaftigkeit* steht hinter seiner *Fantasie* ein wenig zurück. 31. Immer neue *Ideen* und *Versionen.* 32. Das Haar ist ihm *mitsamt* der weißseidenen Schleife in die Stirn gefallen. 33. Man sieht die Muskeln seiner bräunlichen, kindlichen *Wangen erbeben.* 34. *Schmerzensruf* und Jubel. 35. Ach nein, *überhaupt nicht!* 36. Darum *vollführt* er einen Augenaufschlag zur Decke. 37. Gott *verschenkt* seine Gaben. 38. Wie seltsam *angenehm* ist das! 39. Es bleiben *leicht* tausend Mark. 40. *Das kann man gut gebrauchen.* 41. Er hat Chopin *gespielt.* 42. Was wird sie nachher *äußern?* 43. Seine Handhaltung ist *ganz* unerzogen. 44. Gibt es denn eine *detachierte* Leidenschaft? 45. Man würde mir Lebertran *verabfolgen.* 46. Ein alternder Mann mit bespritzten *Beinkleidern.* 47. Der Mann *trägt* neue Kränze herbei. 48. Er hat nicht Arme genug, dem Wunderkinde all *die Gaben* zu reichen. 49. Der Impresario will ihm *helfen.* 50. Er gibt dem Kind einen *schallenden* Kuß. 51. Die kleinen Kameraden *wehen* mit ihren Taschentüchern. 52. *Natürlich,* dieser Impresariokuß mußte kommen! 53. Ein alter, *wirkungsvoller* Scherz! 54. Seine Landsleute *hätten große Lust, mitzusingen.* 55. Er *geht weg.* 56. Die Hofdame *verfügt sich* auf Befehl zu Bibi. 57. Draußen an der

Kleiderablage herrscht dichtes Gewühl.   58. Der Leutnant will sich seinen *Paletot* zuknöpfen.   59. Mit ihrer *freundlichen* Erlaubnis!   60. Sie geht in Begleitung eines *finsteren* Jünglings.

II.   *Diskussionsfragen*

1. Erklären Sie den „wichtigen ersten Satz" im „Wunderkind"!   2. Was hat der folgende Satz mit den Ansichten des Autors über Kunst zu tun? „Ein wenig Lüge, denken sie, gehört zur Schönheit."   3. Immer wieder liest man die Worte „weißseiden" und „weiße Seide". Welche Funktion haben die Worte?   4. Charakterisieren Sie kurz die folgenden Personen: a. den Impresario   b. die Prinzessin   c. den alten Herrn mit dem weißen Bart   d. den Geschäftsmann mit der Papageinase   e. die Klavierlehrerin   f. das junge Mädchen   g. den Offizier   h. den Kritiker!   5. Man spricht oft von „Ironie" in den Werken Thomas Manns. Geben Sie Beispiele für Ironie im „Wunderkind"— besonders in den Beschreibungen des sogenannten Wunderkindes und seines Spielens!

III.   *Beantworten Sie folgende Fragen!*

1. Wo wurde Thomas Mann geboren?   2. Wann wurde Thomas Mann geboren?   3. In welchem Roman spürt man Autobiographisches?   4. Wohin zog die Mutter, nachdem der Vater gestorben war?   5. Wo war Thomas Mann 1933?   6. Wo lebte er während der Zeit des Nationalsozialismus?   7. Was für Werke schrieb Thomas Mann vor allem?   8. Was ist eins der Hauptthemen seiner Werke?   9. Wie heißen einige seiner bedeutendsten Novellen?   10. In welcher Weise ist das Wunderkind für die moderne Künstlernatur charakteristisch?   11. Was ist der größte Stoff der deutschen Literatur?   12. In welchem Roman gestaltete Thomas Mann diesen Stoff?   13. Welchen Preis erhielt er 1929?   14. Wo und wann starb Thomas Mann?   15. Wo befindet sich ein Archiv?

IV.   FUTUR. *Ändern Sie die Sätze!*

Beispiel: Ich bleibe eine Stunde.
        Ich werde eine Stunde bleiben.

1. Er verliert es nie.   2. Er stürzt sich hinein.   3. Wie fängt er an?

4. Einige kommen zu spät.   5. Er spielt sein Lieblingsstück.   6. Er läßt auf sich warten.   7. Sie hören still zu.   8. Es langweilt ihn.   9. Es muß kommen.   10. Es kommen auch Sekunden des Vergessens. 11. So ist es immer.   12. Sie äußert sich über seine Unmittelbarkeit. 13. Das klingt gut.   14. Ich sage es laut.   15. Er schreibt es.   16. Das kommt auch.   17. Es ist um halb neun aus.   18. Ich schreibe über das Unkünstlerische dabei.   19. Sie warten draußen.   20. Sie verstehen alles.

V. FRAGEPRONOMEN

Nominativ	wer	was
Genitiv	wessen	
Dativ	wem	(womit, wobei, wovor usw.)
Akkusativ	wen	was (worauf usw.)

1. — kommt herein? Das Wunderkind kommt herein.   2. — trägt es? Es trägt ein weißseidenes Jäckchen.   3. Von — ist das ganze Program? Es ist von ihm.   4. (Wo—) setzt sich das Wunderkind? Es setzt sich auf den Drehsessel.   5. — Flügel ist es? Es ist sein eigener Flügel.   6. Für — macht es eine spitzfindige Miene? Für die Leute im Publikum macht es eine spitzfindige Miene.   7. (Wo—) fängt es an? Es fängt mit einem kraftvollen Ton an.   8. (Wo—) wirft es den Oberkörper zurück? Bei jedem Takt wirft es den Oberkörper zurück. 9. — sehen alle zu? Dem Wunderkind sehen alle zu.   10. — zollt der Offizier Respekt? Dem Wunderkind und allen bestehenden Mächten zollt der Offizier Respekt.   11. — begibt sich aufs Podium? Der Impresario begibt sich aufs Podium.   12. — gibt er einen Kuß? Dem Wunderkind gibt er einen Kuß.   13. — küßt er? Das Wunderkind küßt er.   14. Zu — geht es? Es geht zu seiner Mama.   15. (Wo—) bilden sich dichte Kreise? Vor dem Podium bilden sich dichte Kreise.

VI. *Kompositionsthema*
Haben Sie im Konzert, Theater oder Kino je empfunden, daß Künstler (auch) Clowns sind? Geben Sie Beispiele!

14 | Vor dem Gesetz

Franz Kafka

Alle Menschen haben *Zugang* zu Gott,   der Weg
aber jeder einen anderen.

—Martin Buber (1878–1965)

Vor dem Gesetz steht ein Tür*hüter*. Zu diesem Türhüter kommt ein Mann vom Lande und bittet um Eintritt in das Gesetz. Aber der Türhüter sagt, daß er ihm jetzt den Eintritt nicht *gewähren* könne. Der Mann *über*5 *legt* und fragt dann, ob er später werde eintreten können. „Es ist möglich", sagt der Türhüter, „jetzt aber nicht." Da das Tor zum Gesetz offensteht wie immer, und der Türhüter *beiseite* tritt, *bückt sich* der Mann, um durch das Tor in das Innere zu sehen. Als der Türhüter das *merkt*, 10 lacht er und sagt: „Wenn es dich *lockt*, versuche doch, trotz meines Verbotes hineinzugehen. *Merke* aber: Ich bin mächtig. Und ich bin nur der unterste Türhüter. Von *Saal* zu Saal stehen aber Türhüter, einer mächtiger als der andere. Schon den *Anblick* des dritten kann nicht 15 einmal ich mehr *ertragen*." Solche Schwierigkeiten hat der Mann vom Lande nicht erwartet; das Gesetz soll doch jedem und immer *zugänglich* sein, denkt er, aber als er jetzt den Türhüter in seinem Pelzmantel genauer ansieht, seine groß Spitznase, den langen, dünnen, schwar20 zen tatarischen Bart, *entschließt* er *sich*, doch zu warten, bis er die *Erlaubnis zum* Eintritt *bekommt*. Der Türhüter gibt ihm einen *Schemel* und läßt ihn seitwärts von der Tür sich niedersetzen. Dort sitzt er Tage und Jahre. Er macht viele Versuche, *eingelassen* zu *werden*, und ermüdet den 25 Türhüter durch seine Bitten. Der Türhüter *stellt* öfters kleine *Verhöre* mit ihm *an*, fragt ihn über seine Heimat aus und nach vielem anderen; es sind aber *teilnahmslose* Fragen, wie sie große Herren stellen, und *zum Schlusse* sagt er immer wieder, daß er ihn noch nicht einlassen 30 könne. Der Mann, der *sich* für seine Reise mit vielem *ausgerüstet* hat, *verwendet* alles, und sei es noch so wertvoll, um den Türhüter zu *bestechen*. Dieser nimmt zwar alles an, aber sagt dabei: „Ich nehme es nur an, damit du nicht glaubst, etwas *versäumt* zu haben. „Während der 35 vielen Jahre *beobachtet* der Mann den Türhüter fast *ununterbrochen*. Er vergißt die anderen Türhüter, und dieser erste scheint ihm das einzige Hindernis für den

der Wächter

erlauben
(nach)denken

zur Seite / den Kopf hinunterbeugen
sehen
anziehen, reizen
an etwas denken

der große Raum
das Aussehen
aushalten, durchhalten

offen

sich entscheiden
dürfen
die Fußbank, der kleine Stuhl

hineingehen dürfen
ausfragen, fragen

ohne wirkliches Interesse
am Ende

mitnehmen, was man braucht / gebrauchen die Hand schmieren

nicht tun
ansehen, studieren
immer, permanent

152

Eintritt in das Gesetz. Er *verflucht* den unglücklichen   verdammen
Zufall, in den ersten Jahren *rücksichtslos* und laut, später,   die Chance / hart, rüde
als er alt wird, *brummt er nur noch vor sich hin*. Er wird   murmeln
kindisch, und, da er in dem *jahrelangen* Studium des   viele Jahre

5 Türhüters auch die Flöhe in seinem Pelz*kragen* erkannt   der Halsteil der Kleidung /
                                                   identifizieren
hat, bittet er auch die Flöhe, ihm zu helfen und den
Türhüter *umzustimmen*. Schließlich wird sein Augenlicht   ändern, sich anders besin-
                                                   nen
schwach, und er weiß nicht, ob es um ihn dunkler wird,
ob ihn nur seine Augen *täuschen*. Wohl aber erkennt er   irreführen, lügen

10 jetzt im Dunkeln einen *Glanz*, der *unverlöschlich* aus der   das Licht / ohne auszu-
                                                   gehen
Tür des Gesetzes bricht. Nun lebt er nicht mehr lange.
Vor seinem Tode sammeln sich in seinem Kopfe alle
Erfahrungen der ganzen Zeit zu einer Frage, die er *bisher*   bis jetzt
an den Türhüter noch nicht gestellt hat. Er *winkt* ihm *zu*,   ein Zeichen geben

15 da er seinen *erstarrenden* Körper nicht mehr *aufrichten*   steif und leblos werden /
                                                 auf die Beine stellen
kann. Der Türhüter muß *sich* tief zu ihm hinunter*neigen*,   sich bücken
denn der Größenunterschied hat sich sehr *zuungunsten* des   zum Nachteil
Mannes verändert. „Was willst du denn jetzt noch
wissen?" fragt der Türhüter, „du bist *unersättlich*." „Alle   immer hungrig

20 *streben* doch *nach* dem Gesetz", sagt der Mann, „wieso   suchen, wünschen
kommt es, daß in den vielen Jahren niemand außer mir
Einlaß *verlangt* hat?" Der Türhüter erkennt, daß der   fordern, wollen
Mann schon an seinem Ende ist, und, um sein *vergehendes*   ein Ende nehmen
Gehör noch zu erreichen, *brüllt* er ihn *an*: „Hier konnte   laut schreien

25 niemand sonst Einlaß erhalten, denn dieser Eingang war
nur für dich bestimmt. Ich gehe jetzt und schließe ihn."

Franz Kafka

Franz Kafka gehört mit Bertolt Brecht, Hermann Hesse, Rainer
Maria Rilke und Thomas Mann zu den bekanntesten Schriftstellern
der deutschen Sprache im zwanzigsten Jahrhundert. Hesse nannte
Kafka den „heimlichen König der deutschen Prosa". Als Rilke seine
ersten Schriften kennenlernte, bat er „ganz besonders" darum, alles
von Kafka zu bekommen, was gedruckt wird. Für Thomas Mann
gehörte sein Werk „zu den faszinierendsten Erscheinungen auf dem
Gebiet künstlerischer Prosa. Tatsächlich ist es mit nichts zu vergleichen."

Kafka wurde 1883 in Prag geboren, als die Tschechoslowakei ein
Teil des Kaiserreiches Österreich-Ungarn war. Er besuchte die Volks-
schule bis zur vierten Klasse, das Deutsche Gymnasium bis zum Alter
von achtzehn und begann dann seine Studien an der Universität Prag.
Er studierte Jurisprudenz, aber ohne Begeisterung, so wie Goethe und
Heine, obwohl er sich den Doktortitel erwarb.

An der Universität hatte er den um ein Jahr jüngeren Max Brod
kennengelernt. Der Schriftsteller Max Brod entdeckte, sozusagen, den
weit bedeutenderen Schriftsteller Franz Kafka und förderte ihn. Die
ersten Schriften Kafkas erschienen im Jahre 1907, die heute bekanntesten Erzählungen „Die Verwandlung" und „Das Urteil" fünf Jahre
später.

Unter den Erzählern der Goethe-Zeit las er Johann Peter Hebel sehr gerne; vor allem liebte er aber Goethe selber. Über eine Reise, die Kafka und Brod im Jahre 1912 nach Weimar machten, schrieb Brod, wir waren „durch unsere Liebe zu Goethe, unsere seit Jahren betriebenen Goethe-Studien besonders gut vorbereitet".

Unter den modernen Schriftstellern deutscher Sprache mochte er Thomas Mann sehr. Er liebt die Künstler-Bürger-Novelle „Tonio Kröger". „Mann", schrieb er an Max Brod, „gehört zu denen, nach deren Geschriebenem ich hungere."

Kafkas Werk unterscheidet sich in vielen Beziehungen von dem Werk Thomas Manns. Bei Kafka finden wir keine psychologischen Analysen und Erklärungen. In seinem Tagebuch sprach er von der „Darstellung meines traumhaften inneren Lebens". Und in der Tat lesen wir bei ihm von inneren Vorgängen und nicht von Begebenheiten in der Außenwelt. Was von seinen Charakteren gesagt wird, sind Gedanken, Erkenntnisse, Gefühle; sie reagieren meist anders, als wir erwarten. Kafka gestaltet das innere Leben in einer Form, die überrealistisch ist, aber er schreibt, als verfasse er Zeitungsberichte. Die Traumwelt Kafkas ist eine Welt ohne Landschaft, ohne Bäume und Büsche, Meer und Berge. Seine Menschen sind Außenseiter, die immer wieder ohne Erfolg versuchen, in der Welt einen Platz zu behaupten.

„Vor dem Gesetz" erschien als Erzählung für sich und auch als Teil des Romans „Der Prozeß". Was hat es zu bedeuten? Kafkas Freund, Biograph und Herausgeber seiner Werke Max Brod sprach von den Gegensätzen, den zwei Tendenzen in Kafka: der Sehnsucht nach der Einsamkeit (dem Sitzen vor dem Gesetz?) und dem Willen zur Gemeinschaft (dem Streben nach dem Gesetz?). Thomas Mann schrieb von der Sehnsucht „dieses Träumers Kafka" nach den „Wonnen der Gewöhnlichkeit", wie es in „Tonio Kröger" heißt, aber auch von einer Erhöhung der Einsamkeitsschmerzen ins Religiöse.

Im neunten Kapitel des Romans „Der Prozeß" findet eine Diskussion zwischen zwei Menschen über die Bedeutung der Erzählung statt. Der eine, die Hauptfigur des Romans, wird konfus. Der andere, ein Priester, sagt: „Du mußt nicht zuviel auf Meinungen achten. Die Schrift is unveränderlich und die Meinungen sind oft nur ein Ausdruck der Verzweiflung darüber." Diskussionen über Kafka können endlos werden.

Im Laufe seines kurzen Lebens wurden nur ein paar hundert Seiten von ihm gedruckt. Als er 1924 im Alter von vierzig Jahren an Tuberkulose starb, fand Max Brod zwei Zettel, auf denen stand, daß man seine Manuskripte verbrennen solle. Max Brod verbrannte sie nicht. Die Romane „Der Prozeß", „Das Schloß" und „Amerika" und der größte Teil seiner anderen Werke erschienen nach seinem Tod.

ÜBUNGEN

I. *Beantworten Sie folgende Fragen!*
1. Wer sind die bekanntesten Schriftsteller der deutschen Sprache im zwanzigsten Jahrhundert? 2. Wie urteilten Hesse, Mann und Rilke über Kafka? 3. Wo wurde Kafka geboren, wo ging er zur Schule, wo studierte er? 4. Wen lernte er an der Universität kennen? 5. Welche älteren Dichter mochte er? 6. Was sagte er über Thomas Mann? 7. Was stellt Franz Kafka in seinen Schriften dar? 8. Welche Rolle spielt die Natur bei ihm? 9. Von welchen zwei Tendenzen schrieb Max Brod? 10. Wie viele seiner Werke wurden gedruckt, während er noch lebte? 11. Was sollte mit den anderen Werken geschehen? Was ist mit ihnen geschehen? 12. Wie heißen seine drei Romane?

II. *Diskussionsfragen*
1. Wie verstehen Sie das „Gesetz"? Als Ort, Gebäude, Institution, als eine Person, als absolutes Recht, als Statuten? Erklären Sie! 2. Wer bestimmt, was das Gesetz ist? Was bestimmt, was das Gesetz ist? 3. Wie lange steht der Türhüter wohl schon vor dem Gesetz? 4. Wie lange bleibt die Hoffnung bestehen, daß der Mann vom Lande Einlaß erhält? 5. Wo liegt der Widerspruch in den verschiedenen Aussagen des Türhüters über „Eintritt in das Gesetz"? 6. Ist der Mann vom Lande wirklich vollständig hilflos? 7. Ist er kraftlos? 8. Was ist im Grunde die Funktion des Türhüters? Was für einen Rang hat er? 9. Warum nimmt der Türhüter Wertvolles von dem Mann an? 10. Die Zeitformen sind meist Präsensformen. Wann und wo steht das Perfekt oder das Imperfekt? Was haben die Zeitformen zu bedeuten? 11. In welcher Weise benimmt sich der Mann vom Lande „kindisch"? Welche Bedeutung dürfte das kindische Benehmen haben? 12. Kafka schrieb im Jahre 1920, es war sein großer Wunsch, eine Ansicht des

Lebens zu gewinnen (und schriftlich die Welt von ihr überzeugen zu können), in der „das Leben ... als ein Nichts, als ein Traum, als ein Schweben erkannt werde". Gehört Ihrer Meinung nach „Vor dem Gesetz" hierher?   13. Im Jahre 1915 schrieb Franz Kafka in sein Tagebuch: „Warum ist das Fragen sinnlos? Klagen heißt: Fragen stellen und warten, bis Antwort kommt. Fragen aber, die sich nicht selbst im Entstehen beantworten, werden niemals beantwortet. ... Daher Fragen und Warten sinnlos." Was haben diese Tagebuch-Sätze mit der Erzählung „Vor dem Gesetz" zu tun?   14. Glauben Sie, daß die Worte Max Brods und Thomas Manns über die Gegensätze bei Kafka und über seine „Sehnsucht" unser Verständnis der Erzählung vertiefen könnten?   15. Was ist Ihrer Meinung nach das eigentliche Thema der Erzählung?

III. *Kompositionsthema*
Haben Sie in Situationen Ihres Lebens manchmal das Gefühl gehabt, daß Fragen sinnloses Klagen ist? Wir sprechen von Ihnen selbst und auch von Menschen, die Fragen an Sie gestellt haben. Geben Sie Beispiele!

15 | Aphorismen

Georg Christoph Lichtenberg

Der Aphorismus, die *Sentenz* . . . sind die Formen der   die Maxime
„Ewigkeit"; mein *Ehrgeiz* ist, in zehn Sätzen zu sagen,   die Ambition
was jeder Andre in einem Buche sagt,—was jeder Andre
in einem Buche *nicht* sagt.

—Friedrich Nietzsche (1844–1900)

VOM LESEN

Ein sicheres *Zeichen* von einem guten Buche ist,
wenn es einem immer besser gefällt, je älter man wird.
das Symptom

Es ist sehr gut, die von anderen hundertmal gelesenen Bücher immer noch einmal zu lesen; denn obgleich
5 das Objekt *einerlei* bleibt, so ist doch das Subjekt verschie-
den.
dasselbe

Es gibt wirklich sehr viele Menschen, die *bloß* lesen,
damit sie nicht denken dürfen.
nur

Ein Buch ist ein Spiegel; wenn ein Affe hineinsieht,
10 so kann kein Apostel heraus*gucken*.
sehen, schauen

Das Buch hatte die Wirkung, die *gemeiniglich* gute
Bücher haben; es machte die Einfältigen *einfältiger,* die
Klugen klüger, und die übrigen tausende blieben ungeändert.
meistens
dumm

15 Wenn ein Buch und ein Kopf zusammenstoßen und
es klingt *hohl*, ist das *allemal* im Buch?
im Innern leer / immer

Der deutsche *Gelehrte* hält die Bücher zu lange offen,
und der Engländer macht sie zu früh zu. Beides hat
indessen in der Welt seinen *Nutzen*.
der Wissenschaftler
aber / der Vorteil

20 Ich vergesse das meiste, was ich gelesen habe, so wie
das, was ich gegessen habe; ich weiß aber so viel: Beides
trägt nichstdestoweniger zur Erhaltung meines Geistes und
meines Leibes *bei*.
etwas dazu geben / doch

Ich habe mir die Zeitungen vom *vorigen* Jahre binden
25 lassen. Es ist unbeschreiblich, was für eine *Lektüre* dieses
ist: fünfzig Teile falsche Hoffnung, siebenundvierzig
letzt
der Lesestoff

160

Teile falsche Prophezeiung und drei Teile Wahrheit.
Diese Lektüre hat bei mir die Zeitungen von diesem
Jahre sehr *herabgesetzt*; denn ich denke: „Was diese sind,
das waren jene auch.‟

im Wert fallen lassen

5   Der Schriftsteller ist gut, der viel und lange gelesen
und nach hundert Jahren noch in allerlei Format *aufgelegt*
und eben dadurch das Vergnügen des Menschen im
allgemeinen wird. Das ganze menschliche Geschlecht
lobt nur das Gute, das Individuum oft das Schlechte.

veröffentlichen

VOM SCHREIBEN

10   Ich mag immer den Mann lieber, der so schreibt,
daß es *Mode werden* kann, als den, der so schreibt, wie es
Mode ist.

populär werden

Wenn wir mehr selbst dächten, so würden wir sehr
viel mehr schlechte und sehr viel mehr gute Bücher
15 haben.

Er *exzerpierte* beständig, und alles, was er las, ging
aus einem Buche neben dem Kopf vorbei in ein anderes.

Exzerpte machen

Acht Bände hat er geschrieben. Er hätte gewiß
besser getan, er hätte acht Bäume gepflanzt oder auch
20 Kinder gezeugt.

Bei manchem Werk eines berühmten Mannes
möchte ich lieber lesen, was er *weggestrichen* hat, als was
er hat stehenlassen.

ausstreichen

Mit wenigen Worten viel sagen heißt nicht, erst
25 einen *Aufsatz* machen, und dann die *Perioden* abkürzen;
sondern vielmehr, die Sache erst überdenken, und aus

der kurze Essay / der (große) Satz

dem Überdachten das Beste so sagen, daß der vernünftige
Leser wohl merkt, was man weggelassen hat. Eigentlich
heißt es, mit den wenigsten Worten zu erkennen geben,
daß man viel gedacht habe.

5   Zur Aufweckung des in jedem Menschen schlafen-
den Systems ist das Schreiben *vortrefflich,* und jeder, der   sehr gut
je geschrieben hat, wird gefunden haben, daß Schreiben
immer etwas erweckt, was man vorher nicht *deutlich*   klar
erkannte, *ob* es *gleich* in uns lag.   obgleich

VOM SPRECHEN UND VON SPRACHEN

10   Ist es nicht *sonderbar,* daß eine *wörtliche* Übersetzung   seltsam / buchstäblich, pe-
fast immer eine schlechte ist? Und doch läßt sich alles   dantisch
gut übersetzen. Man sieht hieraus, wieviel es *sagen will,*   bedeutet
eine Sprache ganz verstehen; es heißt, das Volk ganz
kennen, das sie spricht.

15   Es ist sehr *reizend,* ein ausländisches *Frauenzimmer*   schön, süß / die Frau
unsere Sprache sprechen und mit schönen Lippen Fehler
machen zu hören. Bei Männern ist es nicht so.

    Um eine Sprache recht gut sprechen zu lernen und
wirklich in Gesellschaft zu sprechen mit dem eigent-
20 lichen Akzent des Volks, muß man nicht allein *Gedächtnis*   das Sich-Erinnern-Können
und Ohr haben, sondern auch in gewissem Grad ein
kleiner *Geck* sein.   der Dandy

    Im Deutschen reimt sich *Geld* auf *Welt;* es ist kaum
möglich, daß es einen vernünftigeren Reim gebe; ich
25 biete allen Sprachen Trotz.

    Die wahre Bedeutung eines Wortes in unserer Mut-
tersprache zu verstehen, *bringen* wir gewiß oft viele Jahre   verbringen

162

hin. Ich verstehe auch *zugleich* hiermit die Bedeutungen, — zur selben Zeit
die ihm der Ton geben kann. Der *Verstand* eines Wortes — die Bedeutung
wird uns, um mich mathematisch auszudrücken, durch
eine Formel gegeben, wodurch der Ton die *veränderliche* — wechselnd
5 *Größe* und das Wort die *beständige* Größe *ist.* Hier eröffnet — das Element / bleibend
sich ein Weg, die Sprachen unendlich zu *bereichern,* ohne — reicher machen
die Worte zu *vermehren.* Ich habe gefunden, daß die — mehr werden lassen
Redensart „Es ist gut" auf fünferlei Art von uns ausge- — die Wendung (der Rede)
sprochen wird und allemal mit einer andern Bedeutung,
10 die *freilich* auch oft noch durch eine dritte veränderliche — natürlich
Größe, nämlich die *Miene,* bestimmt wird. — der Gesichtsausdruck

Populärer *Vortrag* heißt heutzutage nur zu oft der, — die längere Rede
wodurch die *Menge* in den Stand gesetzt wird, von etwas — die Masse
zu sprechen, ohne es zu verstehen.

VON DEN MENSCHEN UND DER WELT

15 Ich habe durch mein ganzes Leben gefunden, daß
sich der Charakter eines Menschen aus nichts so sicher
erkennen läßt, wenn alle *Mittel* fehlen, als aus einem — die Hilfsquelle
Scherz, den er *übelnimmt.* — Ärger empfinden

Über nichts wird *flüchtiger geurteilt* als über die — (zu) schnell / eine Meinung
20 Charaktere der Menschen, und doch sollte man in nichts — aussprechen
behutsamer sein. Bei keiner Sache wartet man weniger das — vorsichtig
Ganze ab, das doch eigentlich den Charakter ausmacht,
als hier. Ich habe immer gefunden, die sogenannten
schlechten Leute gewinnen, wenn man sie genauer ken-
25 nenlernt, und die guten verlieren.

Man muß nie den Menschen nach dem *beurteilen,* — charakterisieren
was er geschrieben hat, sondern nach dem, was er in
Gesellschaft von Männern, die ihm gewachsen sind,
spricht.

Gott schuf den Menschen nach seinem Bilde, das heißt *vermutlich*, der Mensch schuf Gott nach seinem. — *wahrscheinlich, vielleicht*

Wir, der Schwanz der Welt, wissen nicht, was der Kopf *vorhat*. — *planen*

5 Nichts schmerzt mich mehr bei allem *meinem Tun und Lassen*, als daß ich die Welt so ansehen muß wie der *gemeine* Mann, da ich doch szientifisch weiß, daß er sie falsch ansieht. — *was ich tue* / *normal*

Der Mensch ist vielleicht halb Geist und halb 10 Materie so wie der Polyp halb Pflanze und halb Tier. Auf der Grenze liegen immer die *seltsamsten Geschöpfe*. — *kurios / die Kreatur*

Es ist ein großer Unterschied zwischen etwas noch glauben und es wieder glauben. Noch glauben, daß der Mond auf die Pflanzen wirke, *verrät* Dummheit und 15 *Aberglaube*, aber es wieder glauben, zeugt von Philosophie und Nachdenken. — *erkennen lassen* / *der Glaube an Übernatürliches*

Wir leben in einer Welt, worin *ein* Narr viele Narren, aber *ein* weiser Mann nur wenige Weise macht.

Wie glücklich würde mancher leben, wenn er *sich* 20 *um* anderer Leute Sachen so wenig *bekümmere* wie um seine eigenen. — *sehen nach*

Die Leute, die niemals Zeit haben, tun am wenigsten.

Es gibt Leute, die glauben, alles wäre vernünftig, 25 was man mit einem *ernsthaften* Gesicht tut. — *ernst*

Die *unterhaltendste Fläche* auf der Erde ist für uns die vom menschlichen Gesicht. — *interessant / der Raum*

In jedem Menschen ist etwas von allen Menschen.

Auch selbst den Weisesten unter den Menschen sind Leute, die Geld bringen, mehr willkommen als die, die welches holen.

5   Ich kann *freilich* nicht sagen, ob es besser werden   natürlich wird, wenn es anders wird; aber soviel kann ich sagen, es muß anders werden, wenn es gut werden soll.

Was bin ich? Was soll ich tun? Hierauf reduziert sich alles in der Philosophie.

GEORG-CHRISTOPH-LICHTENBERG
PROFESSOR DER PHILOSOPHIE
zu GOETTINGEN.
geb 1744.

Georg Christoph Lichtenberg

Der Aphorismus ist neben dem Gedicht, der Anekdote und der kurzen Erzählung eine weitere „kurze Form" der Literatur. Das Wort stammt aus dem Griechischen, ebenso wie „Anekdote", und bedeutet eigentlich „Definition".

Die ersten Aphorismen der europäischen Literatur stammen aus dem Gebiet der Naturwissenschaften, vor allem der Medizin, bei dem Arzt Hippokrates (460–377 v. Chr.). Bei ihm lesen wir aber auch schon Aphorismen über allgemeine Fragen. Bekannt ist sein Satz, den man meist in der lateinischen Form liest: *Vita brevis, ars longa:* Das Leben ist kurz, die Kunst ist lang.

Aphorismen stellen keine objektiven Wahrheiten dar. Sie sind subjektive Äußerungen eines Selbstdenkers, der eigene Wege geht, konventionelle Anschauungen umwertet oder in neuem Licht erscheinen läßt. Durch Vergleich, Gegensatz oder Widerspruch wird eine Lebensweisheit, eine Erkenntnis deutlich. Häufig überrascht uns der Schriftsteller durch paradoxe Schlüsse.

In der europäischen Literatur erneuerten Francis Bacon und Desiderius Erasmus den griechischen Aphorismus. Es war die Zeit des Humanismus im fünfzehnten und sechzehnten Jahrhundert. In dem folgenden Jahrhundert blühte die Gattung in nichtdeutschen Literaturen. Im deutschen Sprachraum gab es im achtzehnten Jahrhundert zwar viele Sammlungen von Aphorismen, aber sie hatten wenig literarischen Wert. Welche Themen interessierten, ersieht man aus den Titeln: ,,Über Weiber und Mädchen", ,,Über den Kuß", ,,Aphorismen aus dem Gebiet der Liebe und Ehe, oder die Weiber, wie sie sind, aber nicht sein sollten.".

Der Begründer ernster Aphorismen deutscher Sprache war Georg Christoph Lichtenberg. Er wurde 1742 als Sohn eines Pastors bei Darmstadt geboren. Für die Eltern war er das achtzehnte von achtzehn Kindern. Auf der 1737 gegründeten Universität Göttingen studierte er Mathematik und Naturwissenschaften. An derselben Universität wurde er Professor und machte sich im Laufe des Jahrhunderts einen Namen auf dem Gebiet der Experimentalphysik; gewisse elektrisierte Körper heißen bis heute Lichtenbergsche Figuren. Lichtenberg war vielseitig; vom kommenden technischen Zeitalter ahnte er zum Beispiel vieles. Einmal meinte er: ,,Die Welt muß noch nicht sehr alt sein, weil die Menschen noch nicht fliegen können."

Er machte zwei Reisen nach England, dem ,,Lande Newtons", wurde dort mit den bedeutendsten Persönlichkeiten bekannt, war wochenlang Gast des Königs Georg III., dessen deutscher Großvater die Universität Göttingen gegründet hatte, und bewunderte vor allem den Shakespeare-Schauspieler David Garrick. Garrick mochte auch Lichtenberg sehr und meinte, er habe nie einen Ausländer so perfekt Englisch sprechen hören. In Lichtenbergs ,,Briefen aus England" gab er deutschen Lesern ein anschauliches Bild von Shakespeare auf der englischen Bühne.

Neben seinen wissenschaftlichen Arbeiten an der Universität Göttingen schrieb Lichtenberg geistreiche literarische Satiren und Aphorismen. ,,Wo er einen Spaß macht, liegt ein Problem verborgen", sagte Goethe von ihm. Lichtenberg war in der Tat ein klarer und scharfer Denker. Über sich selbst schrieb er aber sachlich: ,,Ich habe überhaupt sehr viel gedacht, das weiß ich, viel mehr, als ich gelesen habe. Es ist mir daher vieles von dem unbekannt, was die Welt weiß, und daher irre ich auch oft, wenn ich mich in die Welt mische, und dieses macht mich schüchtern." Doch war Lichtenberg ein glänzender Menschenbeobachter. Sein Prinzip war, in jedem Fall „etwas zu sehen suchen, was noch niemand gesehen und woran noch niemand gedacht hat." Er hat manches geahnt, was Freud und Freudianer erst über hundert Jahre später formulieren sollten. Sigmund Freud lobte Lichtenberg als Psychologen sehr.

Als Georg Christoph Lichtenberg 1799 in Göttingen starb, folgten fünfhundert Studenten seinem Leichenwagen.

16 | Lyrik

Vom Zeitalter Goethes bis heute

Alles Lyrische muß im ganzen sehr vernünftig, im
einzelnen ein bißchen unvernünftig sein.

—Johann Wolfgang von Goethe (1749–1832)

Lyrik

Während der Verfasser von Prosa-Erzählungen eine Begebenheit beschreibt, schildert der Lyriker einen Zustand des Gemüts. In der sogenannten Erlebnis-Lyrik, von Goethe bis zu den Dichtern des zwanzigsten Jahrhunderts, steht das Gefühl im Vordergrund; das Gedicht kreist um die Bewegung des Gemüts.

Der Lyriker bringt keine Erzählung und will nichts beweisen, obwohl er zuweilen auch beschreibt, erzählt und vielleicht reflektiert. Der Stoff des Gedichtes—Blüten und Blumen, Bäume und Tiere, Nebel und Sonne—hat Bedeutung als Symbol und als Stimmungswert.

Das lyrische Werk wird von der Einheit der Stimmung getragen. Im Gedicht finden wir die „fortgehende Metapher eines Gefühls", schrieb einer der großen lyrischen Dichter der Deutschen, Friedrich Hölderlin (1770–1843).

Der Dichter schildert die menschliche Wirklichkeit. Ja, ein „Lyriker ist einer, der nicht anders kann, als eine wirklichere Wirklichkeit im Wort zu schaffen", meinte die Dichterin Hilde Domin (1912–). „Die ‚wirklichere Wirklichkeit' ist dies insofern, als sie im Spezifischen das Beispielhafte sichtbar macht."

In welcher Form erscheint die menschliche Wirklichkeit im Gedicht? Die Motive sind uralt. Seit Jahrtausenden gestalten die Dichter sie immer wieder neu: Freundschaft und Liebe, Glück und Freude, Verlust und Trauer, Schmerz und Leid, Angst und Sehnsucht, Lust und Hoffnung. Dem menschlichen Erlebnis gibt der Dichter künstlerischen Ausdruck; in rhythmischer Form schildert er Seelisch-Geistiges.

Die Lyrik stellt eine hohe Kunstform der Sprache dar. Das lyrische Gedicht erweitert und vertieft die Vorstellungs- und Empfindungswelt des Lesers. Was unbewußt, halb bewußt oder auch unterbewußt in uns liegt, wird im lyrischen Gedicht sprachlich gestaltet.

Im zwanzigsten Jahrhundert gingen manche Lyriker neue Wege. Bertolt Brecht meinte, es sei eine schlechte Zeit für Lyrik. Wer aber doch Lyrik schreibe, habe mit seinen Gedichten eine sozialpolitische Funktion zu erfüllen. Rainer Maria Rilke war für ihn zum Beispiel ein „sonst wirklich guter Mann", aber seine Lyrik enthalte keine sozialpolitischen Motive. Brecht war gegen den subjektiven Ausbruch. Gedichte müßten Gebrauchswert haben, um soziale und politische Motive kreisen und den Wert von Dokumenten ihrer Epoche haben.

Gedankenlyrik gibt es seit Jahrtausenden. Bei Heinrich Heine liest man sogar Gedichte, die im Sinne der modernen Lyrik „zerebral" zu nennen sind. Manche Gedichte dieser Art gehören zum Expressionismus, und viele gehen über den nun schon historischen Expressionismus hinaus. In den letzten Jahrzehnten experimentierten die Dichter mit immer wieder neuen Formen.

Die Lyrik ist eine Blüte der deutschen Dichtung. Dichter deutscher Sprache schufen eine mächtige Poesie, die im Grunde nicht zu übersetzen ist. „Man wird am Ende auf das Resultat zurückgeführt, daß alle Übersetzungen immer nur Pygmäen im Vergleich mit ihren großen Originalen bleiben", schrieb August Graf von Platen-Hallermünde (1796–1835).

Die Anthologie, die wir hier bringen, ist eine kleine Auswahl von Gedichten aus der weiten und überreichen Welt der deutschen Lyrik.

Johann Christian Günther (1695–1723)

TROST-ARIA

Endlich bleibt nicht ewig aus,
Endlich wird der *Trost* erscheinen,   die Hilfe, das Beruhigende
Endlich grünt der Hoffnungs*strauß*,   das Bouquet
Endlich hört man auf zu weinen,
Endlich bricht der Tränen*krug*,   die Kanne
Endlich spricht der Tod: Genug!

Endlich wird aus Wasser Wein,
Endlich kommt die rechte Stunde,
Endlich *fällt* der *Kerker ein*,   zerfallen / die Zelle
Endlich heilt die tiefste Wunde,
Endlich macht die Sklaverei
Den gefangnen Joseph frei.

Endlich, endlich kann der *Neid*,   die Bitternis
Endlich auch *Herodes* sterben,   König, den viele haßten
Endlich *Davids* Hirtenkleid   der David der Bibel
Seinen *Saum* in *Purpur* färben,   die Kleidung / blaurote Farbe als Symbol der Macht
Endlich macht die Zeit den *Saul*   der Saul der Bibel
Zur *Verfolgung* schwach und faul.   die Jagd auf Menschen

Endlich nimmt der Lebenslauf
Unsers Elends auch ein Ende,
Endlich steht der *Heiland* auf,   Christus
Der das Joch der *Knechtschaft* wende,   die Sklaverei
Endlich machen vierzig Jahr
Die *Verheißung zeitig* wahr.   die Prophezeiung /
                                                   früh(zeitig)

Endlich blüht die Aloe,
Endlich trägt der Palmbaum Früchte,
Endlich schwindet Furcht und Weh,
Endlich *wird* der Schmerz *zunichte*,   weggehen
Endlich sieht man Freudental,
Endlich, endlich kommt einmal.

1. Erklären Sie den Titel!   2. Welche Gewißheit äußert sich hier?
3. Wo wird aus schwarz weiß gemacht?   4. Wie kommt der Jubel des
Dichters zum Ausdruck?

Matthias Claudius (1740–1815)

KRIEGSLIED

'*s* ist Krieg! 's ist Krieg! O Gottes Engel wehre   es
  Und rede du darein!
's ist leider Krieg—und ich *begehre*   heftig wünschen
  Nicht schuld daran zu sein!

Was sollt ich machen, wenn im Schlaf mit *Grämen*   Schmerzen
  Und blutig, bleich und blaß,
Die Geister der Erschlagnen zu mir kämen,
  Und vor mir weinten, was?

Wenn *wackre* Männer, die sich Ehre suchten,   tüchtig und treu
  Verstümmelt und halb tot   verkrüppelt
Im Staub sich vor *mir wälzten* und mir fluchten   sich hin und her drehen
  In ihrer Todesnot?

Wenn tausend tausend Väter, Mütter, Bräute,
  So glücklich vor dem Krieg,
Nun alle elend, alle arme Leute,
  Wehklagten über mich?

Wenn Hunger, böse *Seuch'* und ihre Nöten
  Freund, Freund und Feind ins Grab
Versammelten, und mir zu Ehren krähten
  Von einer Leich' herab?

Was hülf mir Kron' und Land und Gold und Ehre?
  Die könnten mich nicht freun!
's ist leider Krieg—und ich begehre
  Nicht schuld daran zu sein!

1. Der Kritiker Karl Kraus, der das Gedicht von Claudius liebte, sagte von dem Wort „leider", in der ersten und in der letzten Strophe: „. . . diesem tiefsten Komparativ von Leid, vor dem alle Leidenslyrik vergeht". Was bedeutet das Wort Ihnen hier? 2. Wer ist „ich"? Ein König, ein Minister oder eine Privatperson? 3. Wird der Krieg, das Schicksal, seinen Lauf nehmen? 4. Steht ein Gefühl hier im Vordergrund: Verzweiflung, Hoffnung, Resignation? Oder verschmelzen verschiedene Gefühle? Oder ist es erst das eine und dann das andere?

Johann Wolfgang von Goethe (1749–1832)

WILLKOMMEN UND ABSCHIED

Es schlug mein Herz. *Geschwind* zu Pferde! schnell
Und fort, wild wie ein Held zur Schlacht.
Der Abend *wiegte* schon die Erde, in Schlaf wiegen
Und an den Bergen hing die Nacht.
Schon *stund* im Nebelkleid die Eiche stand
Wie ein *getürmter* Riese da, wie ein Turm
Wo *Finsternis* aus dem *Gesträuche* die Dunkelheit / das Ge-
Mit hundert schwarzen Augen sah. büsch

Der Mond von einem Wolkenhügel
Sah schläfrig aus dem *Duft* hervor; der leichte Nebel
Die Winde schwangen leise Flügel,
Um*sausten schauerlich* mein Ohr. fahren, rauschen / so daß
Die Nacht schuf tausend *Ungeheuer*; man Schauer empfindet
Doch tausendfacher war mein *Mut*; das Monstrum
Mein Geist war ein *verzehrend* Feuer, die Courage
Mein ganzes Herz zerfloß in *Glut*. konsumieren
   das starke Gefühl, die große
   Wärme

Ich sah dich, und die *milde* Freude   warm und gütig
Floß aus dem süßen Blick auf mich.
Ganz war mein Herz an deiner Seite,
Und jeder Atemzug für dich.
Ein rosenfarbnes Frühlingswetter
Lag auf dem lieblichen Gesicht,
Und *Zärtlichkeit* für mich, ihr Götter!   die Liebe
Ich hofft' es, ich verdient' es nicht.

Der Abschied, wie *bedrängt,* wie *trübe*!   schmerzend / traurig
Aus deinen Blicken sprach dein Herz.
In deinen Küssen welche Liebe,
O welche *Wonne,* welcher Schmerz!   die tiefe Freude
Du gingst, ich *stund* und sah zur Erden,   stand
Und sah dir nach mit nassem Blick;
Und doch, welch Glück, geliebt zu werden,
Und lieben, Götter, welch ein Glück!

1. Lesen Sie das Gedicht laut! Welche Wörter werden betont? Welche
Funktion hat die freie Betonung?   2. Wie und wo gehen der Mensch
und die Dinge ineinander über?   3. Wo beginnt der Dualismus:
Mensch und Natur?   4. Beschreiben Sie die Dissonanz von Äußerem
und Innerem!   5. Woher kommen die Ungeheuer?   6. Wo liegt hier
die Polarität?   7. Welche Bedeutung hat „doch" gegen Ende des
Gedichtes?

HEIDENRÖSLEIN

Sah ein Knab' ein Röslein stehn,
Röslein auf der Heiden,
War so jung und morgenschön,
Lief er schnell, es nah zu sehn,
Sah's mit vielen Freuden.
Röslein, Röslein, Röslein rot,
Röslein auf der Heiden.

Knabe sprach: ich breche dich,
Röslein auf der Heiden!
Röslein sprach: ich steche dich,
Daß du ewig denkst an mich,
Und ich will's nicht leiden.
Röslein, Röslein, Röslein rot,
Röslein auf der Heiden.

Und der wilde Knabe brach
's Röslein auf der Heiden;
Röslein *wehrte sich* und stach,   widerstehen
Half ihm doch kein Weh und Ach,
Mußt es eben leiden.
Röslein, Röslein, Röslein rot,
Röslein auf der Heiden.

1. Was ist im Mittelpunkt: das Röslein oder der Knabe?   2. Welche Assoziationen ruft das Bild „auf der Heide" hervor?   3. Welche Funktion hat der dreimal wiederkehrende Refrain?   4. Diskussion: Blumenschicksal, Menschenschicksal.

GEFUNDEN

Ich ging im Walde
So für mich hin,
Und nichts zu suchen,
Das war mein Sinn.

Im Schatten sah ich
Ein Blümlein stehn,
Wie Sterne leuchtend,
Wie Äuglein schön.

Ich wollt' es brechen,
Da sagt' es fein:
„Soll ich zum *Welken*   vertrocknen
Gebrochen sein?"

Ich grub's mit allen
Den Würzlein aus,
Zum Garten trug ich's
Am hübschen Haus.

Und pflanzt' es wieder
Am stillen Ort;
Nun *zweigt* es immer   florieren
Und blüht so fort.

1. Genau fünfundzwanzig Jahre nachdem Goethe Christiane Vulpius ,,fand"—später heiratete er sie—schrieb er ,,Gefunden". Was würden Sie über die Ehe sagen, nachdem Sie ,,Gefunden" gelesen haben?   2. Warum hier kein Refrain?   3. Vergleichen Sie die zwei Blumengedichte miteinander!

WANDERERS NACHTLIED I

Der du von dem Himmel bist
Alles Leid und Schmerzen *stillest*   zur Ruhe bringen
Den, der doppelt elend ist,
Doppelt mit *Erquickung* füllest,   die Auffrischung
Ach, ich bin des *Treibens* müde!   das aktive Tun
Was soll all der Schmerz und Lust?   welchen Sinn hat?
Süßer Friede,
Komm, ach komm in meine Brust!

1. Wer steht hier im Mittelpunkt: ein bestimmter Mensch oder der Mensch überhaupt?   2. Obwohl hier keine (seelische) Spannung beschrieben wird, enthalten die Verse doch—implizite—eine seelische Spannung. Welcher Art ist diese Spannung?   3. Was ist die zentrale ,,Bitte" dieser Verse?   4. Warum steht das Wort ,,Friede" gegen Ende und nicht am Anfang? Was hat das mit der Spannung (siehe 2) zu tun?

WANDERERS NACHTLIED II

Über allen *Gipfeln*   die höchste Spitze des
Ist Ruh,   Berges
In allen *Wipfeln*   der Oberteil eines Baumes
Spürest du
Kaum einen *Hauch*   der leichte Luftzug
Die Vögelein schweigen im Walde.
Warte nur, balde
Ruhest du auch.

1. In welchem Sinne ist „Wanderers Nachtlied II" ein religiöses Gedicht? 2. Was ist das Allgemeinmenschliche an der hier geschilderten Situation? 3. Analysieren Sie die Satzform in den beiden Gedichten! Vergleichen und erklären Sie!

ERINNERUNG

Willst du immer weiter *schweifen*?   wandern
Sieh, das Gute liegt so nah.
Lerne nur das Glück ergreifen,   in die Hände nehmen
Denn das Glück ist immer da.

Friedrich Schiller (1759–1805)

DIE TEILUNG DER ERDE

Nehmt hin die Welt! rief Zeus von seinen Höhen
   Den Menschen zu. Nehmt, sie soll euer sein!
Euch schenk ich sie zum *Erb* und ewgen *Lehen*—   was man hinterläßt / der
   Doch teilt euch brüderlich darein!   Besitz

Da eilt', was Hände hat, *sich einzurichten*,   anfangen
   Es *regte sich* geschäftig jung und alt.   arbeiten
Der *Ackermann* griff nach des Feldes Früchten,   der Bauer
   Der *Junker birschte* durch den Wald.   der junge Edelmann / auf
                                   die Jagd gehen

Der Kaufmann nimmt, was seine *Speicher* fassen,   das Depot
   Der Abt wählt sich den edeln *Firnewein*   der alte Wein
Der König sperrt die Brücken und die Straßen
   Und sprach: der *Zehente* ist mein.   der zehnte Teil

Ganz spät, nachdem die Teilung längst geschehen,
   Naht der Poet, er kam aus weiter Fern—
Ach! da war überall nichts mehr zu sehen,
   Und alles hatte seinen Herrn!

Weh mir! so soll denn ich allein von allen
   Vergessen sein, ich, dein *getreuster* Sohn?   treu
So ließ er laut der Klage Ruf *erschallen*   (er)klingen
   Und warf sich hin vor *Jovis* Thron.   Jupiter, Zeus, Gott

Wenn du im Land der Träume *dich verweilest,*   bleiben
   Versetzt der Gott, so *hadre* nicht mit mir.   antworten / brechen mit
Wo warst du denn, als man die Welt geteilet?
   Ich war, sprach der Poet, bei dir.

Mein Auge hing an deinem *Angesichte,*   das Gesicht
   An deines Himmels Harmonie mein Ohr—
Verzeih dem Geiste, der, von deinem Lichte   entschuldigen
   Berauscht, das Irdische verlor!   trunken

Was tun? spricht Zeus; die Welt is weggegeben,
   Der Herbst, die Jagd, der Markt ist nicht mehr mein.
Willst du in meinem Himmel mit mir leben—
   Sooft du kommst, er soll dir offen sein.

      1. Was folgt der großartigen Szene der ersten vier Verse?   2. Wie deutet der Dichter das geschäftige Leben der Erde an?   3. Wo (und womit) beginnt die Klage des vergessenen Poeten?   4. a. Was besagen die o-Vokale in der sechsten Strophe?   b. Was besagen die o-Vokale am Ende des Gedichtes?   5. Was ist die Funktion des Dichters?   6. Spricht Schiller hier von einem christlichen Himmel?

Friedrich Hölderlin (1770–1843)

AN DIE *PARZEN*   die Schicksalsgöttin

Nur Einen Sommer *gönnt*, ihr *Gewaltigen*!   schenken / mächtig
  Und Einen Herbst zu reifem Gesang mir,
    Daß williger mein Herz, vom süßen
      Spiele *gesättigt*, dann mir sterbe.   zufrieden

Die Seele, der im Leben ihr göttlich Recht
  Nicht *ward*, sie ruht auch drunten im *Orkus* nicht;   bekam / die Unterwelt
    Doch ist mir einst das Heil'ge, das am
      Herzen mir liegt, das Gedicht, gelungen.

Willkommen dann, o Stille der Schattenwelt!
  Zufrieden bin ich, wenn auch mein *Saitenspiel*   die Lyra
    Mich nicht hinab *geleitet*; einmal   folgen, begleiten
      Lebt' ich wie Götter, und mehr *bedarf*'s nicht. brauchen

1. Wen spricht er an?   2. Um was bittet er?   3. Was ist das „süße
Spiel"?   4. Was sagt der Dichter hier über die Dichtung aus?

Friedrich von Hardenberg (Novalis) (1772–1801)

WENN ICH IHN NUR HABE

Wenn ich ihn nur habe,
Wenn er mein nur ist,
Wenn mein Herz bis hin zum Grabe
Seine Treue nie vergißt:
Weiß ich nichts von Leide,
Fühle nichts als *Andacht,* Lieb' und Freude.   die Feierstimmung

Wenn ich ihn nur habe,
Laß' ich alles gern,
Folg' an meinem Wanderstabe
Treugesinnt nur meinem Herrn;
Lasse still die andern
Breite, lichte, volle Straßen wandern.

Wenn ich ihn nur habe,
Schlaf' ich fröhlich ein,
Ewig wird zu süßer *Labe*   die Erfrischung, der
Seines Herzens Flut mir sein,   Seelentrost
Die mit sanftem Zwingen
Alles wird erweichen und durchdringen.

Wenn ich ihn nur habe,
Hab' ich auch die Welt;
Selig, wie ein Himmelsknabe   völlig beglückt
Der der *Jungfrau* Schleier hält.   die Mutter Gottes
Hingesenkt im *Schauen*   vertieft / die Betrachtung
Kann mir vor dem Irdischen nicht *grauen*.   Angst empfinden

Wo ich ihn nur habe,
Ist mein Vaterland,
Und es fällt mir jede Gabe
Wie ein *Erbteil* in die Hand,   der Anteil eines Kindes am
                                                 elterlichen Besitz
Längst vermißte Brüder
Find' ich nun in seinen *Jüngern* wieder.   der Apostel

1. „Ich" ist der Dichter. Wer ist „er"?   2. Welche Worte sind in der
ersten Strophe zu betonen? Was sagen die betonten Worte über die
zentrale Bedeutung der Verse aus?   3. Geht es in den Versen von
innen nach außen oder von außen nach innen?   4. Sechsmal lesen
wir das konditionale „Wenn". Was besagt das „Wo" in der letzten
Strophe?

Joseph von Eichendorff (1788–1857)

MONDNACHT

Es war, als hätt' der Himmel
Die Erde still geküßt,
Daß sie im Blütenschimmer
Von ihm nun träumen müßt'.

Die Luft ging durch die Felder,
Die Ähren *wogten sacht,*   sich bewegen / leicht, sanft
Es rauschten leis die Wälder,
So sternklar war die Nacht.

Und meine Seele spannte
Weit ihre Flügel aus,
Flog durch die stillen Lande,
Als flöge sie nach Haus.

1. Was für eine Harmonie wird in der ersten Strophe geschildert? 2.
Was ist der Kausalzusammenhang zwischen der ersten und der
zweiten Strophe? 3. Wovon spricht der Dichter in der dritten
Strophe?

Heinrich Heine (1797–1856)

DAS GLÜCK IST EINE LEICHTE DIRNE

Das Glück ist eine *leichte Dirne*	frivol / das Mädchen
Und *weilt* nicht gern am selben Ort;	bleiben
Sie streicht das Haar dir von der Stirne	
Und küßt dich *rasch* und flattert fort.	schnell
Frau Unglück hat im Gegenteile	
Dich liebefest ans Herz gedrückt;	
Sie sagt, sie habe keine *Eile*,	die Hast
Setzt sich zu dir ans Bett und *strickt*.	handarbeiten

DU BIST WIE EINE BLUME

Du bist wie eine Blume	
So *hold* und schön und rein;	lieblich
Ich schau' dich an, und *Wehmut*	die sanfte Melancholie
Schleicht mir ins Herz hinein.	sich unbemerkt bewegen

187

Mir ist, als ob ich die Hände
Aufs *Haupt* dir legen sollt',
Betend, daß Gott dich *erhalte*
So rein und schön und hold.

der Kopf

Gott bitten / für das Bestehen sorgen

WER ZUM ERSTEN MALE LIEBT

Wer zum ersten Male liebt,
Sei's auch glücklos, ist ein Gott;
Aber wer zum zweiten Male
Glücklos liebt, der ist ein *Narr.*

der Dummkopf

Ich, ein solcher Narr, ich liebe
Wieder ohne Gegenliebe!
Sonne, Mond und Sterne lachen,
Und ich lache mit—und sterbe.

SIE SAßEN UND TRANKEN AM TEETISCH

Sie saßen und tranken am Teetisch,
Und sprachen von Liebe viel.
Die Herren, die waren ästhetisch,
Die Damen von zartem Gefühl.

„Die Liebe muß sein platonisch",
Der *dürre Hofrat* sprach.
Die Hofrätin lächelt ironisch,
Und dennoch *seufzet* sie: „Ach!"

dünn und trocken / Titel
eines höheren Beamten
im fürstlichen Haushalt

tief atmen

Der *Domherr* öffnet den Mund weit:
„Die Liebe sei nicht zu *roh,*
Sie *schadet* sonst der Gesundheit."
Das Fräulein lispelt: „*Wieso?*"

Titel eines Mitglieds der
Kommission in einer
Bischofskirche
bestialisch
nicht gut sein für

aber warum?

Die Gräfin spricht *wehmütig*:
„Die Liebe ist eine Passion!"
Und präsentiert *gütig*
Die Tasse dem Herrn Baron.

aristokratischer Titel / melancholisch

freundlich

Am Tische war noch ein Plätzchen.
Mein Liebchen, da hast du gefehlt.
Du hättest so hübsch, mein Schätzchen,
Von deiner Liebe erzählt.

ICH HATTE EINST EIN SCHÖNES VATERLAND

Ich hatte einst ein schönes Vaterland.
Der Eichenbaum
Wuchs dort so hoch, die Veilchen nickten sanft.
Es war ein Traum.

Das küßte mich auf deutsch, und sprach auf deutsch
(Man glaubt es kaum,
Wie gut es klang) das Wort: „Ich liebe dich!"
Es war ein Traum.

DER TOD, DAS IST DIE KÜHLE NACHT

Der Tod, das ist die kühle Nacht,
Das Leben ist der *schwüle* Tag.
Es dunkelt schon, mich schläfert,
Der Tag hat mich müd' gemacht.

heiß, drückend

Über mein Bett erhebt sich ein Baum,
Drin singt die junge Nachtigall;
Sie singt von *lauter* Liebe,
Ich hör' es sogar im Traum.

nur, nichts als

189

1. Hier stehen acht Aussagen—mit Verb und Subjekt—hintereinander. Was ist das verbindende Element?   2. Wo liegen die Gegensätze?   3. Was hat die Nachtigall, die „von lauter Liebe" singt, mit dem Tod zu tun?   4. Welchen Zustand des Gemüts, was für eine Stimmung schildert Heine?

Rainer Maria Rilke (1875–1926)

DAS KARUSSELL

Mit einem Dach und seinem Schatten dreht
Sich eine kleine Weile der *Bestand*   die Anzahl
Von bunten Pferden, alle aus *dem Land,*   die Kindheit
Das lange zögert, eh es untergeht.
Zwar manche sind an Wagen *angespannt,* anbinden
Doch alle haben *Mut* in ihren Mienen;   die Courage
Ein böser roter Löwe geht mit ihnen
Und *dann und wann* ein weißer Elefant. hier und da

Sogar ein Hirsch ist da ganz wie im Wald,
Nur daß er einen Sattel trägt und *drüber* darüber
Ein kleines blaues Mädchen *aufgeschnallt.* befestigen

Und auf dem Löwen reitet weiß ein Junge
Und hält sich mit der kleinen heißen Hand,
Dieweil der Löwe Zähne zeigt und Zunge. während

Und dann und wann ein weißer Elefant.

Und auf den Pferden kommen sie vorüber,
Auch Mädchen, helle, diesem Pferdesprunge
Fast schon *entwachsen;* mitten in dem Schwunge   zu groß sein für (etwas)
Schauen sie auf, irgendwohin, herüber—

Und dann und wann ein weißer Elefant.
Und das geht hin und eilt sich, daß es endet,
Und *kreist* und dreht sich nur und hat kein Ziel.   in der Runde gehen
Ein Rot, ein Grün, ein Grau vorbeigesendet,
Ein kleines kaum begonnenes Profil.
Und manchesmal ein Lächeln, hergewendet,
Ein *seliges,* das blendet und *verschwendet*   völlig beglückt / überreich-
An dieses atemlose blinde Spiel.   lich weggeben

1. Was hat das Karussell zu tun mit „dem Land, das. . .‟? 2. Es ist ein sogenanntes „Dinggedicht‟, in dem der Dichter wohl nichts Subjektives aussagen will. Ist es ihm gelungen? 3. In den „Dinggedichten‟ verwandeln sich die Dinge. Besprechen Sie die Verwandlung in diesem Gedicht!

DER PANTHER

Sein Blick ist vom Vorübergehen der Stäbe
So müd geworden, daß er nichts mehr hält.
Ihm ist, als ob es tausend Stäbe gäbe
Und hinter tausend Stäben keine Welt.

Der weiche Gang *geschmeidig* starker Schritte,   elastisch
Der sich im allerkleinsten Kreise dreht,
Ist wie ein Tanz von Kraft um eine Mitte,
In der *betäubt* ein großer Wille steht.   schlafend

Nur manchmal *schiebt* der Vorhang der Pupille   sich öffnen
Sich lautlos *auf*—Dann geht ein Bild hinein
Geht durch der Glieder *angespannte* Stille—   intensiv
Und *hört* im Herzen *auf* zu sein.   enden

1. Auch „Der Panther" ist ein „Ding" im Sinne Rilkes. Wie „verwandelt" er sich? 2. Weiß der Panther über die Wirklichkeit intuitiv mehr als der Mensch? Erklären Sie! 3. Warum gehen die Stäbe vorüber? Warum geht nicht der Panther an den Stäben vorüber?

Hugo von Hofmannsthal (1874–1929)

DIE BEIDEN

Sie trug den Becher in der Hand
—Ihr Kinn und Mund *glich* seinem Rand—   aussehen wie
So leicht und sicher war ihr Gang,
Kein Tropfen aus dem Becher sprang.

So leicht und fest war seine Hand:
Er saß auf einem jungen Pferde,
Und mit *nachlässiger Gebärde*   leichtsinnig / die Hand-
Erzwang er, daß es zitternd stand.   bewegung

Jedoch, wenn er aus ihrer Hand
Den leichten Becher nehmen sollte,
So war es beiden allzu schwer:
Denn beide *bebten* sie so sehr,   zittern
Daß keine Hand die andre fand
Und dunkler Wein am Boden rollte.

194

1. Woraus ersieht man, daß die Frau äußerst selbstsicher ist? 2. Ist der Mann so selbstsicher wie die Frau? 3. Was bedeutet das Pronomen „es" in der dritten Strophe? 4. In einem Essay schrieb Hofmannsthal einmal von „erotischer Pantomime". Könnte man hier davon sprechen?

BALLADE DES ÄUßEREN LEBENS

Und Kinder wachsen auf mit tiefen Augen,
Die von nichts wissen, wachsen auf und sterben,
Und alle Menschen gehen ihre Wege.

Und süße Früchte werden aus den *herben*	sauer
Und fallen nachts wie tote Vögel nieder	
Und liegen wenig Tage und *verderben*.	schlecht werden

Und immer *weht* der Wind, und immer wieder	blasen
Vernehmen wir und reden viele Worte	hören
Und spüren Lust und Müdigkeit der *Glieder*.	die Arme und Beine

Und Straßen laufen durch das Gras, und Orte	
Sind da und dort, voll *Fackeln*, Bäumen, *Teichen*,	das flammende Licht / der kleine See
Und drohende, und totenhaft *verdorrte*. . .	ausgetrocknet

Wozu sind diese aufgebaut? und *gleichen*	aussehen wie
Einander nie? und sind *unzählig* viele?	enorm
Was wechselt Lachen, Weinen und *Erbleichen?*	warum / von einem zum andern übergehen / weiß werden

Was *frommt* das alles uns und diese Spiele,	nützen, helfen
Die wir doch groß und ewig einsam sind	
Und wandernd *nimmer* suchen irgend Ziele?	nie

Was frommts, *dergleichen* viel gesehen haben?   so etwas
Und dennoch sagt der viel, der „Abend" sagt,
Ein Wort, daraus Tiefsinn und *Trauer* rinnt   der Schmerz um etwas
       Verlorenes

Wie schwerer Honig aus den *hohlen Waben*.   im Innern leer / der Zellen-
      bau der Honigbiene

1. Was sind die zwei „Teile" des Gedichtes? Wo endet der erste und wo beginnt der zweite? 2. Was bedeuten die „tiefen Augen"? 3. Was sagt „Und. . .Und. . .Und" über das äußere Leben aus? 4. Besagen die Fragen, daß das Leben keine tiefere Bedeutung hat? Ist der Mensch imstande, das Leben zu verstehen? 5. Welche symbolische Bedeutung hat der „Abend"?

Hermann Hesse (1877–1962)

IM NEBEL

Seltsam, im Nebel zu wandern!
Einsam ist jeder Busch und Stein,
Kein Baum sieht den andern
Jeder ist allein.

Voll von Freunden war mir die Welt,
Als noch mein Leben licht war;
Nun, da der Nebel fällt,
Ist keiner mehr sichtbar.

Wahrlich, keiner ist weise,
Der nicht das Dunkel kennt,
Das *unentrinnbar* und leise   unvermeidlich
Von allen ihn trennt.

Seltsam, im Nebel zu wandern!
Leben ist Einsamsein
Kein Mensch kennt den andern,
Jeder ist allein.

ÜBER DIE FELDER

Über den Himmel Wolken ziehen
Über die Felder geht der Wind,
Über die Felder wandert
Meiner Mutter verlorenes Kind.

Über die Straße Blätter wehen,
Über den Bäumen Vögel schreien—
Irgendwo über den Bergen
Muß meine Heimat sein.

DAS TREIBENDE BLATT

Vor mir hergetrieben
Weht ein *welkes* Blatt.
Wandern, Jungsein und Lieben
Seine Zeit und sein Ende hat.

im Winde flattern / trocken

Das Blatt *irrt* ohne *Gleise*
Wohin der Wind es will,
Hält erst in Wald und *Moder* still . . .
Wohin geht meine Reise?

sich ohne Ziel bewegen /
die Fahrbahn—zusam-
mengesetzt aus Schienen

die Fäulnis

1. Vergleichen Sie die drei Gedichte von Hesse! Ist es dieselbe Stimmung in den drei Gedichten, oder sind da Unterschiede, vielleicht Nuancen? 2. Welches der folgenden Worte charakterisiert die Stimmung? Betrachten Sie ein Gedicht nach dem anderen! Die Worte: einsam, hilflos, planlos, hoffnungslos, hoffend, zwecklos, unglücklich, elend, suchend; Sehnsucht, Begeisterung, Erwartung, Begehren, Liebe, Bitte! 3. Schopenhauer schrieb einmal, Einsamkeit bringe Glück und Gemütsruhe. Kommt das in den Versen Hesses zum Ausdruck?

Else Lasker-Schüler (1876–1945)

WELTENDE

Es ist ein Weinen in der Welt,
Als ob der liebe Gott gestorben wär,
Und der bleierne Schatten, der niederfällt,
Lastet grabesschwer.   erschweren

Komm, wir wollen uns näher verbergen . . .
Das Leben liegt in aller Herzen
Wie in Särgen.

Du! wir wollen uns tief küssen—
Es *pocht* eine Sehnsucht an die Welt,   klopfen
An der wir sterben müssen.

1. Welches poetische Mittel verwendet die Dichterin in der ersten
Zeile, um die Wirkung zu vertiefen?   2. Welches vertieft die Wirkung
der ersten Zeile weiter?   3. Was bleibt den zwei Menschen?   4. Wie
erklären Sie die „Überwindung" des Weltendes?

Bertolt Brecht (1898–1956)

VOM ARMEN B.B.

Ich, Bertolt Brecht, bin aus den schwarzen Wäldern.
Meine Mutter trug mich in die Städte hinein,
Als ich in ihrem *Leibe* lag. Und die Kälte der Wälder   der Körper
Wird in mir bis zu meinem Absterben sein.

In der Asphaltstadt bin ich daheim. Von allem Anfang
Versehen mit jedem Sterbsakrament: versorgt
Mit Zeitungen. Und Tabak. Und *Branntwein*.   der Brandy
Mißtrauisch und faul und zufrieden am End.

Ich bin zu den Leuten freundlich. Ich setze
Einen steifen Hut auf nach ihrem Brauch.
Ich sage: es sind ganz besonders riechende Tiere,
Und ich sage: *es macht nichts,* ich bin es auch.   es ist nicht ,wichtig'

200

In meine leeren Schaukelstühle vormittags
Setze ich mir mitunter ein paar Frauen,
Und ich betrachte sie *sorglos* und sage ihnen: gedankenlos
In mir habt ihr einen, *auf* den könnt ihr nicht *bauen*.   glauben an

Gegen Abend versammle ich um mich Männer,
Wir reden uns da mit „Gentleman" an.
Sie haben ihre Füße auf meinen Tischen
Und sagen: Es wird besser mit uns. Und ich frage nicht:
    wann?

Gegen Morgen in der grauen Frühe pissen die *Tannen*,   der Tannenbaum
Und ihr *Ungeziefer*, die Vögel, fängt an zu schrein.   die Parasiten
Um die Stunde trink ich mein Glas in der Stadt aus und
    schmeiße   werfen
Den Tabak*stummel* weg und schlafe *beunruhigt* ein.   das Stümpfchen / rastlos

Wir sind gesessen ein leichtes *Geschlechte*   die Generation
In Häusern, die für unzerstörbare galten
(So haben wir gebaut die langen Gehäuse des Eilands
    Manhattan
Und die dünnen Antennen, die das Atlantische Meer
    unterhalten.)   amüsieren

Von diesen Städten wird bleiben: der durch sie hindurch-
    geht, der Wind!
Fröhlich machet das Haus den Esser: er leert es.
Wir wissen, daß wir *Vorläufige* sind,   interimistisch
Und nach uns wird kommen: nichts Nennenswertes.

Bei den Erdbeben, die kommen werden, werde ich *hoffent-*   ich hoffe
    lich
Meine *Virginia* nicht ausgehen lassen durch Bitterkeit,   die Zigarre
Ich, Bertolt Brecht, in die Asphaltstädte *verschlagen*   hinausgetrieben
Aus den schwarzen Wäldern, in meiner Mutter in früher
    Zeit.

1. Glauben Sie, daß B.B. (Bébé) ein Wortspiel sein könnte? 2. Warum charakterisiert Brecht Zeitungen, Tabak und Branntwein als Sterbsakramente? 3. Wie „unterhalten" die Antennen das Atlantische Meer? Was ist Ihre Interpretation des Wortes? 4. Wer ist der „Esser", und was ist das „Haus"? 5. Ist Brecht Amerikaner? Warum spricht der „arme B.B.", als ob er Amerikaner wäre? 6. Was ist die Prognose über die (amerikanisierte) Zivilisation?

Ernst Schönwiese (1905 –)

HOFFNUNGSLOSIGKEIT

Alles hast du, Mensch,
alles im *Überfluß*.   die Überfülle
Nach dem Mond schießt du,
du wirst ihn erreichen.
Um die Erde kreist du,
in wie vielen Stunden?
Deine Wissenschaftler *melden* die *verläßlichen* Zahlen.   berichten / sicher

Du hast alles.
Denn was du jetzt noch nicht hast,
wirst du erhalten.
Und trotzdem *Verzweiflung?*   die Hoffnungslosigkeit
Deine heimlichen Tränen sind nicht weniger geworden.

Was vermißt du?
Was *begehrst* du?   wünschen, wollen

Du weißt nicht einmal mehr,
was dir fehlt.
Du fühlst nicht einmal mehr,
wonach du *dich sehnen* solltest!

Wünsche haben nach

1. In welchem Sinne ist das Wort „alles" zu verstehen?   2. Erklären Sie den Titel!   3. Warum Verzweiflung und Tränen?   4. Was ist an dem Sich-Sehnen des Menschen anders geworden?

Paul Celan (1920–1970)

ALLERSEELEN

Was hab ich
getan?
Die Nacht *besamt*, als könnt es   befruchten
noch andere geben, nächtiger als
diese.
Vogelflug, Steinflug, tausend
beschriebene *Bahnen*. Blicke   der Weg, der Pfad
geraubt und gepflückt. Das Meer,   stehlen
gekostet, vertrunken, verträumt. Eine Stunde,
seelen*verfinstert*. Die nächste, ein Herbstlicht,   verdunkeln
dargebracht einem blinden
Gefühl, das des Wegs kam. Andere, viele,
ortlos und schwer aus sich selbst: erblickt und umgan-
    gen.
Findlinge, Sterne,
schwarz und voll Sprache: benannt
nach *zerschwiegenem Schwur*   geheimes Wort

Und einmal (wann? auch dies ist vergessen):
den *Widerhaken* gefühlt,
wo der Puls den Gegen*takt* wagte.

ein Haken, der Zurück-
gehen unmöglich macht
der Rhythmus (wie in
Zweivierteltakt)

1. Was hat er (also „ich") im Grunde im Leben getan?   2. Wie war
es in den schweren Stunden des Lebens?   3. Was für ein Suchen
kommt hier zum Ausdruck?   4. Lesen Sie in einer Enzyklopädie über
die Bedeutung von „Allerseelen" am 2. November! Warum hier der
Titel „Allerseelen"?

Hilde Domin (1912 –)

AUF WOLKEN*BÜRGSCHAFT*   ein Leisten der Sicherheit

Ich habe Heimweh nach einem Land
in dem ich niemals war,
wo alle Bäume und Blumen
mich kennen,
in das ich niemals geh,
doch wo sich die Wolken
meiner
genau erinnern,
ein Fremder, der sich
in keinem Zuhause
ausweinen kann.
Ich fahre
nach Inseln ohne Hafen,
ich werfe die Schlüssel ins Meer
gleich nach der Ausfahrt.
Ich komme nirgends an.
Mein Segel ist wie ein Spinnweb im Wind,
aber es reißt nicht.

Und jenseits des Horizonts,
wo die großen Vögel
am Ende ihres Flugs
die *Schwingen* in der Sonne trocknen,   der Flügel
liegt ein *Erdteil,*   der Kontinent
wo sie mich aufnehmen müssen,
ohne Paß,
auf Wolkenbürgschaft.

1. Von welchen (scheinbaren) Gegensätzen spricht die Dichterin?   2. Wie schildert die Dichterin hier das Heimweh?   3. Erklären Sie das Wort ,,Wolkenbürgschaft"!

Yvan Goll (1891–1950)

MALAIISCHE LIEBESLIEDER (8)

Ich möchte nichts sein
Als die Zeder vor deinem Haus
Als ein Zweig
Als ein Blatt des Zweiges
Als ein Schatten des Blatts
Als die Frische des Schattens
Der deine *Schläfe kost*
Eine Sekunde lang

Kopfgegend zwischen Auge
und Ohr / karessieren

1. Für die Frau Yvan Golls, die Dichterin Claire Goll, war es
überhaupt das schönste Gedicht der Weltliteratur. Wie erklären Sie
das Werturteil von Claire Goll? 2. Was ist das zentrale Motiv? 3.
Wohin geht die „Linie" des Gedichtes? Warum keine Kommas und
keinen Punkt?

209

Wolf Biermann (1936–)

DAS HÖLDERLIN-LIED

,,So kam ich unter die Deutschen"

In diesem Lande leben wir
wie Fremdlinge im eigenen Haus
    Die eigene Sprache, wie sie uns
    entgegenschlägt, verstehen wir nicht   entgegenkommen
    noch verstehen, was wir sagen
    die unsre Sprache sprechen
In diesem Lande leben wir wie Fremdlinge
In diesem Lande leben wir
wie Fremdlinge im eigenen Haus
    Durch die *zugenagelten* Fenster *dringt* nichts   geschlossen (mir Nägeln) /
    nicht wie gut das ist, wenn draußen regnet   hineinkommen
    noch des Windes *übertriebene* Nachricht   extravagant, zuviel
    vom Sturm
In diesem Lande leben wir wie Fremdlinge

210

In diesem Lande leben wir
wie Fremdlinge im eigenen Haus
    Ausgebrannt sind die Öfen der Revolution
    früherer Feuer Asche liegt uns auf den Lippen
    kälter, immer kältere Kälten sinken in uns
Über uns ist hineingebrochen
        solcher Friede!
          solcher Friede
Solcher Friede.

1. Was ist das „eigene Haus"? 2. Was ist der Unterschied zwischen „wie Fremdlinge" und „als Fremdlinge"? 3. Hat Biermanns Übersiedeln von der DDR nach dem Westen, der BRD, vielleicht etwas mit der Bedeutung des Gedichtes zu tun?

Wörterverzeichnis

Die etwa 200 Wörter, die nach der Sprachfrequenzforschung am häufigsten gebraucht werden, stehen nicht im Wörterverzeichnis.

A

das **Abenteuer, -s, -** adventure
der **Aberglaube, -ns,** superstition
ab-fassen to compose, write
abgebissen chewed, bitten
ab-halten, hält ab, hielt ab, abgehalten to prevent, take away from, hold off
abhängig dependent
ab-kürzen to shorten
die **Abkürzung, -en** abbreviation
ab-lehnen to refuse
ab-ringen, rang ab, abgerungen to wrest from
der **Absatz, -es, ⸚e** heel
der **Abschied, -(e)s** farewell
ab-schlachten to butcher
ab-schließen, schloß ab, abgeschlossen to finish
ab-schneiden, schnitt ab, abgeschnitten to slice, cut off, tear, fare
absichtlich intentional
ab-sondern to isolate
ab-stechen, sticht ab, stach ab, abgestochen to contrast
ab-steigen, stieg ab, ist abgestiegen to dismount, get off
ab-stellen to turn off
das **Absterben, -s** death, decay
der **Abt, -(e)s, ⸚e** abbot
sich **ab-trocknen** to wipe oneself dry
ab-warten to wait for
abweisend negative, deaf to
ab-werfen, wirft ab, warf

ab, abgeworfen to throw off
ab-wischen to wipe off
in **Abzug bringen** to deduct
die **Achsel, -n** shoulder
achtbar honorable
achten auf to pay attention to
acht-geben, gibt acht, gab acht, achtgegeben to pay attention
der **Acker, -s ⸚** field, acre
der **Ackermann, -(e)s** farmer
adelig noble, aristocratic
der **Affe, -n, -n** monkey
ahnen to foresee, suspect
ähnlich similar
die **Ahnung, -en** idea
ahnungslos unsuspecting, innocent
die **Ähre, -n** head (of grasses), ear (of corn)
die **Aktentasche, -n** briefcase
albern silly
alleinstehend single, by oneself
allerdings to be sure
allerlei all sorts of
Allerseelen All Souls' Day
(am) **allerwenigsten** least of all
das **Alter, -s, -** age
an-bieten, bot an, angeboten to offer
der **Anblick, -(e)s, -e** look, view, appearance
an-blicken to look at
an-bringen, brachte an, angebracht to add, place, fix
an-brüllen to shout (at), roar
die **Andacht** devotion

andächtig devout, reverend, attentive

ändern to change

anderthalb one and a half

an-deuten to hint (at), suggest

anfänglich in the beginning

an-fertigen to make, prepare

die **Anfrage, -n** inquiry

(sich) **an-fügen** to follow

angebissen nibbled at

an-gehen, ging an, ist angegangen to concern, be passable

die **Angehörigen** (*pl.*) family

die **Angelegenheit, -en** matter, affair

das **Angesicht, -(e)s -er** face, countenance

angespannt hitched; strained, tense

die **Angst, ⸚e** fear, anguish

ängstlich anxious, fearful, uneasy

an-halten, hält an, hielt an, angehalten to stop, hold

an-kommen auf to depend on

der **(verspätete) Ankömmling, -s, -e** latecomer

an-kotzen (*slang*) to revolt, make one sick at one's stomach

die **Ankunft, ⸚e** arrival; **voller Ankunft** full of expectation

an-langen to arrive

der **Anlaß, -(ss)es, ⸚(ss)e** reason, cause

(sich) **an-lehnen** to lean back

(sich) **an-lügen, log an, angelogen** to lie to (one another)

das **Anmeldeformular, -s, -e** registration form

an mir up to me

an-nehmen, nimmt an, **nahm an, angenommen** to accept, assume

an-reden to talk to, address

an-rufen, rief an, angerufen to telephone, call

an-rühren to touch

an-schalten to turn on, put on

anschaulich vivid

die **Anschaulichkeit** vividness, clearness

die **Anschauung, -en** view, point of view

anscheinend apparently

(sich) **an-sehen, sieht an, sah an, angesehen** to look at, regard, tell by looking at

an-stecken to light

(sich) **an-stellen** to do, act, handle, make, have

an-stoßen, stößt an, stieß an, angestoßen to knock against (something)

das **Antlitz, -es, -e** countenance, face

antworten to answer

anwesend present

die **Anzahl** number

an-zeigen to advertise, report

an-ziehen, zog an, angezogen to put on

apart uncommon

ärgerlich irritated, annoyed

arm poor

das **Arpeggio, -s, -⸺ggien** tone(s) of a chord produced in rapid succession

der **Arzt, -es, ⸚e** doctor

die **Assessorjahre** (*pl.*) years of professional probation

der **Atem, -s** breath

der **Atemzug, -(e)s, ⸚e** breath

die **Atlasschleife, -n** satin bow

auf und davon up and leave

auf-bauen to build up

auf-bewahren to save

auf-fallen, fällt auf, fiel auf, ist aufgefallen to attract attention

auf-führen to perform

die **Aufführung, -en** conduct, performance

aufgebracht angry

aufgeklebt pasted on

aufgekratzt talkative, cheerful

aufgekrempt rolled up

aufgeschnallt strapped on

sich **auf-halten, hält auf, hielt auf, aufgehalten** to stay

auf-hören to stop

auf-klären to enlighten

auf-laden, lädt auf, lud auf, aufgeladen to load

auf-legen to publish

auf-lösen to dissolve

auf-machen to open

die **Aufmerksamkeit** attention

auf-nehmen, nimmt auf, nahm auf, aufgenommen to take in, take out, accept

aufrecht up, upright, straight

auf-richten to raise

der **Aufsatz, -es, ⸚e** essay

auf-saugen, sog *or* **saugte auf, aufgesogen** *or* **aufgesaugt** to absorb

sich **auf-schieben, schob auf, aufgeschoben** to open, push open

auf-schlagen, schlägt auf, schlug auf, aufgeschlagen to rise (in price), raise, open

der **Aufschwung, -(e)s** flight of fancy

auf-stehen, stand auf, ist aufgestanden to get up, stand up

der **Aufstieg, -(e)s, -e** rise

die **Aufstiegsmöglichkeiten** (*pl.*) upward mobility

sich **auf-stützen** to prop oneself up

auf-wachen to wake up

auf-wachsen, wächst auf, wuchs auf, ist aufgewachsen to grow up

die **Aufweckung** rousing, awakening

auf-wirbeln to whirl up

auf-zehren to consume, eat up

der **Augenaufschlag, -(e)s** rolling of one's eyes

der **Augenblick, -(e)s, -e** moment

der **Augenwinkel, -s, -** corner of the eye

das **Augenzwinkern, -s** wink

aus-bleiben, blieb aus, ist ausgeblieben to be wanting, not come

der **Ausbruch, -(e)s, ⸚e** eruption

der **Ausdruck, -(e)s, ⸚e** expression

(sich) **aus-drücken** to express, put out, squeeze out

auserkoren chosen, elect

die **Ausfahrt, -en** leaving, sailing

der **Ausflugsort, -(e)s, -e** resort (town)

der **Ausgang, -(e)s, ⸚e** exit

aus-geben, gibt aus, gab aus, ausgegeben to spend

ausgebrannt burned out

ausgebreitet spread out

ausgedehnt extensive

ausgeglichen well-adjusted, well-balanced

ausgenommen except

ausgeschlossen impossible; excluded, shut out

aus-halten, hält aus, hielt aus, ausgehalten to stand, bear

216

aus-knipsen to turn off
aus-kosten to enjoy (fully)
aus-lachen to ridicule
aus-laden, lädt aus, lud aus, ausgeladen to unload
das **Ausland, -(e)s** foreign countries
der **Ausländer, -s, -** foreigner
ausländisch foreign
aus-machen to put out, constitute
sich **aus-malen** to picture
das **Ausmaß, -es, -e** proportion
die **Ausnahme, -n** exception
(sich) **aus-rechnen** to calculate
ausreichend adequate, sufficient
das **Ausrufezeichen, -s, -** exclamation mark
(sich) **aus-rüsten** to fit out
die **Aussage, -n** statement, expression, testimony
aus-schlagen, schlägt aus, schlug aus, ausgeschlagen to caper, do a caper
der **Außenseiter, -s, -** outsider
äußer- outer, external
äußern to say, express
äußerst extremely
die **Äußerung, -en** remark, utterance, expression
aus-setzen to stop
aus-spannen to spread
aus-sprechen, spricht aus, sprach aus, ausgesprochen to express, utter, pronounce
die **Ausstattung** ways and means
sich **aus-toben** to let off steam
aus-üben to exert, practice
die **Auswahl** selection
aus-weichen, wich aus, ist ausgewichen to avoid
sich **aus-weinen** to cry to one's heart's content

der **Auswuchs, -es, ⁼e** protuberance, tumor
aus-ziehen, zog aus, ausgezogen to take off

B

die **Backe, -n** cheek
die **Badewanne, -n** bathtub
badisch in (the state of) Baden
die **Bahn, -en** path, pathway
der **Bahnhof, -(e)s, ⁼e** station
der **Ballen, -s, -** bale
bang anxious; **bang werden** to become afraid, get scared
barfuß barefoot
bauen to build; **bauen auf** to count on
der **Baum, -(e)s, ⁼e** tree
die **Baumwolle** cotton
der **Bart, -(e)s, ⁼e** beard
beben to tremble
der **Becher, -s, -** cup, beaker
bedächtig cautious, careful
bedauernd regretfully
bedecken to cover
bedenken, bedachte, bedacht to think about, consider
das **Bedenken, -s, -** scruple
bedenklich suspicious, doubtful
bedeuten to mean, signify, give to understand
die **Bedienung** help, servants
bedrängt grievous
bedroht in danger
bedürfen, bedarf, bedurfte, bedurft to need, require
das **Beereneinkochen, -s** putting up berries
sich **befinden, befand, befunden** to be, be found

befreien to free, liberate

die **Befürchtung, -en** fear, apprehension

sich **begeben, begibt, begab, begeben** to go

die **Begebenheit, -en** happening, event

begegnen to meet (with), happen, encounter

begehren to wish, desire

begeistert enthusiastic

die **Begeisterung** enthusiasm

das **Begeisterungsmittel, -s, -** means of evoking enthusiasm

begleiten to accompany

die **Begleitung** company, escort

begnadet blessed

das **Begräbnis, -(ss)es, -(ss)e** funeral

begreifen, begriff, begriffen to understand

begrenzen to define, limit, border

der **Begriff, -(e)s, -e** idea; **im Begriffe sein** to be on the point of

der **Begründer, -s, -** originator, founder

das **Begrüßungsgeprassel, -s** commotion of welcome

behandeln to handle, treat, deal with

behaupten to maintain, assert, hold

behilflich helpful

behutsam careful, cautious

der **Beifall, -(e)s** applause

beiläufig casual, incidental

das **Bein, -(e)s, -e** leg; **sich auf die Beine machen** to set out; **auf den Beinen sein** to be up

die **Beinkleider** (*pl.*) trousers

beiseite to one side

beispielhaft exemplary

bei-tragen, trägt bei, trug bei, beigetragen to contribute

beklagen to deplore, lament

sich **bekümmern (um)** to concern oneself (about)

die **Belagerung, -en** siege

belegtes Brot open-faced sandwich

beleibt stout

beleidigen to insult

die **Beleuchtung** lighting

belieben to like

beliefern to supply

belügen, belog, belogen to lie to

bemalt painted

sich **bemühen** to try

benennen, benannte, benannt to name

der **Bengel, -s, -** rascal

benommen confused, numb

benutzbar useful

benutzen to use

beobachten to observe

bequem opportune, simple

berauschen to intoxicate

bereden to talk about

bereichern to enrich

bereuen to regret

bergen, birgt, barg, geborgen to contain, shelter

die **Bergleute** (*pl.*) miners

der **Bericht, -(e)s, -e** report

berichten to report

berühmt famous

berühren to touch

besagen to mean, say

besamen to sow, impregnate

beschädigen to damage

der **Bescheid, -(e)s** answer; **Bescheid wissen** to know

bescheiden modest

beschimpfen to call (a person) names, scold

beschlagnahmen to take

possession of, confiscate

beschreiben, beschrieb, beschrieben to describe

sich **besinnen, besann, besonnen** to remember

der **Besitz, -es, -e** possession, ownership

besitzen, besaß, besessen to have, possess, own

besonder(s) special, especially

besorgen to look after, take care of

bespritzt bespattered

der **Bestand, -(e)s, ̈e** stock

beständig constant

bestechen, besticht, bestach, bestochen to bribe

bestehen, bestand, bestanden to exist, pass, stand, be; **bestehen aus** to consist of

besten: zum besten geben to play

bestickt embroidered

bestimmen to determine

bestimmt definite, meant

besuchen to visit, attend, go to

betäubt numb, stupefied

(sich) **beteiligen** to participate

beten to pray

betonen to stress, emphasize

betört be fooled

betrachten to regard, look at, view

die **Betrachtung, -en** observation, view

betreffen, betrifft, betraf, betroffen to concern

betreiben, betrieb, betrieben to carry, make

betreten, betritt, betrat, betreten to enter

betreuen to take care of

betrübt depressed, sad

betrügen, betrog, betrogen to cheat, deceive

der **Bettpfosten, -s, -** bedpost

(sich) **beugen** to bend, bow, incline

beunruhigt worried

beurteilen to judge

bewachen to watch over, guard

bewahre nothing of the kind, forbid!

bewegen to move

beweglich (schwer) (hard) to move

die **Bewegung, -en** motion, movement, emotion

beweisen, bewies, bewiesen to prove

bewundern to admire

bewußt conscious

bezahlen to pay

bezeichnen to characterize, designate

die **Beziehung, -en** respect, relation(ship)

bezweifeln to doubt

bieten, bot, geboten to offer; **sich die Zeit bieten** to say hello

(sich) **bilden** to form

der **Bildungsgrad, -(e)s** level of education

billig cheap

birschen to hunt, stalk

bisher up to this time, yet

bisweilen sometimes

die **Bitte, -n** request

blamabel embarrassing, disgraceful

blank shiny

blaß pale

das **Blatt, -(e)s, ̈er** leaf

bleich pale

bleiern leaden

blenden to blind, dazzle

der **Blick, -(e)s, -e** glance, one's eyes

blicken to look
blitzblank shiny, sparkling
blitzen to flash, glitter
bloß bare; only, merely
blühen to flourish, bloom
die Blume, -n flower
der Blumenkohl, -(e)s cauliflower
der Blumentopf, -es, -̈e flower pot
die Blüte, -n blossom, flower, flowering
die Blütezeit, -en Golden Age
der Boden, -s, -̈ ground, floor, basis, base
die Bogenlampe, -n arc lamp
der Braten, -s, - roast
der Brauch, -(e)s, -̈e custom
brav good
die Bregg carriage
breit broad, wide
der Brief, -(e)s, -e letter
der Briefträger, -s, - mailman
der Briefwechsel, -s, - correspondence
bringen, brachte, gebracht to bring, take; es zu etwas bringen to amount to something; nicht über sich bringen not to be able to bear
die Brosamen (pl.) crumbs
die Brücke, -n bridge
brummen (vor sich hin) to grumble (to oneself), buzz, hum
der Brunnen, -s, - well
der Buchdrucker, -s, - printer
(sich) bücken to bend over, stoop
die Bühne, -n stage
die Bundesrepublik Federal Republic
bunt colorful, colored
der Bürger, -s, - bourgeois, middle class person, citizen
bürgerlich bourgeois, middle class
der Bursch(e), -n fellow

C

das Cis C sharp

D

dabei at the same time, in so doing, along, also, thereby, thus
die Dachrinne, -n gutter (on the roof)
dafür instead of that, in return, for that
dahin-reiten, ritt dahin, ist dahingeritten to ride along
der Damengruß, -es, -̈e lady's bow
danach later
darauf thereafter, later, thereupon
sich dar-bieten, bot dar, dargeboten to offer oneself
dar-bringen, brachte dar, dargebracht to offer
das Dargebotene, -n that which is presented
dar-stellen to represent
die Darstellung, -en representation
dauern to last, take
die Dauerwurst, -̈e sausage that keeps
davon away
dazu in addition, moreover
dazu-kommen, kam dazu, ist dazugekommen to be added, get to that point
die Decke, -n cover, tablecloth, blanket, ceiling
decken to cover, set
das Deckenlicht, -(e)s, -er ceiling light
dennoch nevertheless, yet
dergleichen such-like, such
deutlich clear, distinct
dicht thick, tight, tense

der **Dichter, -s, -** poet, writer
dichterisch literary, poetic
die **Dichtung, -en** writing, literature, poetry
die **Diele, -n** hall
dienen to serve, do military service
der **Diener, -s, -** servant
der **Dienst, -es, -e** service
diesbezüglich pertinent
dieweil while
das **Dinggedicht, -(e)s, -e** poem about an object
dirigieren to direct, conduct
die **Dirne, -n** girl, maid
der **Diskant, -(e)s** treble, descant, melody line
die **Dolde, -n** cluster (of flowers)
der **Domherr, -n, -en** canon, prebendary
doppelt double
drängen to push, press
dran-setzen to risk
(sich) **drehen** to turn, revolve
der **Drehsessel, -s, -** revolving chair
,,Die **Dreigroschenoper"** "Three Penny Opera"
der **Dreikäsehoch, -(e)s** little runt
dringen, drang, ist gedrungen to penetrate
drohen to threaten
drucken to print
drücken to pinch, press
drückend oppressive
drumherum all around
der **Duft, -(e)s, ⁼e** fragrance, vapor
dumpf dull, apathetic
dunkel dark
dunkeln to get dark
durchdringen, durchdrang, durchdrungen to penetrate
das **Durcheinander, -e** confusion

durcheinandergerückt standing in confusion
durch-fechten, ficht durch, focht durch, durchgefochten to manage
durch-gehen, ging durch, ist durchgegangen to run away, bolt
durchlöchert perforated
durchschauen to see through
durchschlagend outstanding
durchzittern permeate
dürr dry
düster gloomy, dark
das **Dutzend, -s, -e** dozen
duzen to say ,,du" to

E

ebenfalls also, likewise
ebenso just as (well)
die **Ecke, -n** corner
edel noble, select
das **Edelfräulein, -s, -** nobleman's daughter
ehe before
die **Ehe, -n** marriage
eher sooner, rather
die **Ehre, -n** honor
ehren to honor
ehrenvoll honorable
ehrfurchgebietend commanding respect
der **Ehrgeiz, -es** ambition
ehrlich honest
die **Eiche, -n** oak (tree)
die **Eidechsenaugen** (*pl.*) lizard's eyes
die **Eierspeise, -n** dish prepared with eggs
eigenartig peculiar
die **Eile** hurry, haste
(sich) **eilen** to hurry
eilig quick, hurried

der **Eimer, -s, -** pail
ein noch aus which way to turn
ein-bringen, brachte ein, eingebracht to bring in, earn
der **Eindruck, -(e)s, ⸚e** impression
einerlei (all) the same
der **Einfall, -(e)s, ⸚e** idea
einfallen, fällt ein, fiel ein, ist eingefallen to occur to, think of; fall down, collapse
einfältig simple, dull
sich **ein-finden, fand ein, eingefunden** to appear, report
der **Einfluß, -(ss)es, ⸚(ss)e** influence
der **Eingang, -(e)s, ⸚e** entrance
ein-gehen auf to reply to, agree to
eingehend in detail, thorough
ein-gießen, goß ein, eingegossen to pour
sich **ein-haken** to take one's arm
ein-laden, ladet ein or **lädt ein, lud ein, eingeladen** to invite
der **Einlaß, -(ss)es** admission
einmal once; **auf einmal** suddenly; **noch einmal** again, once more
sich **ein-mischen** to interfere, meddle
einmütig unanimous
(sich) **ein-richten** to set up, settle down
einsam lonely
ein-sammeln to collect
ein-schenken to pour, fill
ein-schlafen, schläft ein, schlief ein, ist eingeschlafen to fall asleep

das **Einschreibe-Etikett, -s, -e** registered mail sticker
die **Einstellung, -en** attitude
ein-tauschen to exchange
eintönig monotonous
ein-treffen, trifft ein, traf ein, ist eingetroffen to come true, arrive
ein-treten, tritt ein, trat ein, ist eingetreten to enter
der **Eintritt, -s** admission, admittance
der **Einwand, -(e)s, ⸚e** objection
ein-weisen, wies ein, eingewiesen to assign
ein-willigen to agree
die **Eisbahn, -en** ice rink
die **Eisenbahn, -en** railroad
elend miserable, wretched
der **Empfang, -(e)s, ⸚e** reception; **in Empfang nehmen** to take, receive
empfangen, empfängt, empfing, empfangen to receive, take
empfehlen, empfiehlt, empfahl, empfohlen to commend, recommend
empfinden, empfand, empfunden to feel
die **Empfindung, -en** perception, feeling
der **Empirekranz, -es, ⸚e** wreath in style of Napoleonic era
empor up
emporgeklappt turned up
energisch energetic
eng small, narrow, confined, close, strict, tight
das **Enkelkind, -(e)s, -er** grandchild
enragiert raving, passionate
entbrechen: sich nicht

entbrechen können not to be able to refrain from
entdecken to discover
die **Entdeckung, -en** discovery
sich **entfernen** to leave, depart, stray from, withdraw
entfernt distant, away
entführen to carry off, abduct
entgegen towards
entgegen-schlagen, schlägt entgegen, schlug entgegen, ist entgegengeschlagen to burst against
sich **entgegen-werfen, wirft entgegen, warf entgegen, entgegen-geworfen** to fling oneself at
enthalten, enthält, enthielt, enthalten to contain
sich **enthalten, enthält, enthielt, enthalten** to refrain from
sich **entkleiden** to undress
entlang along
entnehmen, entnimmt, entnahm, entnommen to infer from
sich **entschädigen** to compensate
sich **entschließen, entschloß, entschlossen** to decide
die **Entschuldigung, -en** excuse
entschwinden, entschwand, ist entschwunden to disappear
entsprechend accordingly
entstehen, entstand, ist entstanden to originate, come into being, arise, break out
enttäuschen to disappoint
entwachsen outgrown
entweder ... oder either ... or

entwickeln to develop
die **Entwicklung, -en** development
episch epic
das **Erb(e), -s** inheritance
erbärmlich pitiful
die **Erbauung** edification
erbeben to quiver
das **Erbleichen, -s** growing pale
erblicken to see
das **Erbteil, -(e)s, -e** inheritance
das **Erdbeben, -s, -** earthquake
die **Erde** earth
ereignisvoll eventful
erfahren, erfährt, erfuhr, erfahren to find out, learn, experience
die **Erfahrung, -en** experience; **in Erfahrung bringen** to find out
die **Erfindungsgabe** inventiveness
der **Erfolg, -(e)s, -e** success
erfolgreich successful
die **Erforschung** research, investigation
erfüllen to fulfill, fill
(sich) **ergeben, ergibt, ergab, ergeben** to ensue, result
ergebnislos without result
ergreifen, ergriff, ergriffen to seize, take (hold of)
(sich) **erhalten, erhält, erhielt, erhalten** to save, preserve, get, receive, keep
die **Erhaltung** preservation
erhandeln to acquire by trading
sich **erheben, erhob, erhoben** to rise
erheblich considerable
die **Erhebung** exaltation
erhitzt flushed
die **Erhöhung** elevation, exaltation
sich **erholen** to relax, recover

223

(sich) **erinnern** to remember, remind

die **Erinnerung, -en** memory, recollection

sich **erkälten** to catch cold

erkennen, erkannte, erkannt to recognize, see, notice, realize

die **Erkenntnis, -se** realization, understanding, insight

erklären to explain, declare

sich **erkundigen nach** to ask about

erlassen, erläßt, erließ, erlassen to proclaim, issue

erlauben: Was erlauben Sie sich? how dare you!

die **Erlaubnis, -se** permission

erleben to experience, go through, witness, see

das **Erlebnis, -ses, -se** experience

erloschen dead, extinguished

ermüden to wear out, weary, tire

erneuern to revive

ernsthaft serious

(sich) **eröffnen** to open

die **Erquickung** comfort, solace

erregen to excite

erreichen to attain, reach, get there

erschallen to ring out

erscheinen, erschien, ist erschienen to appear, come out, seem

die **Erscheinung, -en** phenomenon, appearance

erschöpfen to exhaust

(sich) **erschrecken, erschrickt, erschrak, erschrocken** to be startled

erschrocken startled, frightened

erstarrend stiff, stiffening

erstreben to strive for

ertragen, erträgt, ertrug, ertragen to stand, bear, put up with

erwachen to wake up

erwachsen grown-up

erwählt sophisticated, choice, chosen

erwarten to expect, await

erwecken to awaken, wake up

sich **erwehren** to refrain from (thinking)

erweichen to soften

erweisen, erwies, erwiesen to show, grant, prove to be

erweitern to widen

(sich) **erwerben, erwirbt, erwarb, erworben** to acquire, earn, gain

erwidern to answer

erwischen to catch

die **Erzählung, -en** narrative, story, tale

die **Erziehung** education

erzwingen, erzwang, erzwungen to bring about by force

der **Esel, -s, -** jackass

die **Eule, -n** owl

die **Ewigkeit** eternity

F

die **Fabelblume, -n** mythical flower

die **Fachkenntnis, -se** specialized knowledge

die **Fackel, -n** torch

fahren, fährt, fuhr, ist gefahren to go, ride, drive, travel; **fahren in** to get into

der **Fall, -(e)s, ⸗e** case

die **Falte, -n** line, wrinkle, crease
färben to color
das **Faß, -(ss)es, ‥(ss)er** barrel
fassen to hold, grasp
die **Fassung** composure; **außer Fassung bringen** to upset
die **Faust, ‥e** fist
die **Feder, -n** feather
fehlen to be missing, be lacking, fail
der **Fehler, -s, -** mistake
feierlich solemn
feiern celebrate
der **Feldbrunnen, -s, -** well in the fields
der **Feldstein, -(e)s, -e** boulder
die **Ferien** (*pl.*) vacation
fern far, far away, distant
die **Ferne** distance
fertig finished, ready; **fertig werden mit** to deal with, manage
die **Fertigkeit, -en** skill
fest firm, solid, hard
fest-legen to fix, determine
fest-stellen to notice
der **Festzug, -(e)s, ‥e** festive procession
fiktiv fictitious, unreal
der **Findling, -s, -e** foundling
finster dark
die **Finsternis** darkness
der **Firn(e)wein, -(e)s, -e** old wine
flattern to flutter
fleischlich sensual
der **Flickschuster, -s, -** cobbler, shoemaker
die **Fliese, -n** tile, flagstone
fließen, floß, ist geflossen to flow
flink quick
der **Floh, -(e)s, ‥e** flea
flüchten to flee

flüchtig hasty, fleeting
der **Flüchtling, -(e)s, -e** refugee
der **Flug, -(e)s, ‥e** flight
der **Flügel, -s, -** wing; grand piano
der **Flur, -(e)s, -e** hallway
flüstern to whisper
die **Flut, -en** flood, stream
fördern to support, further
die **Formel, -n** formula
fort away, on
fort-fahren, fährt fort, fuhr fort, ist fortgefahren to continue
Fortgang nehmen to continue
fortgeblasen blown away
fortgehend continuing
fortgeweht gone with the wind
fort-kommen, kam fort, ist fortgekommen to get on, prosper
fort-setzen to continue
frank und frei without any resentment
der **Fratz, -es, -e** brat
die **Freiheit** freedom, liberty
freilich of course, to be sure
der **Fremdling, -s, -e** stranger
der **Friede(n), -s** peace
fröhlich happy, cheerful
frommen to profit, avail
der **Frosch, -es, ‥e** frog
die **Frühe** morning
der **Frühling, -s, -e** spring
frühzeitig premature
(sich) **fühlen** to feel
führen to lead, take, run, have, carry on, have with one
der **Funke, -ns, -n** spark
fürchten to fear
fürsorglich solicitous
der **Fuß, -es, ‥e** foot
der **Fußboden, -s, ‥** floor

G

die **Gabe, -n** gift, talent
gähnen to yawn
der **Gang, -(e)s, ̈e** walk, gait, corridor, hallway
der **Gangschlauch, -(e)s, ̈e** intercom, speaking tube
die **Gans, ̈e** goose
die **Garderobe** checkroom
der **Garderobehaken, -s, -** clothes hook
die **Gasse, -n** street, lane
der **Gast, -(e)s, ̈** guest
der **Gasthof, -(e)s, ̈e** inn, hotel
der **Gastwirt, -(e)s, -e** innkeeper
die **Gattung, -en** genre, type of literature
der **Gaumen, -s** roof of the mouth, palate
die **Gebärde, -n** bearing, gesture
das **Gebäude, -s, -** building
das **Gebiet, -(e)s, -e** area, field
gebrauchen to use
die **Gebrauchslyrik** useful and practical poetry, occasional poetry
die **Geburt, -en** birth, delivery
der **Geck, -en, -en** fop, conceited foolish person
das **Gedächtnis, -ses, -se** memory
der **Gedanke, -ns, -** thought, idea
gedankenlos thoughtless
gedeihen, gedieh, ist gediehen to thrive
das **Gedicht, -(e)s, -e** poem
der **Gedichtband, -(e)s, ̈e** volume of poetry
gefährdet in danger, jeopardized
gefährlich dangerous
der **Gefallen, -s, -** favor
gefangen imprisoned

das **Gefühl, -(e)s, -e** feeling
die **Gegenliebe** requited love
die **Gegensatz, -es, ̈e** antithesis, contrast
der **Gegenstand, -(e)s, ̈e** object
der **Gegentakt, -es** countermeasure
das **Gegenteil, -(e)s, -e** contrary, opposite
gegenüber facing, opposite
das **Gehäuse, -s, -** boxlike building
geheim secret
der **Gehilfe, -n, -n** assistant
die **Gehilfenprüfung, -en** examination for assistants
das **Gehör, -s** hearing
gehorchen to obey
gehören to belong
der **Geist, -(e)s, -er** mind, spirit, intellect, ghost
geistig intellectual
geistreich witty
das **Geknalle, -s** shooting, banging
gekränkt hurt, insulted
gelb yellow
geldlich monetary
die **Gelegenheit, -en** opportunity, occasion
der **Gelehrte, -n, -n** scholar
geleiten to accompany
das **Gelenk, -(e)s, -e** wrist, joint
gelingen, gelang, ist gelungen to succeed
gelten, gilt, galt, gegolten to be considered, apply
die **Gemächlichkeit** ease
gemahnen to remind
das **Gemälde, -s, -** painting
gemein common, ordinary
gemeiniglich usually
die **Gemeinschaft, -en** community, being with people
das **Gemüt, -(e)s, -er** inner person
genau exact, precise; **genau**

betrachtet, genau genommen strictly speaking

sich **genieren** to be embarrassed

das **Gepränge, -s** ostentatious display

gerade: fünf gerade sein lassen not to be too particular

geraten, gerät, geriet, ist geraten to get in, get on, come into, get involved in

geräuchert smoked

das **Geräusch, -es, -e** noise

geringst least, slightest

die **Germanen** (*pl.*) Germanic people

das **Geprassel, -s** clatter

das **Gerücht, -(e)s, -e** rumor

das **Geschäft, -(e)s, -e** business, shop

geschäftig busy, industrious

das **Geschäftsgeheimnis, -ses, -se** business secret

geschehen, geschieht, geschah, ist geschehen to happen, be done; **geschieht euch so ein großer Gefallen** if it is doing you such a good turn

das **Geschenk, -(e)s, -e** present

das **Geschlecht, -(e)s, -er** family, race, generation, sex

der **Geschmack, -(e)s** taste

geschmeidig supple, pliant

das **Geschöpf, -es, -e** creature, person

geschwind fast, quick

die **Geschwister** (*pl.*) brother(s) and sister(s)

die **Geschwulst, -̈e** swelling

sich **gesellen zu** to join

die **Gesellschaft, -en** party, company, society; **Gesellschaft leisten** to keep (someone) company

das **Gesetz, -es, -e** law

das **Gesicht, -(e)s, -er** face

der **Gesichtspunkt, -(e)s, -e** point of view

das **Gesims, -es, -e** cornice, moulding

gespannt tense, intense, anxious

das **Gespräch, -(e)s, -e** conversation

die **Gestalt, -en** form, figure

gestalten to give form to

die **Gestaltung, -en** giving form to

(sich) **gestatten** to take, permit

das **Gesträuch, -(e)s, -e** shrubs, bushes, thicket

gestreift striped

die **Gesundheit** health

getreu loyal

getürmt towering

gewachsen sein to be a match for

gewähren to grant, permit, give

gewaltig powerful, tremendous

das **Gewicht, -(e)s, -e** weight

gewöhnlich ordinary, customary, usual

die **Gewöhnlichkeit** commonplace life

gewohnt accustomed, customary

das **Gewühl, -(e)s** tumult, throng

der **Gipfel, -s, -** peak, mountaintop

der **Glanz, -es** radiance, gleam, brightness

glänzen to shine, sparkle

die **Glasseele, -n** fragile soul

der **Glast, -es** radiance

glatt smooth; **glatter Betrug** plain fraud

glätten to smooth

die **Glatze, -n** bald head

gleichen, glich, geglichen

to resemble, be like

die **Gleichgültigkeit** indifference

gleichmäßig regular

das **Gleis, -es, -e** track

die **Glieder** (*pl.*) arms and legs, limbs

glitschen to glide, slide

die **Glocke, -n** bell

das **Glück, -(e)s** happiness

glücklicherweise fortunately

glücklos unhappy

die **Glückshaut** person born under a lucky star

die **Glut, -en** fire, heat, glow

die **Gnade** grace, mercy

gönnen to grant

der **Gottesacker, -s** cemetery

göttlich divine, godlike

das **Grab, -(e)s, ⁼er** grave

graben, gräbt, grub, gegraben to dig

der **Graben, -s, ⁼** ditch

der **Grad, -(e)s, -e** degree

die **Gräfin, -nen** countess

grämlich morose, sullen

gratulieren to congratulate

grauen vor to dread

greifen, griff, gegriffen to reach for, put, seize, grasp

die **Greisin, -nen** old woman

die **Grenze, -n** border, boundary

der **Grieche, -n, -n** Greek

großartig grandiose, magnificent

die **Größe, -n** size, element

groß-ziehen, zog groß, großgezogen to raise

der **Grund, -(e)s, ⁼e** reason, ground; **im Grunde** fundamentally; **grund-** fundamental

gründen to found, establish

gründlich thorough

grundreich extremely rich

der **Grünlappen, -s, -** green rag

grüßen to greet, present compliments

gucken to look

der **Gummischuh, -(e)s, -e** rubber shoe

gütig kind, gracious

gut-machen to make up for

gutmütig good-natured

H

der **Hader, -s** strife

hadern to quarrel

der **Hafen, -s, ⁼** port

die **Hafenstadt, ⁼e** seaport

der **Hals, -es, ⁼e** neck

halten, hält, hielt, gehalten to hold, consider, think, keep, last, wear, behave, halt

der **Handel, -s, ⁼** deal, transaction

die **Handhaltung** position of the hands

das **Handwerk, -(e)s** trade; **das Handwerk hat einen güldenen Boden** trade lays the foundation for all prosperity

der **Handwerksbursche, -n, -n** journeyman

hängen (an), hing, gehangen to be attached (to)

hartgefroren frozen hard

der **Haß, -(ss)es** hatred

häßlich ugly

der **Hauch, -(e)s** breath

häufig frequent, often

das **Haupt, -es, ⁼er** head; **Haupt-** main

hauptsächlich mainly, chiefly

die **Hauptstadt, ⁼e** capital

der **Haushaltstag, -(e)s, -e** day for housekeeping

die **Haut, ⁼e** skin, hide

heben, hob, gehoben to lift, raise

heftig violent, hard, vehement

die **Heide** heath, moorland

heilig holy, sacred

das **Heim, -(e)s, -e** home

die **Heimat** home

heimlich secret, private

Heimweh haben to be homesick

heiraten to marry

heiter cheerful, serene, gay

der **Held, -en, -en** hero

das **Hemd, -(e)s, -en** shirt, nightshirt

her from; ago

herab down, off

herab-setzen to lower (in value)

heraus-geben, gibt heraus, herausgegeben to publish, edit

der **Herausgeber, -s, -** editor

herausgehoben outstanding, eminent

sich **heraus-stellen** to prove to be

heraus-strecken to stick out

heraus-träufeln to drip out, run out

heraus-wälzen to roll out

herb tart

herbei on, up

die **Herberge, -n** inn

der **Herdenführer, -s, -** ringleader

herein in

her-geben, gibt her, gab her, hergegeben to give details, give up

hergewendet turned this way

die **Herkunft** origin, extraction

hernach afterwards

herrlich splendid, marvelous

die **Herrschaft** control, command, domination

herrschen to prevail, rule

der **Herrscher, -s, -** leader, ruler

hertreiben; vor sich hertreiben to move, drive along

herum around, over

herum-kramen to rummage around

herunter-schneiden, schnitt herunter, heruntergeschnitten to cut off

hervor forth, out

hervor-jubeln to get curtain calls

hervorragend outstanding

hervor-sprießen, sproß hervor, ist hervorgesprossen to sprout forth

hervor-stoßen, stöst hervor, stieß hervor, hervorgestoßen to shout, utter

heulen to cry

heutig present-day

heutzutage nowadays

hilfsbereit helpful, ready to help

der **Himmelsknabe, -n, -n** angel

hin there, that way; gone to; **hin und her** back and forth; **hin und wieder** now and then

hinab down

hinauf up

hinaus-bringen, brachte hinaus, hinausgebracht (über) to get beyond

hinaus-werfen, wirft hinaus, warf hinaus, hin-

ausgeworfen to throw out

hinderlich in the way, troublesome

das **Hindernis, -ses, -se** obstacle

hin-deuten auf to point to, give a hint of

hinein-stürzen to plunge in

hingesenkt engrossed

die **Hinsicht, -en** respect

hintereinander successively

die **Hintergehung** deception

der **Hintergrund, -(e)s** background

hinterher later, afterwards

hinüber-leiten to lead over

hinunter-neigen to bend down

hin-weisen auf to call attention to

hinzu-ziehen, zog hinzu, hinzugezogen to consult

der **Hirsch, -es, -e** deer, stag

das **Hirtenkleid, -(e)s, -er** shepherd's clothes

die **Hitze** heat

hoch high, tall, long; up

der **Hochbetrieb, -(e)s** intense activity

hochrädrig with high wheels

hoch-schieben, schob hoch, hochgeschoben to push up

höchstens at best, at the most

hocken to squat, sit

die **Hofdame, -n** lady-in-waiting

hoffähig presentable

hoffentlich one would hope

die **Hoffnung, -en** hope

die **Hoffnungslosigkeit** hopelessness

höflich polite

der **Hofrat, -(e)s, ⸚e** Privy Councillor

die **Höhe, -n** high level, elevation, height

die **Hoheit** grandeur, majesty, highness

die **Höhensonne** sunlamp

hohl hollow

hold lovely

holen to get, take

holländisch Dutch

die **Hölle** hell

das **Holz, -es** wood

der **Holzbock, -(e)s, ⸚e** sawhorse

der **Honig, -s** honey

hopp hopp hop, hop to it

horchen to listen

hübsch pretty

die **Hüfte, -n** hip

huldigen to subscribe to

hurtig nimble, swift

die **Hypothek, -en** mortgage

I

immerhin nevertheless

imstande capable (of), able (to)

inbrünstig ardent

indem in that, by, because

indes while

indessen meanwhile

der **Inländer, -s, -** native

inne-halten, hält inne, hielt inne, innegehalten to stop

innig heartfelt

die **Insel, -n** island

inwendig to oneself, inward

inzwischen meanwhile

irdisch earthly, temporal

sich **irren** to make errors, lose one's way, go astray

der **Irrtum, -s, ⸚er** error, mistake

J

die **Jagd** hunt
der **Jäger, -s, -** hunter
jedenfalls at any rate, in any case
jedoch however
jemand someone, somebody
der **Jubel, -s,** rejoicing
der **Jünger, -s, -** disciple
die **Jungfrau** Virgin, virgin
der **Junker, -s, -** (aristocratic) landowner
(die) **Jura** law

K

die **Kaffeemütze, -n** coffee warmer
der **Kamin, -s, -e** chimney, fireplace
kämmen to comb
Kannitverstan (*holländisch*) cannot understand
der **Kanzler, -s, -** chancellor
das **Kapitel, -s, -** chapter
kaputt gehen to go to pieces
kärglich scanty, limited
der **Karren, -s, -** cart
die **Kartoffel, -n** potato
die **Kaserne, -n** barracks
kauen to chew
die **Kaufleute** merchants, businessmen
kaum hardly, scarcely
der **Kausalzusammenhang, -(e)s, ⸚e** causal relationship
die **Kegelbahn, -en** bowling alley
keinesfalls by no means
der **Kellner, -s, -** waiter
der **Kerker, -s, -** prison
der **Kerl, -(e)s, -e** fellow, guy
der **Kessel, -s, -** boiler, kettle

der **Keuchhusten, -s** whooping cough
der **Kindtaufschmaus, -es** feast following a child's baptism
das **Kino, -s, -s** movie
die **Kirsche, -n** cherry
die **Kiste, -n** box
klaffen to open up
die **Klage, -n** lament, complaint
klagen to complain
klappen to flap
klappern to clatter, rattle
klatschen to applaud, clap
das **Klavier, -s, -e** piano
kleben to stick
kleinlich petty
klettern to climb
klingeln to ring (the doorbell)
klingen, klang, geklungen to sound
der **Klingklang, -(e)s** colorful sound, ding-dong
die **Klinke, -n** door handle
klopfen to pound, beat, tap, knock
der **Klumpen, -s, -** lump, nugget
die **Knechtschaft** servitude
die **Kneipe, -n** tavern, bar
der **Knirps, -es, -e** little fellow
knistern to pop
knollig knobby
die **Knöchel** (*pl.*) bones, knuckles
der **Knopf, -es, ⸚e** button
die **Kollegin, -nen** girl friend from the office
der **Kommiß, -(ss)es** army
kompliziert complicated
der **Komponist, -en, -en** composer
der **Kongreß, -(ss)es, -(ss)e** convention
der **König, -s, -e** king

231

königlich royal

der **Kopf, (e)s, ⸚e** head

das **Kopfkissen, -s, -** pillow

der **Körper, -s, -** body

die **Koseform, -en** nickname, pet name

kosen to caress

kostbar costly

kosten to taste, sample

die **Kraft, ⸚e** force, strength, energy, power

kräftig essen to eat a good meal

der **Kragen, -s, -** collar

der **Kranz, -es, ⸚e** wreath

kreisen to revolve, circle

kriechen, kroch, ist gekrochen to creep, crawl

die **Kriegsgefangenschaft** (as) prisoner of war

der **Kritzler, -s, -** scribbler, scribble

die **Krücke, -n** crutch

der **Krümel, -s, -** crumb

der **Krüppel, -s, -** cripple

die **Küche, -n** kitchen

der **Küchenschrank, -(e)s, ⸚e** kitchen cupboard

kühl cool

die **Kulturlosigkeit** lack of culture

die **Kunst, ⸚e** art

der **Kuß, -(ss)es, ⸚(ss)e** kiss

der **Künstler, -s, -** artist

künstlerisch artistic

L

die **Labe** comfort

sich **laben (an)** to enjoy (much), refresh oneself

lächeln to smile

lachen to laugh

lächerlich ridiculous

der **Laden, -s, ⸚** shutter

das **Lampenbrett, -(e)s, -er** lamp shelf

die **Landsleute** fellow countrymen

die **Landschaft, -en** landscape

langsam slow

längst long since, long ago

langweilig boring

der **Lärm, -(e)s** noise

das **Lärmbedürfnis, -ses** need to make noise

die **Last, -en** burden, weight

lauern to wait (with impatience)

der **Lauf, -(e)s, ⸚e** course

der **Lausejunge, -n, -n** rascal

der **Laut, -es, -e** sound

lauten to be, read

läuten to ring, peal, strike

lauter nothing but, all the, pure

lautlos without a sound

lebendig alive

der **Lebertran, -(e)s** cod liver oil

lebhaft lively

die **Ledermütze, -n** leather cap

lediglich merely

leer empty, vacant

das **Lehen, -s** fief, (feudal) tenure

der **Lehrling, -s, -e** apprentice

der **Leib, -(e)s, -er** body

die **Leiche, -n** corpse

die **Leichenpredigt, -en** funeral sermon

der **Leichenwagen, -s, -** hearse

der **Leichenzug, -(e)s, ⸚e** funeral procession

leid tun to feel sorry

leiden, litt, gelitten to suffer, bear

die **Leidenschaft, -en** passion

leider unfortunately

das **Leintuch, -(e)s, ⸚er** sheet

leise quiet, soft, gentle, delicate

sich **leisten** to treat oneself to, afford

die **Lektüre** reading material

leuchten to gleam

das **Leutehirn,** -(e)s, -e ordinary brain

der **Leutnant,** -s, -s lieutenant

die **Levkoje,** -n stock, gilly flower

der **Lichtschalter,** -s, - light switch

liebenswürdig charming, amiable

das **Liebespaar,** -(e)s, -e lovers, couple

lieblich sweet, charming, lovely

der **Liebling,** -s, -e favorite, darling

das **Lied,** -(e)s, -er song

liegen, lag, gelegen be located, be; **liegen an** to be due to, come from, depend on

das **Lineal,** -s, -e ruler

die **Lithographenanstalt,** -en lithography plant

loben to praise, value; **da lob ich mir** there is nothing like

das **Loch,** -(e)s, ⁻er hole, cell

locken to tempt, be drawn

der **Lohn,** -(e)s, ⁻e wages, reward

lohnen to reward, repay (for)

sich **lohnen** to be worthwhile

das **Lokal,** -s, -e place, café, restaurant

der **Lorbeerkranz,** -es, ⁻e laurel wreath

los(e) loose

das **Los,** -es, -e lot, fate

(sich) **lösen** to relax, slacken, loosen

losgelöst detached

los-machen to untie

los-ziehen, zog los, losgezogen to criticize, rail at

der **Löwe,** -n, -n lion

lügen, log, gelogen lie

die **Lust,** ⁻e desire, pleasure; **Lust haben zu** to feel like

lustig amusing, gay, cheerful

M

die **Macht,** ⁻e power

mächtig powerful, vast

die **Magd,** ⁻e maid

mager thin

mahlen to grind

die **Mahlzeit,** -en meal

die **Mähre,** -n nag

die **Majorsunterschriftsmaschine,** -en machine for writing majors' signatures

malaiisch Malayan

man one, you, people; just, but

die **Mannsleute** menfolks

die **Manschette,** -n cuff

der **Mantel,** -s, ⁻ overcoat; **das Mäntelchen nach dem Wind hängen** to trim one's sails according to the wind

das **Märchen,** -s, - fairy tale

die **Maßschuhe** custom-made shoes

der **Mastbaum,** -(e)s ⁻e mast

die **Materie** matter

matt lifeless, dull

der **Mausdreck,** -(e)s mouse excrement

der **Meerbusen,** -s, - bay

mehr more

meinen to say, think, mean

die **Meinen** (*pl.*) my family

die **Meinung,** -en opinion

meist most(ly), usually

der **Meister,** -s, - master

die **Menge,** -n large amount; crowd, mass

merken to notice, take note

merkwürdig strange

die **Merkwürdigkeit,** -en strange thing

das **Messer, -s, -** knife
der **Metzger, -s, -** butcher
die **Miene, -n** facial expression, mien
mieten to rent
das **Militärgefängnis, -ses, -se** military prison
mimosenhaft supersensitive
(sich) **mischen** to mingle, mix
die **Mischung, -en** mixture
mißtrauisch suspicious
das **Mitglied, -(e)s, -er** member
der **Mitmensch, -en, -en** fellow human being
mit-reißen, riß mit, mitgerissen to sweep along (with enthusiasm)
mitsamt together with
die **Mittel** (*pl.*) means
die **Mittellage** middle register
mitunter at times
Mode werden to become fashionable
der **Moder, -s** mould, rotten earth
modisch fashionable
monatlich monthly
der **Mord, -(e)s, -e** murder
die **Mühe** effort, pains, trouble
mühsam with much effort
munter lively
das **Musterbeispiel, -(e)s, -e** model (example)

N

nachdem after
nach-denken, dachte nach, nachgedacht to think over, reflect
nachdenklich thoughtful, pensive
nach-geben, gibt nach, nachgegeben to give in, give way
nachher later, afterward
nachlässig casual, offhand
die **Nachricht, -en** news, message
nächst next, following
die **Nachtigall, -en** nightingale
der **Nachtportier, -s, -s** night clerk
der **Nachzügler, -s, -** straggler
der **Nacken, -s, -** nape of the neck
nackt bare, naked
nahe-stehen, stand nahe, nahegestanden to be friendly with
die **Nähe** vicinity, neighborhood, close by
der **Narr, -en, -en** fool; **einen Narren an ... fressen** to take a great fancy to ...
der **Nebel, -s,-** fog
neben next to
necken to tease
der **Neid, -(e)s** envy
neidisch envious, jealous
sich **neigen** to be coming to an end
die **Nelke, -n** carnation
nennenswert worth mentioning
neugierig curious
nichtsdestoweniger nevertheless
nichtssagend meaningless
die **Nickelscheibe, -n** nickel disc
nicken to nod
nieder down
niedergeschlagen depressed
das **Niedersitzen, -s** sitting down
niemals never
niemand no one, nobody

nimmer never
nimmermehr nevermore
nirgends nowhere
nirgendwo nowhere
der **Nobelpreistrager, -s, -** winner of the Nobel Prize
die **Not, ⸚e** need, trouble, distress
nötig necessary
notwendig necessary
die **Novelle, -n** novella, short story
nudeln to fatten
der **Nutzen, -s** advantage, use
die **Nützlichkeit** usefulness, practicality
nutzlos useless

O

obendrein in addition
die **Oberflächlichkeit** superficiality
der **Oberkörper, -s, -** upper part of the body
der **Ochse, -n, -n** blockhead, ox
der **Ofen, -s, ⸚** oven, furnace
offen-halten, hält offen, hielt offen, offengehalten to keep open
offenbar evident, apparent
öffnen to open
ordentlich proper, orderly, well; really
die **Ordnung, -en** order
die **Orientierung** orientation
der **Orkan, -s, -e** hurricane
der **Orkus** lower region, Hades
der **Ort, -(e)s, -e** spot, place, village
ortlos in no specific place
die **Ortsklasse, -n** geographical category
(das) **Ostpreußen, -s** East Prussia

P

die **Papageinase, -n** parrot's nose
der **Papierfetzen, -s, -** scrap of paper
die **Partei, -en** party
die **Parzen** the Fates
der **Paß, -(ss)es, ⸚(ss)e** passport
passieren to happen
patschen to splash
die **Pauke, -n** drum
pechschwarz pitch black
peinlich painstaking, painful, embarrassing
der **Pelz, -es, -e** fur
der **Perserteppich, -s, -e** Persian rug
der **Pfarrer, -s, -** priest, minister
der **Pfeiler, -s, -** pillar
das **Pferdegefährt, -(e)s, -e** horsedrawn carriage
das **Pferderennen, -s, -** horse race
die **Pflicht, -en** duty
pflücken to pick, pluck
der **Placken, -s, -** blotch, spot
der **Plafond, -s, -s** ceiling
plagen to torment, plague
das **Plakat, -(e), -e** poster, placard
platschen to make a splashing noise
plötzlich suddenly
plumpen to fall plump
pochen to pound, knock
das **Podium, -s, Podien** podium, platform
die **Politur** polish, finish
das **Polytechnikum, -s** School of Engineering
prächtig magnificent
prachtvoll magnificent
prahlerisch showy, bragging
prickelnd prickling

das **Prinzip, -s, -e + -ien** principle

der **Prokurist, -en, -en** head clerk

der **Prospekt, -s, -e** prospectus

der **Prozeß, -(ss)-s, -(ss)e** trial

prüfend quizzical

prunkhaft showy, ostentatious

der **Purpur, -s** (royal) purple

(sich) **putzen** to clean, brush

Q

quälen to torment, pester

der **Quatschkopf, -(e)s, ⸚e** babbler, twaddler

die **Quelle, -n** source

der **Querstrich, -(e)s, -e** line across

die **Quittung, -en** receipt

R

das **Rad, -(e)s, ⸚er** wheel

der **Radau, -s** hullabaloo

ragen to tower (up)

der **Rand, -(e)s, ⸚er** edge, periphery

der **Rang, -(e)s, ⸚e** class, rank

rangieren to be classified with, switch

rasch quick, fast

sich **rasieren** to shave

das **Rasierzeug, -(e)s, -e** shaving things

das **Rätsel, -s, -** puzzle, riddle

rauben to rob

rauchen to smoke

der **Rauchfang, -(e)s** chimney flue

der **Rausch, -es** intoxication, ecstacy

rauschen to rustle, roar, murmur

die **Raute, -n** rue, Ruta

reagieren to react

recht right, real, proper, quite; **schon recht** quite

das **Rechteck, -(e)s, -e** rectangle

rechteckig rectangular

rechtmäßig proper

die **Rede, -n** talk, speech

reden to talk

die **Redensart, -en** expression, phrase

die **Regel, -n** rule, normality

regelmäßig regular

sich **regen** to move, stir

der **Regen, -s** rain

regieren to rule, govern

der **Regisseur, -s, -e** director

das **Reich, -(e)s, -e** realm, empire, Germany

reichen to hand, last, be enough

reichlich easy, ample

der **Reichtum, -s, ⸚er** riches, wealth

reif ripe, mature, fully developed

die **Reihe, -n** row, series; **eine Reihe von** a number of

sich **reihen** to form rows

sich **reimen** to rhyme

rein clean, neat, pure

reinlich pure, clean, neat

reinrassig thoroughbred

reißen, riß, gerissen to tear

der **Reißer, -s, -** big hit

reizend charming

der **Reklameapparat, -(e)s** advertising organization

der **Rest, -es, -e** leftover, rest, remainder

riechen, roch, gerochen to smell

der **Reise, -n, -n** giant

rinnen, rann, ist geronnen to flow, run

die **Rivalität, -en** rivalry
roh crude, rough
rollenweise by the roll
der **Roman, -s, -e** novel
römisch Roman
rosa pink
das **Rosmarin, -s** rosemary
rotumrandet with a red border
rücksichtslos bold and loud
der **Ruf, -(e)s, -e** reputation, call
rufen, rief, gerufen to call
die **Ruhe** rest, repose, quiet
die **Ruhelage, -n** position of rest
ruhen to rest
die **Ruhestätte, -n** resting place
ruhig quiet, calm, all right
rühren to move, stir
die **Rührung** emotion, sympathy
runzelig wrinkled

S

der **Saal, -(e)s, - Säle** hall, auditorium
die **Saalmiete** rent for the hall
das **Sachbuch, -(e)s, ⸚er** nonfiction book, book dealing with facts
sachlich objective
sacht(e) gentle
saftig juicy
die **Sage, -n** legend, saga
das **Saitenspiel, -(e)s** poetry, lyre, music of a stringed instrument
(sich) **sammeln** to collect, gather
der **Sammelwert, -(e)s** collector's value
der **Sammetfauteuil, -s, -s** velvet armchair
die **Sammlung, -en** collection
sanft gentle

der **Sanitäter, -s, -** medical orderly
der **Sarg, -(e)s, ⸚e** coffin
sättigen to satisfy, satiate
der **Satz, -es, ⸚e** sentence
sauber clean; **sauber machen** to wipe off, clean
der **Saum, -(e)s, ⸚e** hem, seam
säuseln to rustle, whisper
schade too bad
schaden to be harmful
der **Schaden, -s** damage, injury
schadhaft damaged
schaffen, schuf, geschaffen to create; **einem zu schaffen machen** to cause one trouble
der **Schal, -(e)s, -e + -s** shawl
schallend resounding
die **Schande** disgrace
die **Schärfe** keenness, sharpness
die **Schärpe, -n** sash
der **Schatten, -s, -** shadow, shade
die **Schattenwelt** world of shades, Hades
das **Schätzchen, -s, -** darling, sweetheart
schaudern to shudder
schauen to look, see, view, behold; **schaut's da heraus** so that's how things stand
der **Schauer, -s, -** thrill, awe
schauerlich horrible
der **Schaukelstuhl, -(e)s, ⸚e** rocking chair
das **Schaumbläschen, -s, -** bubble of foam
die **Schaumwolke, -n** cloud of foam
der **Schauspieler, -s, -** actor
die **Schauspielkunst** art of acting
die **Scheibe, -n** slice; pane
scheinbar seeming, apparent

scheinen, schien, geschienen to seem, shine
scheiteln to part
der Schemel, -s, - stool
der Schenkel, -s, - thigh, side
schenken to give, present
der Scherben, -s, - flower pot
sich scheren to go, go away
der Scherenschleifer, -s, - scissors grinder
der Scherz, -es, -e trick, joke
scheu shy
die Scheu shyness, aversion
schicken to send
das Schicksal -(e)s, -e fate, destiny
(sich) schieben, schob, geschoben to push, move, shove
das Schiff, -(e)s, -e ship, boat
die Schikane, -n provocation
schildern to portray, describe
die Schilderung, -en description
der Schinken, -s, - ham
die Schlacht, -en battle
schlachten to slaughter, butcher
die Schläfe, -n temple
schläfern to get sleepy
die Schlafstube, -n bedroom
der Schlag, -(e)s, ⸚e blow
schlagen, schlägt, schlug, geschlagen to hit, beat, strike, hammer, move
die Schlagzeile, -n headline
die Schlange, -n snake
schlechtgelüftet poorly ventilated
die Schleckerei, -en eating, sweets, luxuries
schleichen, schlich, ist geschlichen to crawl, creep, steal
der Schleier, -s, - veil
die Schleieraugen owl's eyes

die Schleife, -n ribbon, bow
schleifen, schliff, geschliffen to grind
schlendern to stroll, saunter
(sich) schleppen to drag, haul, be burdened
schließen, schloß, geschlossen to close, conclude
schließlich after all, final, in the long run
schlimm bad, unpleasant
das Schloß, -(ss)es, ⸚(ss)er castle
schlottern to shake, tremble
schluchzen to sob
schlucken to swallow
der Schluß, -(ss)es, ⸚(ss)e end, conclusion
schlüpfen to slip
der Schlüssel, -s, - key
schmal small, slender, narrow
schmalgewölbt small and arched
schmallippig thin-lipped
schmeißen, schmiß, geschmissen to throw
der Schmerz, -es, -en pain
schmerzen to hurt, pain
schmieren to spread
schnalzen to click
schnauben to puff
schnauzig rude, incivil
die Schnecke, -n snail
die Schneeflocke, -n snowflake
schneien to snow
schnippen to flick
der Schnitt, -(e)s, cut
der Schnurrbart, -(e)s, ⸚e moustache
schnurren to hum, buzz
der Schopf, -es, ⸚e top of the head
schräg slanting

schräggedruckt (in) italics

die **Schranke, -n** gate

der **Schreck, -(e)s** fear, terror

schrecklich terrible

schreien, schrie, geschrien to scream, cry, chatter, shout

die **Schrift, -en** writing

schriftlich written, in writing

der **Schriftsteller, -s, -** writer

der **Schritt, -(e)s, -e** step

der **Schubkarren, -s, -** wheelbarrow

die **Schublade, -n** drawer

schüchtern shy

schuld sein to be to blame

die **Schuld, -en** debt, guilt

schuldig guilty; **schuldig sein** to owe

der **Schulze, -n, -n** village mayor

schütteln to shake

schwach weak, fragile, slight, little

schwachsinnig feeble-minded

der **Schwamm, -(e)s, ̈e** sponge

der **Schwanz, -es, ̈e** tail

schwärzlich blackish

schweifen to wander, roam

schweigen, schwieg, geschwiegen to be silent

schweigsam silent

der **Schweizer, -s, -** Swiss

schwellen, schwillt, schwoll, ist geschwollen to swell, grow

schwemmen, to wash, carry off

die **Schwiegertochter, ̈** daughter-in-law

die **Schwierigkeit, -en** difficulty

die **Schwinge, -n** wing

(sich) **schwingen, schwang, geschwungen** to jump, swing, wave

schwirren to fly about

schwül sultry, oppressive

der **Schwung, -(e)s, ̈e** spring, swing, bound

schwunghaft lively, swinging

der **Schwur, -(e)s, ̈e** vow, oath

die **Seele, -n** soul, spirit

seelenfroh very glad indeed

die **Seelentätigkeit** spiritual activity

seelenverfinstert spiritually gloomy

seelisch spiritual

das **Segel, -s, -** sail

segnen to bless

sich **sehnen nach** to long for

die **Sehnsucht** longing, yearning

die **Seide** silk

das **Seil, -(e)s, -e** rope

die **Seinen** (*pl.*) his family

seinetwegen because of him

seitdem since that time

seitwärts on one side

selbstsicher self-assured

selbständig independent

Selbstmord begehen to commit suicide

selbstverständlich obvious

selig happy, blissful

seltsam strange

senken to lower

der **Sessel, -s, -** chair

seufzen to sigh

sichtbar visible

der **Sieg, -(e)s, -e** victory

der **Siegelring, -(e)s, -e** signet ring

der **Sinn, -(e)s, -e** sense, meaning, mind, inclination

sinnlos foolish, senseless

sinnreich ingenious

sittlich moral, ethical

die **Skizze, -n** sketch

sogenannt so-called

sogleich immediately

der **Soldat, -en, -en** soldier

sonderbar strange

das **Sonntagskind, -(e)s, -er** person born with a silver spoon in his mouth

sonst otherwise, (or) else

die **Sorge, -n** worry, concern

(sich) **sorgen** to worry

die **Sorgfalt** care, solicitude

sorglos unconcerned

die **Spalte, -n** gap, opening

spalten to split

sich **spannen** to tighten

die **Spannung** tension, excitement

sparen to save

der **Spaß, -es, ⸚e** fun, joke

der **Spatz, -en, -en** sparrow

spazieren(-gehen) to take a walk

der **Speicher, -s, -** warehouse

speisen to eat, dine

die **Spende, -n** gift, donation

der **Sperling, -s, -e** sparrow

sperren to lock (up), close, block

der **Spiegel, -s, -** mirror

Spiel: aufs Spiel setzen to risk

das **Spinnweb, -(e)s, -e** spider's web

spitzfindig crafty

die **Spitznase -n** sharp nose

spitznäsig sharp-nosed

das **Sprachgebiet, -(e)s, -e** language area

die **Sprechweise** way of speaking

der **Sprenkel, -s, -** speckle, spot

springen, sprang, ist gesprungen to jump, jungle, spill

spüren to feel, sense

der **Staat, -(e)s, -en** state, country

der **Stab, -(e)s, ⸚e** bar

stahlblau steel-blue

stammen (aus) to come (from)

Stand: in den Stand setzen to enable a person to

starkknochig strong-boned

starren to stare

statt-finden, fand statt, stattgefunden to take place

stechen, sticht, stach, gestochen to prick, stick

steif stiff; **der steife Hut** bowler hat

steigen, stieg, ist gestiegen to climb, get on

der **Stein, -(e)s, -e** stone

der **Steinflug, -(e)s** a stone's passing through the air

die **Stelle, -n** job, position

die **Stellung, -en** job, position

stellungslos unemployed

stengeldünn spindly thin

sterben, stirbt, starb, ist gestorben to die

der **Stern, -(e)s, -e** star

der **Stil, -(e)s, -e** style

die **Stimme, -n** voice

stimmen to be correct

die **Stimmung, -en** mood, atmosphere

der **Stimmungswert, -(e)s, -e** value in conveying moods

die **Stirn, -en** forehead

der **Stock, -(e)s, ⸚e** cane

der **Stoff, -(e)s, -e** subject matter, material

stolz proud

stolpern to stumble

stopfen to stuff, fill

der **Stoß, -es, ⸚e** shock, impulse

stoßen, stößt, stieß, gestoßen to bump, knock, push

strahlen to beam. gleam

das **Strandbad, -(e)s, ⸚er** seaside resort

strapaziert battered

der **Strauß, -es, -̈e** bouquet
streben to aspire (to), strive
der **Streich, -(e)s, -e** trick, joke, prank
streicheln to stroke, caress
streichen, strich, gestrichen to smooth, stroke, erase, brush
der **Strich, -(e)s, -e** line
der **Strick, -(e)s, -e** rope
stricken to knit
der **Strom, -(e)s, -̈e** river, stream, flow
die **Stube, -n** room
der **Studienrat, -(e)s, -̈e** teacher in a secondary school
die **Stufe, -n** step
der **Sturz, -es** collapse, fall, tumble
stützen to support, rest
summen to hum, buzz; **vor sich hinsummen** to hum to oneself

T

der **Tabakstummel, -s, -** cigar stump
das **Tablett, -s, -e** tray
das **Tagebuch, -(e)s, -̈er** diary
der **Tagesanbruch, -(e)s** daybreak
tagsüber in the daytime
der **Takt, -es, -e** measure, beat
die **Tanne, -n** fir tree
tappen to grope (one's way)
das **Taschentuch, -(e)s, -̈er** handkerchief
die **Tastatur, -en** keyboard
tasten to grope
die **Tat, -en** deed, act; **in der Tat** indeed
tatarisch Tartar
die **Tatsache, -n** fact
tatsächlich actual
der **Tau, -s** dew, moisture

die **Taube, -n** dove, pigeon
taumeln to stagger
tauschen to exchange
täuschen to deceive
der **Teich, -(e)s, -e** pond
teilen to share
teil-haben, hatte teil, teilgehabt to partake of
teilnahmslos indifferent
die **Teilung, -en** division, distribution
der **Teller, -s, -** plate, dish
der **Teufel, -s, -** devil
der **Teufelskerl, -(e)s, -e** devil of a fellow
tief deep, profound, low
die **Tiefe, -n** depth, down below
tiefliegend profound
der **Tiefsinn, -(e)s** melancholy
das **Tier, -(e)s, -e** animal
tippen to type
der **Tisch, -es, -e** table
das **Tischtuch, -(e)s, -̈er** tablecloth
das **Titelblatt, -(e)s, -̈er** title page
der **Tod, -(e)s** death
toll mad, absurd
der **Ton, -(e)s, -̈e** tone, intonation
das **Tor, -(e)s, -e** gate
tot dead
töten to kill
totenhaft lifeless
das **Totenkleid, -(e)s, -er** shroud
der **Trab, -(e)s** trot; **sich in Trab setzen** to start trotting
die **Trägheit** inertia, laziness
die **Träne, -n** tear
der **Tränenkrug, -(e)s** jug of tears
trauen to trust
die **Trauer, -n** mourning, lament

der **Traum, -(e)s, ⸚e** dream
traumhaft dreamlike
(sich) **treffen, trifft, traf, getroffen** to meet (with), hit
treiben, trieb, getrieben to do, carry on, drift, drive
das **Treiben, -s** bustle
(sich) **trennen** to separate, part
die **Trennung, -en** separation
die **Treppe, -n** stairs
treu loyal, faithful
die **Treue** loyalty
treugesinnt loyal-minded
treuherzig simple, guileless
trocknen to dry
die **Trommel, -n** drum
der **Tropfen, -s, -** drop
der **Trost, -(e)s** comfort, solace, consolation
trösten to comfort, console
Trotz bieten to defy
trotzdem nevertheless
trübe(e) dim, dull, sad
das **Tuch, -(e)s, ⸚er** cloth, handkerchief
tüchtig good, strong
das **Tun und Lassen** actions, conduct
die **Tür, -en** door
der **Türhüter, -s, -** doorkeeper

U

übel bad, ill, sick
übel-nehmen, nimmt übel, nahm übel, übelgenommen to take amiss
die **Überbetonung** overemphasis
die **Überbürdung** overburdening
überdenken, überdachte, überdacht to think about
der **Überfluß, -(ss)es** abundance, superabundance

überflüssig superfluous, unnecessary
übergeben, übergibt, übergab, übergeben to give, hand over
(sich) **überlegen** to reflect, think over, consider
überliefern to pass on
übermannen to overcome
übernehmen, übernimmt, übernahm, übernommen to take upon oneself, take over, assume
überraschen to surprise
überrieseln to course through, trickle over
überschatten to overshadow
übersehen, übersieht, übersah, übersehen to overlook
übersetzen to translate
die **Übersetzung, -en** translation
übersiedeln to move, emigrate
übertrieben exaggerated
die **Überwindung** overcoming
überzeugen to convince
überzogen covered
übrigens incidentally
die **Übung, -en** training, exercise
der **Uhu, -s, -s** eagle-owl
sich **um-drehen** to turn around
umfangreich extensive
umgehen, umging, umgangen to evade
umher around
umranden to border
umrändert encircled
um-rühren to stir
umsausen to blow around
umschnörkelt loaded with ornaments
um-schreiben, schrieb um,

umgeschrieben to rewrite

der **Umstand, -(e)s, ⸚e** circumstance

um-stimmen to change someone's mind

umtanzen to dance around

der **Umweg, -(e)s, -e** roundabout way, detour

um-werten to revalue, reassess

unberührt chaste, untouched

unbeschreiblich indescribable

unbesetzt unoccupied

der **Unbestand, (e)s** impermanence

unbewußt unconscious

unecht false, spurious

unendlich infinite

unentrinnbar inescapable

unersättlich insatiable

unerwartet unexpected

unerzogen unmannerly

unfreiwillig involuntary, against one's will

unfrisiert with untidy looking hair

ungeändert unchanged

ungeduldig impatient

ungefähr approximate, almost, about

das **Ungeheuer, -s, -** monster

ungereift immature

ungeschickt clumsy, awkward

ungewiegt without being rocked

ungewiß uncertain, doubtful; **ins Ungewisse kommen** to get into doubtful areas

ungewöhnlich unusual

das **Ungeziefer, -s, -** vermin, insects

das **Unglück, -(e)s** mishap, misfortune, bad luck

unheimlich uncanny, weird

unmittelbar direct, immediate

unnütz (vor den Kopf stoßen) to offend needlessly

unruhig uneasy

unsagbar immense

unsicher unsure (of oneself), doubtful

der **Unsinn, -(e)s** nonsense

unterbewußt subconscious

unterbrechen, unterbricht, unterbrach, unterbrochen to stop, interrupt

(sich) **unter-bringen, brachte unter, untergebracht** to find a place

unter-gehen, ging unter, ist untergegangen to sink, succumb, come to an end

(sich) **unterhalten, unterhält, unterhielt, unterhalten** to entertain, converse

(sich) **unterscheiden, unterschied, unterschieden** to differ

der **Unterschied, -(e)s, -e** difference

unterschreiben, unterschrieb, unterschrieben to sign

unterst lowest, least

die **Unterstützung** support, help

der **Untertitel, -s, -** subtitle

ununterbrochen continuous

unveränderlich unchangeable

unvergeßlich unforgettable

unverlöschlich inextinguishable

unvermittelt suddenly
unwillkürlich automatical-
ly
unwürdig unworthy, un-
dignified
die Unzahl immense number
unzählig innumerable
unzerstörbar indestructible
die Unzufriedenheit dissatis-
faction
üppig sumptuous, luxurious
uralt ancient
der Urlaub, -(e)s vacation
„Das Urteil" "The Judgment"
urteilen to judge, form an
opinion

V

Venedig Venice
verabfolgen to let have, give
verachten to look down
upon
die Verachtung contempt
veraltet obsolete, too old
veränderlich changeable
verändern to change
veranlassen to motivate,
lead, cause
verantwortlich responsible
die Verantwortung, -en responsibility
(sich) verbergen, verbirgt, ver-
barg, verborgen to con-
ceal, hide
die Verbesserung, -en im-
provement
verbinden, verband, ver-
bunden to associate, con-
nect
die Verbindung, -en connec-
tion, association
verbittert bitter
das Verbot, -(e)s, -s prohibi-
tion, veto

das Verbrechen, -s, - crime
der Verbrecher, -s, - criminal
verbreiten to spread, prop-
agate
verbrennen, verbrannte,
verbrannt to burn
verbringen, verbrachte,
verbracht to spend
verdanken to owe
verdecken to cover, conceal
verderben, verdirbt, ver-
darb, verdorben to spoil
verdienen to deserve, earn
verdorrt dried up
verdrießlich annoyed, de-
pressed
die Verdrießlichkeit unpleas-
antness
verehrungswürdig worthy
of respect
vereinsamt lonely
die Vereinsamung loneliness
verfallen, verfällt, verfiel,
ist verfallen to hit upon
verfassen to write, compose
der Verfasser, -s, - author
verfluchen to curse
verfolgen to follow, pursue
die Verfolgung persecution,
pursuit
die Verfremdung alienation
verfügen to decide, arrange
sich verfügen to proceed
die Vergänglichkeit impermanence, transitoriness
vergehend failing
vergessen, vergißt, ver-
gaß, vergessen to forget
sich vergewissern to assure oneself
vergilbt turned yellow
der Vergleich, -(e)s, -e com-
parison
das Vergnügen, -s, - pleasure
vergnügt cheerful, joyous
sich verhalten, verhält, verhielt, verhalten to act, be

verheiratet married

das **Verhör, -(e)s, -e** interview, interrogation

verhüllt veiled, wrapped up

sich **verirren** to go astray

die **Verirrung, -en** error, aberration

der **Verkauf, -(e)s, ⁼e** sale

der **Verkehr, -s** association, traffic; **Verkehr pflegen** to see one another

verkehren to come and go

verkleben to stick on (mail)

verlangen to ask for, demand

verlangsamen to slow down

verlassen, verläßt, verließ, verlassen to leave

verläßlich reliable

verleugnen to deny, disavow

verlieren, verlor, verloren to lose

der **Verlust, -es, -e** loss

vermehren to increase

vermeint supposed

vermerken to note (down)

vermissen to miss

vermitteln to convey, imbue

vermittels by means of

vermögen, vermag, vermochte, vermocht to be able to

vermummt cloaked, disguised

vermutlich probable, presumable

vernehmen, vernimmt, vernahm, vernommen to perceive, become aware of

vernünftig sensible, reasonable

verpflichten to obligate

die **Verpflichtung, -en** obligation, responsibility

verraten, verrät, verriet, verraten to reveal, betray

verräuchert smoky

verrückt crazy

verrufen of bad reputation

versammeln to gather

versäumen to neglect, omit

sich **versäumen** to linger, delay

die **Verschiebung, -en** transposition

verschlagen cast away

verschleudern to throw away

verschlissen worn-out

die **Verschmelzung** fusion

verschrumpft shriveled

verschwenden to squander, waste

verschwinden, verschwand, ist verschwunden to disappear

verschwommen blurred

versehen, versieht, versah, versehen to make a blunder; provide; **ehe er sich's versah** before he was aware of it

versengt singed

(sich) **versetzen** to transfer; reply; put oneself in another's position

versichern to assure

versiert skilled

versinken, versank, ist versunken to sink, be swallowed up

versprechen, verspricht, versprach, versprochen to promise

verspüren to feel

der **Verstand, -(e)s** understanding, intellect, meaning

die **Verständigung** understanding, agreement

sich **verstecken** to hide

der **Verstorbene, -n, -n** deceased

verstört troubled
vertauschen to exchange
sich verteidigen to defend one-self
verteilen to distribute
verteufelt devilish
vertiefen to deepen
vertragen, verträgt, ver-trug, vertragen to stand, digest
verträumt dreamed away
vertrunken drunk up
verursachen to make, cause
(sich) verwandeln to change, transform, be transformed
„Die Verwandlung" "Meta-morphosis"
der Verwandte, -n, -n relative
(sich) verweilen to spend time, tarry
verwenden, verwandte, verwandt to make use of, expend
verwunden to wound
die Verwunderung astonish-ment, wonder
verzehren to eat, consume
verzeihen, verzieh, ver-ziehen to forgive, pardon
verzweifelt desperate
die Verzweiflung despair
vibrieren to vibrate
vielfach often, various
der Vogel, -s, ⸚ bird
vollbringen, vollbrachte, vollbracht to accomplish, achieve, do
vollführen to execute
völlig complete
vollständig complete
vollwertig admirable, of full value
vor-arbeiten to work in preparation
vorbei over, past, done (with), gone, by
vorbei-traben to trot past,

jog along
(sich) vor-bereiten to prepare
das Vorbild, -(e)s, -er model, example
der Vordergrund, -(e)s, ⸚e foreground
vor-drucken to print (in advance)
vorerst for the time being
vor-fallen, fällt vor, fiel vor, ist vorgefallen to happen
der Vorgang, -(e)s, ⸚e occur-rence, process
vorgefaßt preconceived
vor-haben, hatte vor, vor-gehabt to have in mind, intend
vorhanden sein to exist, be
der Vorhang, -(e)s, ⸚e curtain
vorig previous, last
vor-kommen, kam vor, ist vorgekommen to seem; occur
die Vorläufigen (pl.) provi-sional people
vorletzt next to the last
vor-machen to show how to do, demonstrate
der Vorname, -ns, -n first name
vornehm genteel, refined, high, aristocratic
der Vorrat, -(e)s, ⸚e provision(s)
Vorschein: zum Vor-schein kommen to ap-pear
der Vorschlag, -(e)s, ⸚e sugges-tion, proposal, proposi-tion
die Vorschrift, -en order, reg-ulation
die Vorsicht caution
vorsichtig careful, cautious
die Vorstellung, -en concep-tion, idea
der Vorteil, -(e)s, -e advantage,

profit

vorteilhaft profitable, advantageous

der **Vortrag, -(e)s, ⸚e** lecture

vortrefflich excellent

vorüber past, over

der **Vorübergehende, -n, -n** passerby

der **Vorwurf, -(e)s, ⸚e** reproach, blame; **sich einen Vorwurf machen** to blame oneself

vorwurfsvoll reproachful

vor-ziehen, zog vor, vorgezogen to prefer

W

die **Wabe, -n** honeycomb

wach awake, alive

wächsern waxen

die **Wachtparade, -n** parade to relieve the guard

wacklig rickety

wagen to dare, risk

die **Wahl, -en** choice, election

wählen to dial; choose, elect

wahrscheinlich probable

die **Wand, ⸚e** wall

der **Wanderstab, -(e)s, ⸚e** pilgrim's staff

der **Wandschirm, -(e)s, -e** folding screen

die **Wange, -n** cheek

die **Wannenschräge, -n** (slanting) side of the bathtub

warten auf to wait for

der **Wartesaal, -(e)s, -säle** waiting room

der **Wasserhahn, -(e)s, ⸚e** faucet

wechseln to change, exchange, alternate

weder . . . noch neither . . . nor

wegen because of, on account of

weg-lassen, läßt weg, ließ weg, weggelassen to leave out

weg-streichen, strich weg, weggestrichen to cross out

wegwerfend disdainful

weg-ziehen, zog weg, weggezogen to move away, pull away, draw away

weh woe, alas

Weh und Ach lament, plaint

wehen to blow, waft, wave

die **Wehmut** melancholy

wehmütig sad, melancholy

sich **wehren** to defend oneself, ward off, resist

das **Weib, -(e)s, -er** woman

weich soft

sich **weigern** to refuse

der **Weihnachtsmann, -(e)s** Santa Claus

weilen to stay, linger

weinen to cry

weiß white

weißwattiert white wadded

die **Weite** distance

das **Weitere, -n** more details

weitgehend extensive, much

welken to wilt, whither

(sich) **wenden, wandte** or **wendete, gewandt** or **gewendet** to turn

die **Wendung, -en** phrase, twist, turn

wenigstens at least

die **Werkstatt, ⸚en** workshop

wert worth

der **Wert, -(e)s -e** value

wertlos worthless, without value

wertvoll valuable

das **Wesen, -s, -** essence, substance

der **Wetzstein, -(e)s, -e** whet-
stone
der **Wicht, -es, -e** little creature
wickeln to roll (up), dress,
wrap
der **Widerhaken, -s, -** barb
der **Widersacher, -s, -** oppo-
nent
der **Widerspruch, -(e)s, ⁼e** con-
tradiction, disagreement
widmen to devote
**wieder-geben, gibt wie-
der, gab wieder, wie-
dergegeben** to mirror, reflect
wieder-gut-machen to
make amends for
wiederholen to repeat
wieder-kehren to recur, return
wiegen, wog, gewogen to
weigh; to rock (to sleep)
das **Wiesental, -(e)s** valley with
meadows
winken to wave
winzig tiny
der **Wipfel, -s, -** treetop
wirken to work, act, effect,
have an effect
wirksam effective
die **Wirkung, -en** effect
das **Wirtshaus, -es, ⁼er** inn
wischen to wipe
die **Wissenschaft, -en** science,
scholarship
der **Wissenschaftler, -s, -** sci-
entist
wogen to roll, undulate
wohlabgerichtet well-
trained
wohlerzogen well-man-
nered
wohlfeil cheap
wohltuend comforting
die **Wolke, -n** cloud
die **Wolkenbürgschaft** cloud's
affidavit

der **Wolkenhügel, -s** hill of
clouds
die **Wonne, -n** joy, delight
der **Wonneschauer, -s, -** thrill
of ecstacy
wörtlich literal
wozu why
der **Wunsch, -es, ⁼e** wish, desire
die **Würdelosigkeit** lack of dig-
nity
würdig worthy, dignified
würgen (im Halse) to choke
die **Wurzel, -n** root
wütend furious

Z

die **Zahl, -en** number
zart gentle, delicate
die **Zärtlichkeit, -en** tender-
ness, caress
zartsinnig sensitive
„Der **Zauberberg"** "The Magic
Mountain"
die **Zeder, -n** cedar
das **Zeichen, -s, -** sign
die **Zeichentafel, -n** drawing
slate
der **Zeigefinger, -s, -** index finger
die **Zeile, -n** line
zeit during
der **Zentner, -s, -** hundred-
weight
**zerfließen, zerfloß, ist zer-
flossen** to dissolve, dis-
perse
zerplatzen to burst
**zerreißen, zerriß, zerris-
sen** to tear to pieces
zerschwiegen mute
zertrümmern to smash,
split
der **Zettel, -s, -** slip of paper
zeugen to beget, give evi-
dence

ziehen, zog, (ist) gezogen
to go, come, move, pull,
draw, haul

das **Ziel, -(e)s, -e** goal, aim

ziemlich quite, fairly

zierlich graceful

zittern to tremble, vibrate

Zivil: in Zivil in plain-
clothes

zögern to hesitate

zollen to render, pay

zornig angry

zornzitternd trembling
with anger

zucken to move convulsive-
ly, jerk, shrug

der **Zufall, -(e)s, ̈e** coincidence,
chance

zufällig by chance

zufrieden satisfied, content

der **Zug, -(e)s, ̈e** procession,
train

der **Zugang, -(e)s, ̈e** access,
approach, admittance

zugänglich accessible

**zu-geben, gibt zu, gab zu,
zugegeben** to admit

die **Zügel** (*pl.*) reins

zugenagelt nailed shut

das **Zugeständnis, -ses, -se** con-
cession

**zu-gestehen, gestand zu,
zugestanden** to concede,
be due to

zugleich at the same time

zugrunde gehen to perish,
be ruined

zugunsten for the benefit of

zu-knöpfen to button

sich **zu-legen** to get oneself, ob-
tain for oneself

zuliebe: euch zuliebe to
help you out

zu-machen to close

zumal particularly

zumute sein to feel

zündend electrifying

die **Zunge, -n** tongue

zuoberst on top

zupfen to tug

zu-raunen to whisper to,
insinuate

zurecht-rücken to put in
order

zurück back, behind

zurückhaltend reserved,
discreet

zurück-kehren to return

zurück-rasten to spin back

**zusammen-stoßen, stößt
zusammen, stieß zu-
sammen, ist zusam-
mengestoßen** to collide

zu-schauen to watch

der **Zuschauer, -s, -** spectator

**zu-sehen, sieht zu, sah zu,
zugesehen** to watch

**zu-sprechen, spricht zu,
sprach zu, zugespro-
chen** to attribute (to)

der **Zustand, -(e)s, ̈e** condition

zuungunsten to the disad-
vantage of

zuvor before

zuweilen sometimes

**zu-wenden, wandte zu,
zugewandt** to turn to

**zu-werfen, wirft zu, warf
zu, zugeworfen** to close,
slam

zu-winken to wave

der **Zweck, -(e)s, -e** purpose,
aim

der **Zweig, -(e)s, -e** branch

zweigen to grow, flourish

**zwingen, zwang, gezwun-
gen** to force, compel

der **Zylinder, -s, -** top hat

Permissions and Acknowledgements

Permission by the following publishers and copyright holders to reprint and include copyrighted material in this textbook is gratefully acknowledged:

Atrium Verlag A.G. (Zürich):
DAS MÄRCHEN VOM GLÜCK by Erich Kästner *Der tägliche Kram* ATRIUM VERLAG, ZÜRICH.
Erika Mann graciously gave permission to reprint DAS WUNDERKIND by Thomas Mann.
Gebrüder Weiss Verlag, Berlin:
DIE UNWÜRDIGE GREISIN by Bertolt Brecht, published by Gebrüder Weiss Verlag.
Hermann Luchterhand Verlag GmbH, Neuwied am Rhein:
MALAIISCHE LIEBESLIEDER Nr. 8 by Ivan Goll, published by Hermann Luchterhand Verlag. KRÄFTIG ESSEN by Helga Novak.
Insel-Verlag, Frankfurt am Main:
DER PANTHER and DAS KARUSSELL, poems by Rainer Maria Rilke, published by Insel-Verlag.
Kösel-Verlag, München:
WELTENDE by Else Lasker-Schüler from Else Lasker-Schüler: Gesammelte Werke in drei Bänden, Band I: Gedichte 1902–1943. Herausgegeben von Friedhelm Kemp. München: Kösel 1961.
Limes Verlag, Wiesbaden:
HOFFNUNGSLOSIGKEIT, poem by Ernst Schönwiese, published by Limes Verlag. (J)
Rowohlt Verlag, Reinbek bei Hamburg:
DAS BROT by Wolfgang Borchert from *Das Gesamtwerk,* published by Rowohlt Verlag.
Schocken Books Inc., New York:
VOR DEM GESETZ by Franz Kafka reprinted by permission of Schocken Books Inc. from ERZÄHLUNGEN by Franz Kafka, Copyright © 1946 by Schocken Books Inc.
S. Fischer Verlag, Frankfurt am Main:
DIE BEIDEN and BALLADE DES ÄUSSEREN LEBENS, poems by Hugo von Hofmannsthal, published by S. Fischer Verlag.
ALLERSEELEN by Paul Celan, taken from SPRACHGITTER (poems) "Copyright 1959, S. Fischer Verlag, Frankfurt am Main."
AUF WOLKENBÜRGSCHAFT by Hilde Domin, taken from Hilde Domin NUR EINE ROSE ALS STÜTZE (poems) "Copyright 1959 S. Fischer Verlag, Frankfurt am Main,"

Suhrkamp Verlag, Frankfurt am Main:
  IM NEBEL, ÜBER DIE FELDER and DAS TREIBENDE BLATT,
  poems by Hermann Hesse, published by Suhrkamp Verlag.
  VON ARMEN B.B., poem by Bertolt Brecht, published by Suhrkamp
  Verlag.
Verlag der Arche, Peter Schifferli, Zürich:
  DIE POSTKARTE by Heinrich Böll from the volume *So ward Abend und
  Morgen*, published by Verlag der Arche, Peter Schifferli.
Hoffmann und Campe Verlag, Hamburg:
  DIE NACHT IM HOTEL by Siegfried Lenz, published by Hoffmann und
  Campe Verlag.
Piper & Co. Verlag, München:
  GRÜN IST SCHÖNER by Gabriele Wohmann, published by Piper &
  Co. Verlag.

Oct 62
freitag
19-10 h
Mankade

EINWIRDUNGSKRAFT ?